정의를
버리며

# 정의를
# 버리며

: 용산 망루에서
대한문 화단까지
거리의 변호사

권영국 지음

북콤마

# 사법적 정의 실현의 한계를 극복하고자 정치 일선에 나서는 '거리의 변호사'

김선수(변호사·전 민변 회장)

2013년 7월 28일 일요일, 서울중앙지방법원 형사 법정이 사람들로 붐볐다. 민변 노동위원장인 권영국 변호사에 대한 구속영장실질심사 심문 기일이다. 그해 7월 권변호사는 민변 노동위원회 명의로 대한문 앞 인도에서 집회를 개최하겠다고 신고했는데 남대문경찰서장이 제한을 붙여 통고를 했다. 우리는 그 제한의 부당성을 지적하며 행정법원에 효력정지 신청을 했고, 인용 결정을 받았다. 그럼에도 남대문경찰서장은 법원의 결정을 무시하면서 집회 예정 장소에 경찰을 배치하고 '질서유지선'을 설치해 정상적인 집회 개최를 방해했다. 7월 24일 집회에서 이에 항의하는 과정에서 약간의 충돌이 있었다. 국가인권위원회에 긴급구제 신청을 했고, 7월 25일 국가인권위원회는 긴급구제조치 권고 결정을 했다. 그날 남대문경찰서는 집회 장소 앞뒤에 질서유지선을 설치하고 경찰을 배치하는 방법으로 집회를 방해했다. 이에 항의하는 과정에서 다시 마찰이 생겼고, 경찰은 사전 각본에 따르듯 신속히 권변호사를 연행했다. 검찰은 특수공무집행방해치상죄 등의 혐의로 구속영장을 청구했다.

민변 회원이 변호사 활동과 관련해 연행되거나 구속된 사례는 독재정권 시기에 몇 차례 있었다. 한승헌 변호사가 필화 사건과 김대중 내란음모 사건으로 두 차례 구속되어 실형을 살았고, 이돈명 변호사가 1986년 5·3 인천사태를 주도한 이부영 씨를 집에 숨겨줬다고 해 범인은닉 혐의로 구속되었다. 그리고 노무현 전 대통령과 이상수 변호사가 1987년 장례방해 및 제삼자 개입 금지 위반으로 구속된 바 있다. 권영국 변호사가 그 맥을 이어 2009년 6월 쌍용차 집회 현장에서 연행되어 기소된 이래 다시 체포되었고, 이번에는 구속영장까지 청구된 것이다.

그때 많은 변호사들이 변호인으로 참여했다. 나도 변호인단의 일원으로 참석해 법정에서 의견을 진술했다.


"지금 이 순간, 이 자리에서 권영국 변호사가 피의자로, 그리고 제가 변호인으로 서 있는 것이 너무도 어이없고 또 서글픕니다. 도대체 권영국 변호사가 잘못한 것이 무엇이란 말입니까? 불의를 보면 참지 못하는 확고한 정의감, 사소한 인권 침해나 권력 남용에도 민감하게 반응하는 인권 감수성, 사회적 약자와 소수자의 아픔을 함께하고자 하는 뜨거운 사랑, 그리고 머리로만 알고 그치는 것이 아니라 실천에 옮기는 결단력과 의지, 제가 알기로는 권영국 변호사가 잘못하고 죄를 지었다면 바로 이런 것들입니다. 결코 형사처벌의 대상이 될 수 없고, 오히려 우리 사회의 귀감이 되어야 할 모범이라 할 수 있습니다."

"권영국 변호사에 대한 영장 발부 여부를 결정하는 이 재판은 우리 사회의 민주주의와 사법의 수준을 가늠하는 시금석이 될 것입니다. 만약 권영국 변호사에 대한 영장이 발부된다면, 역사는 오늘을 한국 민주주의와 사법이 민주화 이후 공식적으로 사망을 고한 날이라고 기억할 것입니다. 우리 사회를 그런 사회로 만드는 것은 너무도 서글픈 일이 아닐 수 없고, 그런 일이 발생한다면 권영국 변호사 개인의 문제를 넘어, 저와 판사님과 검사님을 포함한 전체 법조인들, 그리고 우리 사회의 모든 시민들에게 크나큰 불행이 아닐 수 없습니다. 그런 일이 발생하지 않기를 간절히 바라며, 현명한 결정을 간곡히 부탁드립니다."

다행히 당시 판사는 검사의 구속영장 신청을 기각했다. 그렇지만 그는 이 사건과 여러 집회에 참가한 일로 기소되어 현재도 재판이 진행 중이다.

권변호사는 그 자신이 노동조합을 결성하고 활동을 주도했다는 이유로 두 차례 구속되어 실형을 살았고, 또한 회사에서 해고되기도 했다. 1989년 1월 노동조합 집행부 25명과 함께 해고되었을 당시 내가 대리인으로 전체 해고자의 해고무효 확인 소송을 인천지방법원에서 진행했다. 역량 부족으로 패소했고, 나로서는 권변호사에 대한 부채가 남아 있다. 그때의 소송에서 승소했다면 권변호사는 사법시험을 준비하지 않았을 수도 있고, 그러면 그의 인생도 지금과는 달리 전개되었을 것이다.

나도 노동변호사로서의 활동을 염두에 두고 사법시험을 준비했지만, 현장 경험이 없고 운동가나 정치인적인 기질과 역량이 부족해 법률가로서 조력하는 역할로 활동의 영역을 제한하고 있다. 가슴이 뜨거운 권변호사는 차가운 법정에서의 활동에 만족하지 못했다. 권변호사는 그러한 한계를 확실히 극복하고 노동변호사로서 활동 영역을 현장으로까지 확장했다. 권변호사는 자신이 노동자들에게 한 약속을 지키기 위해 노력했다고 밝힌다. "여러분이 내게 가라고 하지 않는 한, 내가 먼저 떠나지 않겠습니다." "여러분이 동료에 대한 믿음을 놓지 않는다면, 나는 지금부터 변호사를 그만둘 때까지 사용자 대리를 하지 않겠습니다." 권변호사는 이 약속을 지키는 것에 머물지 않고 현장에서, 거리에서 노동자들과 동지적 관계를 맺고 함께 투쟁했다. 민변 노동위원회 후배 변호사들은 권변호사의 활동을 보며 노동변호사의 새로운 모델을 발견했다.

권변호사는 변호사로서 사법부를 통해 노동자의 인권을 옹호하고 사회 정의를 실현하는 것에 근본적인 한계를 절감한다. 쌍용차 경영상 해고에 대한 대법원 판결이 선고되는 날, 권변호사는 사법 정의에 대한 미련을 버린다.

"천민자본과 이를 옹호하는 권력의 카르텔이 너무도 강고한 이 땅에서 노동자들이 법원의 판결을 통해 자신들의 권리를 보장받을 수 있다는 망상을 버리기로 한다. 쌍용차 정리해고 사건에서 보여준 대법원의 판결은, 이 땅의 사법부란 국민의 자유와 권리를 위한 최후의 보루가 아니라 권력과 자본, 그들이 주도하는 기득권 질서를 비호하고 정당화하는 제도적 폭력임을 깨닫게 한다. 판결을 통해 세상을 변화시켜 보겠다는 미련 같은 것이 남아 있다면 이제 털어버리자."

이러한 깨달음에 따라 권변호사는 정치의 길을 모색한다. 노동변호사로서 판결을 통한 정의 실현이 무망하다는 절망감에 적극 공감한다. 그럼에도 이 영역에서 꾸준히 활동해줘야 할 사람이 있어야 할 것이기에 나는 그 자리에 남아 있다. 권변호사는 모험이라고도 할 수 있는 정치 일선에 나서겠다고 출사표를 던졌다. 권변호사의 용기에 전폭적인 지지를 보낸다. 기존의 보수 야당들은 물론이고 조직된 기층 대중을 기반으로 하는 진보 정당과도 다른 길을 모색하는 것은 어떻게 보면 무모하게 보이기도 한다. 정치와 운동을 단절시키지 않고 연계시킴으로써 조직되지 않은 시민들(권변호사는 '제삼의 세력'이라 표현한다)을 정치 영역으로 끌어들여 시민이 스스로 정책을 결정하고 권력의 주체가 되는 온라인 정치 플랫폼을 제시한다.

"우리 힘으로 뭔가 할 수 있다는 자신감을 부여하는 새로운 시도를 계속 진행하는 것이 오히려 정치에 대한 관심을 높이는 방향이다."

"용기라는 것은 실천 속에서 커지게 되어 있다. 시도하지 않은 사람은 절대 용기를 낼 수 없다. (…) 용기라는 것은 정말 강대한 사람에게 용기 있다고 표현하지 않죠. 그것은 쓰러져도 다시 일어나는 것과 같은 의지의 문제예요."

우리 사회의 진보를 위해서도 권변호사의 용기 있는 발걸음이 결실을 맺기를 바란다.

|차례|

# 1부 대담 〈그는 왜 현장에 있는가〉 : 권영국, 이남신, 윤지영

## 시민들의 직접 정치

## 사람들: 광산 노동자의 아들에서 민주노총 초대 법률원장까지

## 사건들

# 2부 생각의 단편들

# 책을 출간하며

법은 정의가 아니다. 2014년 11월 13일 대법원이 쌍용차 회계조작 정리해고 사건에서 노동자들이 승소한 원심을 깨고 경영상의 재량을 이유로 자본가의 손을 들어주던 날, 페이스북에 '사법 정의에 대한 미련을 버리며'라는 제목의 글을 올렸다.

"오늘로써 나는, 천민자본과 이를 옹호하는 권력의 카르텔이 너무도 강고한 이 땅에서 노동자들이 법원의 판결을 통해 자신들의 권리를 보장받을 수 있다는 망상을 버리기로 한다. 쌍용차 정리해고 사건에서 보여준 대법원의 판결은, 이 땅의 사법부란 국민의 자유와 권리를 위한 최후의 보루가 아니라 권력과 자본, 그들이 주도하는 기득권 질서를 비호하고 정당화하는 제도적 폭력임을 깨닫게 한다.

판결을 통해 세상을 변화시켜보겠다는 미련 같은 것이 남아 있다면 이제 털어버리자. 합리적인 주장과 비판마저 종북과 반사회 행위로 몰리고, 공권력의 횡포에 항의하는 행위마저 징벌의 대상이 되어버리는, 궤변과 같은 현실은 진실로 우리에게 절절한 대오각성을 요구하고 있는지 모른다.

고상하기 이를 데 없는, 그러나 강요된 침묵으로 고요한 법정에서 벌어지는 환상은 오늘로써 충분하다. 세 치 혀로, 서면 공방으로 뭔가 하고 있다는 마약 같은 위로와 환상에서 벗어나야겠다.

생각한다. 이 땅을 우리 후손들에게 그래도 살맛나는 세상으로 만들기 위해서는 민중이 진정으로 자신의 권력을 행사할 수 있는 정치적 모색을 새로이 시작해야 한다. 기존의 서푼도 안 되는 입지와 정파적 이해를 모두 던져버리고, 반생명, 반문명 세력에 대항하기 위한 정치적 결단이 요구된다.

세상을 바꾸지 않는 한, 정리 해고된 노동자들과 그 가족의 고통을 멈출 수 없다. 세상을 바꾸지 않는 한, 차별받는 비정규직 노동자들의 한숨을 멈출 수 없다. 세상을 바꾸지 않는 한, 세월호 참사로 희생된 유가족들의 진실에 대한 갈망을 풀 수 없다."

기울어진 운동장(정치적 세력 관계)을 바꾸지 않는 한, 법과 제도는 기득권 질서를 옹호하는 기제로 작용할 뿐 잘못된 현실을 시정하는 장치가 될 수 없다는 절실한 깨달음이었다.

그로부터 한 달여 후 통합진보당에 대한 해산 결정이 있던 날, 나는 헌법재판소 법정에서 재판관들을 향해 일어섰다. 그리고 "헌법의 이름으로 민주주의를 살해한 날입니다. 역사의 심판을 면치 못할 것입니다"라고 외치다 방호원들에게 입이 틀어막힌 채 끌려나왔다. 이날의 풍경은 법이 정의 수호를 위한 최후의 보루가 아니라 권력자의 통치를 관철하는 제도적 수단임을 드러냈다. 독재 권력과 그에 부역하는 자들에 의해 법치주의는 회복할 수 없는 치명상을 입었다. 세상을 바꾸기 위해서는 정치를 바꾸지 않으면 안 된다는 결론에 이르렀다. 관념적 사고의 결과가 아니라 처절한 경험의 산물이었다.

보수 양당의 정치 구조는 기득권과 가진 자들을 옹호하는 장치로 전락했고, 기존 진보 정당 운동은 일반 대중들의 지지를 얻는 데 실패했다. 보수 양당 체제에 파열구를 내고 불평등과 독재에 맞설 수 있는 새로운 정치적 전망이 필요해 보였다. 그와 함께 사회적 불평등의 심화로 사회 안전망 밖으로 밀려난 대중, 노동조합 밖에 방치된 미조직 노동자, 그리고 미래에 대한 꿈마저 잃어버린, 파편화된 청년을 끌어안을 '대안 정치'가 절실해 보였다.

이 책은 그 고민의 일단을 담고 있다. 광부의 아들로 태어나 과학자를 동경했던 한 아이가 지천명을 넘긴 나이에 현실 정치의 길로 나서려는 배경과 이유를 대담을 통해 밝힌 글이다. 내가 현실 정치로 나서겠다고 하자 이남신 한국비정규노동센터 소장이 나의 생각을 정리해

책을 내자고 제안했다. 임후성 북콤마 대표도 이번 기회에 거리의 변호사로서의 삶과 생각을 정리해보는 것이 좋겠다고 설득했다. 그리고 소수자와 노동 인권 문제에 남다른 애정을 갖고 왕성하게 활동하고 있는 윤지영 변호사도 대담자로 흔쾌히 나서주었다. 그래서 이 책은 위 세 분의 노력의 결과물이다. 몇 달 동안 남의 얘기를 듣는다는 것은 보통 인내가 필요한 것이 아니다. 이 자리를 빌려 세 분께 진심으로 감사의 인사를 전한다.

이 책은 대담을 정리한 글이라 문맥상 어색한 부분도 있고, 또 완결된 구조를 띠고 있는 것도 아니다. 독자들께서는 그 부족함을 감안해 읽어주시면 좋겠다. 다만 동시대인으로 절망적인 현실에 좌절하지 말고 정치의 주인으로서 우리의 잘못된 현실을 어떻게 바꿀 것인지 함께 고민하는 계기로 삼아주셨으면 하는 바람이다.

2016년 2월
권영국

# 1부 대담

## 〈그는 왜 현장에 있는가〉

: 권영국, 이남신, 윤지영

시민들의
직접 정치

# 이제는 정치로
# 싸우겠다

## 시지푸스의 형벌

**윤지영** 평소에 권변호사를 보면서 좀 남다르다, 그런 생각을 해왔습니다. 그 남다름의 이유가 살아온 과정에 있지 않을까, 삶 속에 어떤 사연이 있지 않을까, 하는 생각을 많이 했거든요. 타고난 성품일 수도 있고, 환경의 영향일 수도 있을 텐데 과거가 참 궁금한 분입니다. 그래서 이렇게 지나온 삶을 돌아보는 자리를 마련하게 됐습니다. 어린 날 이야기부터 차근히 들어보고 싶지만, 최근 권변호사가 본격적인 정치 참여 선언을 하며 뛰어들었기에 우선 정치 문제를 다뤄보려 합니다.

**이남신** 권변호사가 처음 정치를 한다고 했을 때 "정치를 할 사람으로 안 보인다, 의외다"라는 반응을 보이는 이도 있었겠죠. 하지만 권변호사의 그간의 활동, 그간의 고민을 조금이라도 알고 있는 이라면 정치 참여 선언에 그다지 놀라지 않았을 것 같아요. 물론 정치를 하더라도 본인을 위한 정치가 아니라 시민과 노동자, 빈민이 함께할 수 있는 정치일 것 같고요.

**권영국** 그동안 변호사로 일하면서, 민변(민주사회를 위한 변호사모임)의 한 구성원으로 활동하면서 느낀 것은 우리 평범한 사람들의 운명이 스스로의 어떤 의지와 노력에 따라 결정되는 게 아니라 법원 아니면 경찰에 의해 일방적으로 결정된다는 것이에요. 우리 사회를 지배하는 권력자 등 특정 세력에 의해 결정되는 일이 거의 일상화되어 있어요. 그것이 가장 뼈저린 깨달음입니다. 우리 스스로 삶과 운명을 결정하지 못한다는 사실을 여러 사례를 통해 계속 확인하게 됐죠. 우리가 촛불을 들고 광장에 모여 국정 기조를 바꾸고 국민들의 목소리를 들으라고 주장을 한들, 실제로 지금 그것을 수용할 권력 구조가 아니에요. 현실은 그렇게 해서 권력에 영향을 미칠 수준이 아닙니다. 이러한 상태가 계속되면서 다른 이들이 우리의 운명을 결정하고 있음을 실감한 거죠. 결정의 낭떠러지까지 떠밀려서 떨어지지 않으려고 최후의 안간힘을 쓰는 정도의 싸움이 반복되고 있습니다. 굉장히 절망적인 현실입니다.

대표적인 예로 노동자나 철거민들이 끝까지 밀리다 못해 자꾸만 고공으로 올라가는 것을 들 수 있어요. 고공 시위도 어느 순간부터 일상화되어버렸어요. 내려오면 또 올라가고, 내려오면 또 올라갑니다. 실제로 2000~2015년 15년 동안 통계를 내봤는데 3년을 제외한 12년 동안 계속 고공 농성자가 생겼다는 기사가 있었습니다. 그걸 보고 정말 놀랐어요. 언젠가부터 우리 사회는 한 구성원이 주장을 펴려 해도 극단적인 선택을 하지 않는 이상 아무도 들어주지 않는 상태에 와 있다는 겁니다.

그때부터 시지푸스의 형벌이 떠올랐어요. 그리스·로마신화를 보면 코린토스 왕국에 시지푸스라는 왕이 있었는데 이 사람이 굉장히 꾀가 많은 왕이었어요. 신을 함부로 속였다가 형벌을 받게 됩니다. 바위를 산 정상까지 굴려 올리는 벌을 받는데 정상에 올리면 자동으로 밑으로 굴러 내려가게 되어 있어 처음부터 다시 굴려 올려야 했어요. 그러니까 힘겨운 작업을 영원히 반복하는 이 저주가 우리 현실에 그대로 투영이 됐어요. '이대로는 안 되겠다. 우리 삶의 결정권을 누가 가져야 하는가'라는 고민이 들었어요. 근데 그 결정 과정을 보면 시민사회운동이 주체라고 할 수는 없어요. 물론 영향력을 미치고 있지만 늘 보면 권력의 주변부를 맴돌고 있다는 느낌이 드는 거예요. '왜 우리는 스스로가 권력의 주인임을 자각하지 못하는가. 왜 직접 정치의 주체로 나서지 못하는가. 시지푸스의 형벌을 멈추려면 정말로 시시한 사람, 평범한 사람 그리고 문제의식을 가진 대다수의 시민 스스로가 자신의 문제를 해결할 주체로 나서야 한다.' 이러한 생각이 간절해졌습니다.

그리고 또 한 가지, 대중운동이 아무런 결정권도 없는 상태에서 싸움을 계속 반복하면서 서서히 동력 자체가 고갈되어가는 걸 봤어요.

하나도 바뀌지 않는 상태가 계속 반복되니까 거기에서 오는 좌절감, 패배의식이 커질 수밖에 없어요. 어느 순간부터는 의무감 때문에 사실 광장을 나오는 현실이 된 거죠. 한 사람이라도 이길 수 있다는 전망을 가지면 사람들이 갈수록 늘어나는 법이에요. 근데 지금은 완전 거꾸로 되어 있어요. 어떤 사안이 발생하면 초기에는 불이 확 살아나듯 사람들이 모여요. 근데 그때뿐이죠. 시간이 지나 나중에 보면 소수만 남아 있어요. 분노해 모였던 사람들이 싸움을 어떻게 하면 이길 수 있는가에 대한 전망을 갖지 못해서 그래요. 이러한 상황이 계속되면 그나마 건재하던 대중운동의 뿌리조차도 위험에 처할 수 있겠다 싶었어요.

'직접 우리가 정치권력의 중심으로 들어가 되찾으려는 의지를 갖는 게 중요하지 않을까. 왜, 권력은 국민으로부터 나온다고 하잖은가. 우리는 주권자이고, 권력은 원래 우리의 것이었으니까 우리가 찾아와야 하지 않을까. 왜 만날 광장에서만 외쳐야 하는가. 권력의 중심으로 들어갈 필요가 있다.'

사실 정치 참여의 직접적인 동기가 된 것은 야당의 무력함이에요. 나는 도저히 그냥 둘 수가 없다는 생각이 들었어요. 대안이 될 수가 없는 거예요. 지금 권력에 대해 무슨 견제를 하고 있습니까. '저 상태로 만년 야당이 될 테고, 우리는 늘 거기에 의존할 수밖에 없을 것이다. 권력을 교체하지도, 집권을 하지도 못하는 상태가 거의 반영구적으로 이어지지 않을까.' 우려가 생겼습니다. 그렇다면 시민 전체가 스스로 깨어나는 수밖에 없다고 생각했어요. 판을 바꾸려면 그 수밖에 없지

"시지푸스의 형벌을 멈추려면 대다수의
시민 스스로가 자신의 문제를
해결할 주체로 나서야 한다."

않을까요. 그래서 직접 우리가 정치에 개입하자고 나는 결단을 하게 되었어요.

## 시민 스스로 깨어나 권력을 찾아오자

**윤**　이 부분에 대해선 공격적으로 질문을 던져야 할 것 같아요. 현실 정치에 일반 시민들이 직접 참여할 수 있게 하겠다는 구상인데, 그게 사실 선언만으로 이뤄지는 건 아니잖아요. 현실적인 방법이 필요한 텐데 어떤 복안을 갖고 있는지 궁금해요.

**권**　여러 논의를 거쳤어요. 많은 이들의 의견을 들어본 거죠. 지금같이 절망적인 국면, 정권이 소통 자체를 거부하고 일방적으로 밀어붙이는 상황이 있었는가, 우리는 어떻게 해야 하는가 등. 이제는 정치적 세력 관계를 바꿔내야 한다는 데는 다들 동의해요. 기존의 양당 구도로 현 상황을 타개할 수 있는가에 대해서도 대부분 회의적이에요. 기존의 보수 야당과 제한적인 진보 정당으로는 어렵다는 게 중론이었죠. 특히 세월호 특별법을 만드는 과정에서 현재 야당의 무력감이 그대로 드러났다는 겁니다. 매우 보수적인 생각을 갖고 있고, 현 집권층과 별 차이가 없다는 거죠. 이야기를 들을수록 이 판을 제대로 흔들어봐야 한다는 생각이 들었습니다. 자, 일단 우리가 지금 설득을 해볼 수 있어요. 이 상태로 계속 가면 우리는 아무것도 바꿔내지 못한다는 거죠. 그렇다면 시민이 직접 나서야 하지 않을까요. 기존 정치가 대안이 아니라면 우리가 직접 대안이 되어야 하지 않을까요. 물론 현실적인 방안이 없는 매우 선동적인 말로 들릴 수도 있습니다.

그다음에 시민들을 어떻게 참여시킬지에 대한 고민이 있었어요. 조직되어 있는 사람들, 예컨대 노동조합에 가입돼 있거나 시민단체나 정당에 참여하는 이들은 국민 전체에서 보면 오히려 소수죠. 불만이 상당하지만 개별화되어 있는 이들이 다수인 이상 이들을 어떻게 참여시킬지를 고민해야 했어요. 주위의 인맥을 다 접촉해봤는데 이에 대한 해답이 나오지 않더군요. 그러다가 이런 데에 착목해볼 수 있었어요. 노동개악으로 청년 일자리를 만들 수 있는 얘기가 나왔을 때, 계약 기한을 2년에서 4년으로 늘리자는 기간제법 개정 얘기가 나왔을 때, 그러한 정부 정책에 대해 이름 모를 네티즌들의 반응이 대단했어요. 수천 건의 댓글이 달리는 걸 목격했습니다. 조직되어 있지 않지만, 사회의 주요 이슈에 대해 자신의 의사를 적극 표현하는 사람들이 다양하게 존재하고 있다는 게 그것을 통해 드러난 거죠.

그들을 어떻게 정치에 참여시킬지를 고민하던 중 온라인 플랫폼을 접하게 되었어요. 우리나라는 온라인 체계가 매우 활용도가 높은 상황이라 의사 결정 플랫폼이 시민들을 정치에 참여시킬 수 있는 유력한 수단이 될 수 있겠다는 생각을 했어요. 기존 정당이 모든 정책을 만들어놓은 다음 국민들에게 따라오라는 식으로 정치를 대상화한 측면이 있는데 반해, 온라인 플랫폼을 통한 의사 결정 수립 모델은 참여자들 스스로 의사를 개진하고 수렴해 정책을 만들어간다는 점에서 참여도가 높아 보였습니다. 이러한 과정을 거치는 것, 즉 스스로가 의사 결정 과정에 참여하도록 하는 방안을 마련하면 좋은 결과를 낼 수 있지 않을까 하는 기대를 가졌습니다. 유럽에서도 비슷한 사례가 있었고요. 큰 호응을 얻은 스페인의 '포데모스'나 독일의 '해적당' 같은 방식에서도 힌트를 얻게 되었죠.

또 하나 착목한 것은 세월호 참사가 발생한 후 전국 600여 개 지역에서 자발적인 풀뿌리 단체가 만들어졌다는 점이에요. 100개가 넘는 단체들이 1년 이상 촛불 추모 집회와 행사를 지속한 사례가 있어요. 그런데 그들 다수는 여전히 정당에 가입하지 않은 상태였어요. 그렇게 조직되지 않은 상태에서 자신들의 의사를 제기하려는 다수의 시민

---

*포데모스(Podemos, '우리는 할 수 있다'라는 뜻). 2011년 유럽 재정 위기 때 정부의 과도한 긴축재정과 서민 경제 파괴에 반대하며 일어난 '인디그나도스'('분노한 사람들'이라는 뜻) 시위에 뿌리를 둔 스페인의 신생 정당이다. 당시 시민들은 '그들(정치인들)은 우리를 대변하지 않는다'라는 구호를 외치며 기성 정치권을 비판했다. 또 마드리드 중앙 광장을 점거해 광장 곳곳에서 다양한 토론을 벌였다. 이때의 시위 주도자들이 2014년 1월 정치 세력화에 성공한다. 창당한 지 2년이 안 된 2015년 12월 완전히 기존 정치권 바깥에서 등장한 정당으로서 제3당으로 진입한다. 무분별한 민영화 반대, 교육과 보건의 국영화, 최저임금 현실화, 노동자 해고 반대 등을 내세우며 대중의 마음을 사로잡은 결과였다.

무엇보다도 이들의 성공 비결은 여러 형태의 시민 참여를 끌어냈다는 데 있다. 즉 토론 문화를 온라인과 연결한 지점이다. '레딧'(reddit)이라는 소셜 뉴스 웹사이트를 통해 정치적 이슈를 부각시키고, '루미오'(loomio)라는 의사 결정 애플리케이션을 토론 도구로 활용해 온라인상에서 시민들이 자유롭게 목소리를 내도록 도왔다. 누구나 토론하고 싶은 주제를 제안할 수 있고, 그룹을 만든 뒤 투표를 거쳐 의제로 결정할 수 있는 형식이다. 또 '아고라 보팅'(agora voting)이라는 온라인 플랫폼을 통해 선거에 나설 후보자를 시민들이 직접 뽑는 방식을 채택하고 있다.

1부 대담

에게 우리가 제대로 문제를 던진다면 공감을 불러일으킬 수 있지 않을까, 더 나아가 정치 세력화를 이뤄낼 수 있지 않을까 하는 생각을 했습니다.

## 직접민주주의 의사 결정 모델

**윤**  앞의 질문과 이어져 있는데요. 직접민주주의의 실험 방법으로서 온라인 플랫폼이 좋은 모델이기는 해요. 하지만 그것을 현실에 적용하면 사람과 시간, 돈이 필요하지 않겠어요. 한국 사람들이 정치 혐오에 빠져 정당에 가입하지 않으면서도 사회 이슈에 대해 관심이 많은 것은 과거의 경험에서 비롯한다고 생각해요. 그 틀을 깨는 것은 생각만큼 쉽지 않을 것 같은데요.

**권**  사실 보수 양당 체제를 깨려면 뭔가 사람들을 강력하게 끌어당기는 제삼 세력이 출현해야 한다고 봅니다. 그렇다면 제삼 세력을 어떻게 만들 수 있는가가 문제예요. 기존 정당에 가입하지 않은 채 실제로 자기 삶의 영역에서 그리고 광장에서 촛불을 들었던 수많은 사람들을 어떻게 세력화할 수 있을까요? 선거 국면에서 무당파나 부동층으로 불리는 이들이기도 하죠. 이제 이들을 어떻게 정치적 영역에 참여시키느냐가 우리 정치운동에서 굉장히 중요한 과제가 됐습니다. 제삼 세력을 정치 영역으로 끌어들이지 못하면 기존의 정치 구도가 굳어져버릴 것이라는 위기감이 사실 작동하고 있습니다.

사진 왼쪽부터 이남신, 권영국, 윤지영

나는 제삼 세력을 만드는 시도 중 하나로 온라인 플랫폼에 착목했습니다. 이를 제대로 갖추려면 역시 시간이나 기술 등이 필요하겠지만 그곳에서 정부 정책 등을 올려놓고 공격적으로 토론해보는 작업을 해볼 생각이에요. 기존의 진보 정당 운동은 조직된 기층 대중을 기반으로 삼았어요. 지난날 민주노총, 전농 같은 조직을 중심으로 해서 민주노동당이 만들어졌죠. 근데 지금 와서 돌아보면 조직되어 있는 사람들이 오히려 소수였어요. 여전히 다수가 방치되어 있다는 말입니다. 다수는 현실 속에서 자신의 고통과 절망, 문제의식을 적극 표현할 의지가 있어요. 부동층을 분석해보면 무당파라고 하는데, 무개념하기 때문에 그러는 게 아니에요. 분명한 문제의식을 가지고 있지만 선택할 곳을 정하지 못하는 이들이에요. 기존 정치에 대한 불신 때문이죠. 나는 부동층의 영향력이 정치적 영역으로 들어와 정치에 활력을 불어넣지 못하면 사실 현재의 구도를 깨기는 대단히 어렵다고 봅니다. 그 죽어 있는 의식을 어떻게 깨울지 고민해야 합니다.

**이**　　그럼, 제삼 세력 중에서 시민 후보라는 사례를 만들어볼 의향도 있는가요?

**권**　　물론입니다. 지역에 가보면 특별할 것 없이 시시해 보이는 이들이 90퍼센트를 이루고 있잖아요. 민주적인 토론을 통해 정치 후보자로 나서는 사례를 정말 만들어봐야 한다고 생각해요. 정치에 어떤 식으로 참여할지 방향을 정하지 못한 사람들로 하여금 직접 정치에 나서게 하는 거죠. '그래, 정치라는 게 별것 아냐. 우리 스스로가 원래 주인이었고, 우리의 문제를 가장 잘 대변하는 이는 바로 당사자인 우리야. 그러니 우리가 가장 잘 문제를 제기할 수 있어.' 이러한 생각에서 출발하는 거죠. 한국 사회는 정치인이 다수의 국민을 대신한다는 의식, 그러한 대상화된 정치를 넘어서야 하는 시점에 이르렀다고 봅니다.

나를 보고 야권 분열을 초래한다고 말하는 분들이 있습니다. 나는 이렇게 얘기하죠. "여러분, 이걸 분열이라고 생각하면 안 됩니다. 거꾸로 물어보겠습니다. 기존 보수 양당과 진보 정당 체계로 권력을 교체할 수 있다는 확신이 정말 있습니까. 그렇게 해서 판을 바꿀 수 있다고 생각합니까. 혹시 보수 양당 체제가 바뀐다 하더라도 실제로 그것이 우리가 '을'이라고 부르는 사람들의 이해를 대변해줄 수 있습니까. 만약 그렇지 않다면 왜 우리 스스로가 대안이 되어야 한다는 생각을 하지 않습니까. 우리의 권리 의식과 주체성이 커지면 커질수록 더 많은 이들을 우리 편으로 끌어당길 힘을 가지게 되고, 결국 판을 바꿀 수 있는 힘은 거기서 만들어집니다. 나는 확신합니다." 이렇게 얘기해요.

**윤**　현재 시민혁명당 추진위원회를 꾸려나가고 있는데 구체적인 진행 계획이 있나요?

**권**　지금 열심히 사람들을 모집하고 있습니다. 새로운 시도로 일단 의사 결정 방식을 기존 정당과 다르게 해보려 해요. 구성원들이 의사 결정에 직접 참여해 자신들의 의사를 반영시키는 직접민주주의를 강화해보려는 취지입니다. 지금은 시민들이 자기주장을 강력하게 펼치는 게 필요한 때라고 봐요. 일정한 공감대가 형성되면 온라인을 통한 관심도가 얼마나 높아지느냐에 따라 우리의 주장이 과연 현실에서 실현 가능한지 판가름 나리라고 보죠. 낙관적인 기대를 갖고 있지만 긴장의 끈을 놓지 않고 있습니다. 누가 묻더라고요. 이번 총선에서 출마할 거냐고. 그래서 아, 나는 출마할 거라고 말했어요. 서울에서, 중앙에서 출마할 겁니다. 원래 가진 게 없는 사람이 더 용감한 법이죠.

한 가지 더 덧붙여보려 합니다. 얼마 전 한 팟캐스트 방송에 출연했다가, 이런 식의 정치 참여가 결국 야권 분열을 가져와 판을 어지럽히는 것 아니냐는 질문을 받았어요. 내가 그렇게 대답했어요.

"정말 정치에 대한 관심을 불러일으킬 수 있는 구도를 만들어내지 못하면 만년 양당 체제에 머무를 가능성이 높다. 우리나라 같은 제왕적 정치 구조에서는 1등만 기억하지 2등은 절대 기억하지 않는다. 이번 정부에 들어 뼈저리게 체험하고 있지 않은가. 2017년 권력 교체에 대한 강력한 의지를 가진 야당이 존재하지 않으면 권력 교체는 불가능하다. 자신부터 의심을 하면서 될까 안 될까 미리 계산하는 사람들로 가득한 정치 구도에서 뭔가 막연히 바뀌리라고 생각만 하고 있으면 아무런 일도 일어나지 않는다. 그러니까 강력한 집권 의지를 가지고 주창하는 세력을 다시 주목할 필요가 있다."

사람들에게는 분명 뭔가 희망을 불러일으킬 수 있는 촉매제가 필요해 보여요. 전혀 듣도 보도 못 한 시민들이 주창하는 정치가 그렇게 될 수 있다고 하면 아직 믿지 못하는 것 같아요. 만일 시민혁명당이 일정한 발언력을 가지게 되면 야권과 연대가 가능하다고 봅니다. 적어도 시민의 정치에서 활력을 끌어내면 여러 갈래로 분열되어 있는 야권과 어떤 식으로든 연대해 전술적으로 제대로 된 대립 구도를 만들어낼 수 있다고 생각해요.

지금 구도에서 더 이상의 분열을 막아내기만 하면 야당이 정권 교체를 할 수 있으리라고 보는 것은 나는 환상이라고 봐요. 그동안 그렇게 하다가 얼마나 많은 실망을 했습니까. 오히려 이제는 우리 힘으로 뭔가 할 수 있다는 자신감을 부여하는 시도를 해보는 게 바람직합니다. 그것이 더욱 정치에 대한 관심을 높이는 방향이라고 봐요. 그게 성공한다면 판을 바꿀 수 있는 동력은 그곳에서 나올 겁니다.

## 스스로 정치의 주체로 참여하는 방식

**윤**　'을'이 직접 목소리를 낼 수 있게 해야 한다는 것이 말씀의 핵심이라고 생각해요. 그런데 한편으로는 비판과 대안을 제시함으로써 진짜 현실을 바꾸는 정치를 하는 것은 약간 별개의 문제가 아닐까요. 좀 구체적인 대안이, 뭐라고 해야 할까, 어떤 방향이나 정책이 바탕이 되어야 한다고 생각하거든요.

**권**　그렇죠. 시민의 직접 정치를 정책과 비전, 두 측면에서 접근해보겠습니다. 기존 대중운동은 이념적인 선명성을 드러내려고 하다 보니 상당한 분열을 자초한 측면이 있습니다. 여기서 주목할 점은 시민과 노동자계급의 연대예요. 노동자들이 고공에 올라갔을 때 시민들이 동참하는 차원에서 희망버스를 타고 현장을 찾아갔어요. 그게 연대였거든요. 시민과 노동자들이 어떻게 만나는가의 문제가 중요해요. 그동안 우리는 노동자계급 중심으로 뭉쳐야 한다고만 계속 얘기했어요. 그게 어찌 보면 운동을 대중적 지지를 제한하고 한계 지우는 쪽으로 몰고간 측면이 있습니다. 노동자와 다른 계층의 사람들이 만나는 연대의 장이 정말 필요해요. 이제는 계층 간의 연대, 세대 간의 연대가 문제를 해결하는 데 있어, 우리의 세력을 넓혀가는 데 있어 더욱 중요해졌어요.

'을'의 권리를 외칠 때도 사회 연대 전략이라는 것이 주효해졌습니다. 나와 너, 우리가 손을 잡는 것. 우리 사회는 어느 순간부터 소수 기득권 세력, 특권 세력이 사회적 부를 독점한 상태가 됐습니다. 지금 상당수의 사람들이 '을'의 지위로 다 추락해 있습니다. 현실을 돌파할 수 없는 지경의, 나락에 떨어진 사람들이 많습니다. 중산층이 붕괴되고, 자영업자들이 거의 도산 위기에 처한 상황이 사회 곳곳에서 벌어지고 있죠. 이러한 사람들은 자기 문제를 해결하기도 급할 것 같지만 바로 그 이유 때문에 연대를 택할 것입니다. 그래서 서로가 서로에 대한 연대의 기운을 넓혀가려면 우선 우리 스스로 제한하고 있던 부분을 풀어주어야 한다고 봐요. 그것이 추진하는 당명에 가안이지만 '시민'이라는 이름을 붙인 이유예요.

**윤**　어쨌든 박근혜 대통령 같은 경우도 지난 대선 때 내놓은 정책을 보면 매우 서민 중심이었고, 어떻게 보면 '을'을 대변하는 것처럼 보였죠. 나중에 이를 역행했지만요.

**이**    그랬죠. 복지 정책과 경제 민주화.

**윤**    더불어민주당도 사실 그렇게 얘기하거든요. 자기들은 절대 보수라고 하지 않죠. 어쨌든 '을'을 대변한다고 늘 얘기하거든요. 그런 면에서 두 정당의 차이는 뭘까요? 진정성의 차이일까요?

**권**    아뇨. 진정성이란 내심의 의사이기 때문에 그것으로 판단하라고 하면 안 되죠. 그건 문제가 있는 접근 방식이고요. 나는 과정이 굉장히 중요하다고 봅니다. 실제로 누가 의사 결정의 중심에 서게 되느냐의 문제라고 봅니다. 기존 정당의 정치인들은 보통 자신이 어떤 국민을 대변하겠다는 표현을 씁니다. 서민을 대변하겠다, 노동자를 대변하겠다는 식으로. 그런데 '대변'하다 보면 언제든지 태도를 바꿀 여지가 생깁니다. 나는 그 표현을 쓰지 않을 생각입니다. 정치는 주체가 하는 일이라고 봐요. 결국 정당이라는 것은 주체들이 함께 연대하는 조직이죠. 스스로 주체가 되고 주인이 되어 자기주장을 하고, 그렇게 정책이 결정되는 과정과 구조를 만들어내는 것이 필요하다는 거예요. 다른 이로 하여금 자기를 대변하게 하는 정치 형태로 가면 번번이 그런 현상, 배신이라는 결과가 나타납니다. '당신이 나의 권한을 나 대신 행사하고 대변하라' 이제 이 방향이 아니라는 겁니다. 스스로 정치의 주체로 참여하는 방식을 만들어내야만 그런 배신은 사라진다고 생각해요.

그렇게 해야만 그동안 정치의 대상에 머물던 시민들이 스스로 정치의 주체라고 느끼며 깨어날 수 있어요. 자기가 관여한 정책이라면 애정을 가질 수밖에 없지 않겠습니까. 자기가 쓴 기고 글이 신문에 실리면 부쩍 관심이 늘어나는 것과 마찬가지예요. 자기 의사가 반영된 결과물은 자기 것이기도 하기 때문에 그에 대해 매우 적극적인 참여가 발생하는 겁니다. 그런 시스템이나 구조를 만들어내는 것이 우리의 당면 과제라고 할 수 있죠. 그것을 만들어내지 못하는 한 배신의 정치는 되풀이될 수밖에 없다고 봐요.

실제로 정치하겠다고 나서는 이들에게 무슨 정책이 있느냐고 물어보면 다들 하나같이 비정규직 없애고 고용난을 개선하겠다고 답합니다. 누구든지 다 똑같은 말을 해요. 백날 얘기만 하면 뭐 하냐는 거예요. 대통령 되고 나면 내가 언제 그랬냐는 듯이 공약을 파기하고, 비정규직을 양산하는 노동 개악을 막 밀어붙이는데…. 결과적으로 보면 그 정책을 누가 만들고 그 정책에 대해 누가 주인으로 행세할 수 있느냐에 주목하는 것이 정치를 변혁하는 길이라고 봅니다. 사실 나로서는 처음 정치 참여를 작정할 때와 비교해보면 지금 많이 달라져 있습니다. 무엇이 중요한지 알게 되었다고 할까요. 무슨 정책이 있느냐는 질문에 우리도 많은 정책을 말할 수 있어요. 좋은 것 많이 알죠. 가계 부채를 탕감하고, 파견법을 개정해 비정규직을 없애겠다는 등.

**이**　　그 두 개만 이뤄내도 충분합니다.

**권**　　이런 것을 몰라서 안 하는 게 아니에요. 사람들은 그런 말을 들으면 당신이 정말 그걸 지킬 수 있느냐고 묻거든요. 자꾸만 남한테 약속을 지킬 수 있는지를 묻는 그 어법부터 바꿔야 한다는 겁니다. 우리가 절실히 요구하고 함께 하자며 정책으로 결정한 것이라면, 구성원들이 주체가 되어 만든 이상 그걸 관철하기 위해 직접 주장하면 되는 거죠. 다른 이에게 자기의 뜻을 대변하고 지켜줄 수 있는지를 묻는 것은 옛날 어법이 되었습니다. 그건 정치를 대상화하는 거예요. 그러니까 나중에 정치인이 배신을 해도 어떻게 해볼 도리가 없어요. 철저하게 민주적인 구조를 만들어내야 합니다. 만약 대표자가 약속을 지키지 않으면 탄핵할 수 있어야 하죠. 그런 구조는 직접민주주의가 잘 운영되는 곳에서는 활발하게 이뤄질 수 있습니다.

# 과연 운동과 현실 정치는
# 다른 문제일까

**윤**     현실 정치를 경험해본 이들의 말을 들어보면, 시민사회 활동가들이 국회로 진출했을 때 힘을 못 쓰는 경우가 너무 많다는 거예요. 또 십중팔구 정치권 밖에서 본 것과는 너무나 다르다는 얘기를 해요. 나로선 들어가본 적이 없으니까 뭐라 말하기는 어렵지만요.

**이**     정치권 안에서 보면 사정이 많이 다르다고 하죠.

**윤**     진짜 여기에 대해 답을 바라는 건 아닌데….

**권**     답을 할 수 있어요.

**윤**     아, 정말요?

**권**　　그런 얘기를 참 많이 들었어요. 내가 현실 정치에 참여하겠다고 하면 사람들이 그런 얘기를 많이 했어요. "정치와 운동은 굉장히 많이 다릅니다. 기존에 운동하던 사고방식을 아마 많이 바꿔야 할 겁니다." 그런 말을 듣다 보면 한 가지 의문이 확 들어요. '그럼, 기존 정치의 틀에 그대로 들어가는 거잖아. 기존 정치의 틀에 들어간다는 것은 뭘 바꾼다는 거지.' 왜, 다들 새로운 정치를 한다고 해놓고 막상 보면 기존의 방식에 그냥 맞춰 따라가잖아요. 여기에 전제된 생각은 정치와 운동은 단절되어 있고, 또 단절되는 게 마땅하다는 것이에요. 과연 그럴까요. 정치와 운동이 유기적으로 결합할 수는 없을까요. 예를 들면 이런 거예요. 온라인 플랫폼을 통해 입법 청원을 할 때는 이러한 과정을 거치게 됩니다. 먼저 우리는 이런 것을 원한다는 식으로 의제를 던지고, 10만 명이 토론을 거쳐 합의를 이끌어낸 다음, 그 힘으로 국회에 입법 청원할 수 있겠죠. 그렇게 시민 스스로가, 대중들 스스로가 주체가 되어 법안에 대한 요구를 하고 그것을 관철시켜나가는 방식이 왜 정치가 아닌가요. 왜 국회의원만이 법안을 발의하고 모든 것을 다 결정하게 해야 합니까. 오히려 정치와 운동의 연계를 통해 의견을 수렴하고 국회에서 이를 다룰 수 있도록 하는 방식을 적극 만들어내야 하지 않을까요.

다들 나를 보고 그렇게 말합니다. 내가 풍산금속에 다니면서 노동조합을 하자고 했을 때도 사람들은 "노동조합, 그거 되겠어"라고 말했어요. 나는 지금도 무모하다는 지적을 듣고 있습니다. "당신이 말하는 것은 너무 무모해"라는 말을 듣고 있어요. 그럼, 나는 그렇게 대답합니다.

"사실 무모한 건 현실입니다. 우리 사회는 양극화가 심화되면서 갈수록 절망적으로 변해갑니다. 안 그래도 절망적인데 정치가 더 절망적으로 만들고 있습니다. 그게 더 무모하지 않습니까. 정치가 어떻게 잘못되었기에 현실이 이토록 무모한 겁니까. 그렇다면 이렇게 생각해야 하는 것 아닙니까. 우리는 기존의 정치 방식에 우리 자신을 자꾸만 대입하려고 합니다. 기존의 정치 방식을 따라가면 고착화되고, 시민의 이해를 대변하지 못하는 구도가 점점 강화될 텐데, 우리는 여전히 유명 인사와 뭔가 그럴듯한 사람에게 의탁하는 태도를 떨쳐버리지 못합니다. 그렇게 만들어낸 결과로 과연 우리의 미래를 바꿀 수 있을까요. 기존의 방식을 정말로 혁명적으로 바꿔낼 생각은 왜 하지 않습니까."

나는 이 말을 자꾸 하게 돼요. 직접민주주의라는 것은 시민을 중심에 세우는 거잖아요. 그에 맞는 정치운동 방식을 만들어내야 하는 거죠. 10만 명이 이에 동참한다면 그 힘으로 국회에서 민의를 관철시킬 수 있지 않을까요.

**윤** 한편으로는 그런 걱정도 있어요. 직접민주주의가 어떤 식으로 실현되는지를 잘 지켜볼 필요가 있다고 생각해요. 예컨대 통합진보당 해산 결정의 경우 대부분의 사람들은 사회에 해를 끼치는 정당은 없어져야 한다는 입장을 보였거든요. 나는 그 사건에 대해 헌법재판소가 어떤 의미에서는 일반 시민들의 눈치를 보면서 대중의 입맛에 맞는 결정을 내렸다는 생각이 약간 들어요. 물론 이건 지극히 개인적인 느낌이에요. 그런데 사람들이 옳고 그름을 판단하는 데 있어 이해관계가 너무 다양하고 보수 언론이 판치는 상황에서, 시민들은 자기도 모르게 점점 마인드가 한쪽으로 기울 수 있어요. 약간 걱정이 되는 건 그런 것이에요. 만약 보수 세력이 직접민주주의라는 미명하에 뛰어들었을 때 충분히 민의를 조작할 돈과 권력을 가진 상황에서 이를 악용할 수 있지 않을까요. 직접민주주의 실현에는 정말 성숙한 시민의식이 기반이 되어야 하고, 그러려면 제반 환경이 갖춰져야 하는데 참 어려운 문제 같아요.

**권**　온라인에서의 의사 결정 구조와 오프라인의 현실을 어떻게 연결할지가 관건이 되겠죠. 일종의 지역 운동으로서 자기 정체성을 확보하면서 실제 현실 속에서 그것이 구현되어가는 모습을 확인하고 조화를 이룰 필요가 있어요. 실제로 유럽에서 진행되고 있는 온라인 민주주의 모델은 온라인에서 컴퓨터 자판만 두드리는 운동이 아니에요. 의사 수렴을 하는 한편 전국적인 의제를 가지고 운동하는 지역 조직이 가동되고 있어요. 현실에서의 실천과 온라인에서의 의사 결정 참여가 결합되는 방식을 고민한 결과죠. 온라인 참여와 실제 실천 운동과의 관계를 잘 조화시킬 필요가 있겠다 싶어요.

일전에 전주를 다녀왔는데 '416합창단'이라는, 세월호 참사 가족으로 구성된 합창단의 공연을 보고 왔어요. 전북교육청이 후원하고 전북

"직접민주주의 실현에는 정말 성숙한
시민의식이 기반이 되어야 합니다."

세월호대책위원회가 주최했죠. 내려간 김에 지역 인사들에게 시민혁명당에 대한 설명을 할 수 있게 간담회를 좀 마련해달라고 부탁했어요. 뭐, 다 바쁘다고 가고 해서 간담회에는 소수만 남았어요. 말씀을 나눠보니 역시 내 계획이 무모해 보인다는 의견이 많았어요. 그런데 한 분이, 문화제에서 사회를 본 분인데 그런 얘기를 했어요. "기존의 시민사회단체가 뭔가를 해주기를 바라는 것은 아마 무망할 것이다. 근데 정말로 당신들이 뭔가를, 대중들이 공감될 수 있는 것을 만들어 지역에서도 참여가 가능해지면, 결국 그것이 출발점이 될 것이다." 매우 중요한 지적이었어요. 사실 능력이 부족한 나로서는 문제의식은 강해도 이를 실제로 실현해낼 수 있는 손발, 실천 조직을 정말 얼마나 구축할 수 있을지가 큰 숙제로 남아 있어요.

나는 이 방향으로 가지 않으면 우리 정치에 미래는 없다고 생각해요. 아무리 진보 정당이 좋은 정책을 낸다고 하더라도 그 정책 결정 과정에 시민이 참여하지 않았다면 그것은 무용지물이에요. 내가 자꾸 언급하는 '시민'은 부르주아를 말하는 게 아니죠. 적어도 자신의 생활공간에서만큼은 문제의식을 갖고 살아가는 다양한 사람들이 존재해요. 현실에 절망하며 살아가는 시시한 사람들, 평범한 사람들이 있잖아요. 추진위원회에 참여한 면면을 보더라도 인지도 높은 인사는 거의 없어요. 자영업자, 대학 강사, 미조직 노동자, 방송 작가, 피디, 의사, 개혁적인 종교인, 법조인, 생태·환경운동가. 그냥 그런 분들이에요. 사람들은 유명 인사를 찾아볼 수 없으니 혀를 차죠. "그렇게 해서 되겠어, 되겠어"라고 말해요.

**이** 　나도 처음에는 말리고 싶었습니다.

**권** 　추진위원회에 유명 인사가 없다는 점은 불리한 점일 수는 있지만 애초의 취지에서 벗어날 생각은 없습니다. 정말 시민의 정치 참여에 공감하는 이라면 누구라도 추진위원회에 힘을 실어주었으면 해요. 나를 보십시오, 나를. 정치를 가장 멀리한 사람 중 하나였어요. 이제는 스스로 정치의 주체가 되지 않는 이상 우리 사회를 바꾸기는 현실적으로 어렵다는 것을 정말 뼈저리게 느끼고 있어요. 적어도 자꾸만 자신의 정치를 다른 사람의 손에 맡기려 하는 의식부터 깨보려 합니다. 그것을 분명한 화두로 제기하려고 해요.

**윤** 　나는 물론 노무현 대통령을 무척 존경하지만, 사실 권변호사는 그분을 능가하는 인물이라고 생각해요. 그래서 처음에는 지금처럼 맨땅에서 정치를 시작할 필요가 있을까 하고 의아해했어요. 기존 정당에 들어가더라도 그 조직을 바꿀 수 있는 분이라고 생각을 했거든요. '기존 정당에 들어가, 그 조직에 문제가 있다면 그것을 바꾸는 게 좀 더 현실적이고 쉽지 않을까. 거기에 동화되거나 흡수될 분이 아니니까.' 그런 생각을 했던 거죠. 자꾸 찬물을 끼얹으려고 하는 건 아니에요.

**권** 　그런 제안을 충분히 할 수 있죠. 그런 식의 제안이 제법 들어왔었어요.

**이** 　러브콜을 꽤 받았다고 들었어요.

**권**  나는 뭔가 방향을 제기하고 싶다는 생각이 컸을 수도 있어요. 자꾸만 우리는 기존의 방식에 흡수되어 들어갔는데 그것이 과연 유일한 길일까, 하는 생각을 자꾸 하게 됩니다. 방향을 제시하는 일을 시도해봐야겠다는 생각이 강하게 들었던 거죠.

## 기존 진보 정당에 합류할 수는 없는가

**이**  권변호사와 같이하면 고생이 많을 것 같아요. 얘기를 듣다 보니 그런 느낌이 듭니다. 아무리 문제의식이 옳고 현실 분석이 정확하더라도, 나도 사실 거기엔 거의 이견이 없습니다만, 이런 정도의 어려움이 감지되면 물러나거나 차기를 노리거나, 아니면 우회로를 찾는 게 보통이잖아요. 그런데 권변호사는 달라요. 오히려 이전에 나와 협의할 때보다 지금이 더 뜻이 확고해진 것 같아요. 가시밭길일수록 정말 무모하기 짝이 없는 확신으로 더 그쪽으로 가려 해요. 그게 권변호사의 특징이라는 것을 다시 한 번 깨닫습니다. 아, 그래서 시민혁명당이 가능성이 없지 않겠다는 생각이 들어요. 같이 가는 건 고려를 해봐야겠지만. 너무 고생을 할 것 같아서….

질문을 하나 하자면, 실제로 지향이나 가치에서 보면 진보 정당의 것과 흡사하거든요. 물론 정파를 지향하지 않는다는 점에서 결이 다르기는 하죠. 그럼에도 내용이나 전략적 목표를 감안하면 별 차이가 없거든요. 시민혁명당이라는 이름으로 굳이 따로 갈 필요가 있을까요.

진보 정당을 하나로 뭉쳐낼 방도를 전략 삼아 로드맵을 제시하는 게 더 낫지 않을까요. 그런데 지금 말씀하는 걸 들어보면 정치 지형 자체를 혁명적으로 바꾸는, 전혀 다른 발상이에요. 지금의 진보 정당을 발판으로 삼아 해나가기는 어렵다는 판단은 어디에서 나왔죠? 그리고 진보 정당에 비해 가장 큰 차별점이 뭔지 알기 쉽게 설명해주시죠.

**권**　기존 진보 정당의 한계를 절감하고 있어요. 물론 진보 정당에서 일하는 분들이 굉장히 노력한다는 것은 잘 알고 있죠. 그래도 여전히 조직된 대중을 기층에 놓고 있다는 점이 한계로 작용해요. 그리고 그것조차도 분열되어 다시 통합된다는 건 이제 사실상 불가능한 상태죠. 그런 상태로 대중적 지지를 끌어내기는 어려울 겁니다. 내가 진보 정당에 들어가더라도 약간의 변동을 줄 뿐이지 집권이 가능할 정도로, 세를 바꿀 정도로 영향을 발휘하지는 못할 것이라는 판단이 섭니다. 한 인물이 들어간다고 나아지는 상황이 아니라고 봐요. 진보 정당에 대한 일반인들의 인식이 엄연히 있거든요. 그렇다면 진보 정당 밖에서 대안을 찾아야 하지 않을까요. 제삼 세력이 가진 새로운 동력과 잠재된 힘을 끌어내는 길이 지금 정치판을 바꿀 수 있는 유력한 방안이라는 게 나의 결론이었어요. 제삼 세력을 찾아내 그것을 움직이게 할 수 있느냐 없느냐는 미래 정치에 관건이 될 겁니다.

그렇다면 어떤 세력 기반을 가지고 있는지, 내게 묻는 이들이 있어요. 세력 기반도 없이 어떻게 정치를 하겠느냐는 뜻이겠죠. 그럼, 나는 세력 기반을 가진 사람들이 지금 제대로 정치를 하고 있느냐고 역으로

"지금의 진보 정당을 발판으로
삼아 해나가기는 어렵다는
판단은 어디에서 나왔죠?"

질문을 던져요. 희망버스 기획이 전하는 메시지를 보세요. 희망버스에 탄 시민 중에는 노동자가 아닌 일반인도 많았습니다. 어려움에 처한 노동자들에게서 자신의 어려움을 본 것이죠. 고통의 내용은 다를지 몰라도 기득권과 특권 계층이 지배하는 구조가 낳은 것이라는 측면에서는 본질적으로 같다는 인식이에요. 노동자나 자영업자나 아무리 열심히 일해도 이 굴레에서 벗어날 수 없기는 마찬가지라는 데 서로 공감한 거죠. 그 구조를 바꾸기 위한 싸움이라는 공통된 사안을 마주한 거예요. 그래서 시민이 노동자에게 손을 내밀고 같이 가자고 한 거예요. 그렇게 손을 잡아야 고립되지 않는다고 판단한 겁니다. 이러한 연대야말로 이 시점에서 가장 중요한 것입니다. 진보운동 세력은 자꾸만 특정 계층을 중심에 세우자고 하는데 더 이상 그것을 고집하지 말아야 해요. 모두 고통스럽고 절망스러운데 뭘 자꾸 누구를 중심에 세우려고 합니까. 우리 스스로 주체가 되어야죠.

이러한 인식에 제삼 세력이 공감해주기를 매우 바라고 있습니다. 말이 반복됩니다만, 선택하지 못하는 사람들을 어떻게 끌어들일 수 있느냐가 결국 정치판을 바꾼다는 생각이에요. 새로운 세력이 얼마나 될지 모르지만 지금 정치 지형에서 5퍼센트의 유권자가 새로이 참여한다면 정치 지형에 영향을 미칠 수 있어요. 반면 내가 진보 정당에 들어가 지지율 1퍼센트를 올린다 해도 이는 전체 지형에 변수가 되지는 않는다고 봐요.

## 천 길은 준비되었다, 한 길부터 가자

**이**　　진보 정당에 대한 판단은 굉장히 설득력이 있는데요. 근데 여전히 남는 문제는 현실과 이상의 간극이 크다는 것이에요. 굉장히 크다, 그냥 큰 정도가 아니라. 말씀을 들어보면 더불어민주당이 됐든 정의당을 비롯한 진보 정당이 됐든 사실 그걸 넘어서겠다는 구상인 것 같아요. 이 지점에서 실행 가능한 로드맵이 있느냐는 의문이 생깁니다. 물론 '시작은 미약하나 나중은 창대하리라'라는 성경 말씀도 있습니다만, 대중들이 그리고 온라인 플랫폼을 통해 직접민주주의의 주체로 참여시키려는 분들이 과연 시민혁명당의 문제의식을 실현 가능한 경로로 볼지도 의문이에요. 대중이 문제의식에 공감할 수 있을까요. 그 격차는 크고, 어떻게 보면 공허한 지점이 있거든요. 지금 당장 손에 잡히는 게 없으니까요. 이번 총선에서 의석을 확보할 수 있을지 따져보더라도 곤혹스러운 지점이 있어요.

그런 점에서 시민혁명당의 핵심 무기는 두 개라고 생각해요. 하나는 온라인 정치 플랫폼이고, 또 하나는 역시 정치는 인물이 하는 거예요, 권영국이라는 상징성 있는 인물의 비전과 강점이죠. 그럼, 본인이 생각할 때 이 척박한 현실 속에서 시민혁명당이라는 취약한 위상을 전제하더라도 사람들에게 설득력 있게 다가갈 수 있는 자신의 강점이 무엇인지 말씀해주시죠. 그래야 믿고 따라갈 것 아니에요. 원래 정치는 지도자가 중요하거든요.

**권**　뒤에서 살아온 경로를 밝힐 때 얘기하겠지만 '여러분이 내게 가라고 하지 않는 한, 내가 먼저 떠나지 않겠다'는 말을 지금까지 신조로 삼아왔어요. 그리고 늘 어떤 문제에 부닥쳤을 때 미래에 대한 모든 계산을 하지 않는다는 게 나의 강점인데요.

**이**　그러면 안 따라갈 수도 있잖아요. 계산을 안 한다는 말을 듣고 놀래서. (웃음)

**권**　성경 구절을 또다시 끄집어내게 되는데요. '들에 있는 들풀을 보고 새를 보라.' 내일 걱정을 자꾸 오늘로 당겨서 하지 말라는 말이죠. 이미 다 스스로 살아갈 수 있도록 해준다는 거잖아요. 이런 생각이 들었어요. 지금 닥친 문제를 두고 이게 될까 안 될까 계산하기 시작하면 아무런 시도도 하지 못합니다. 지금 지점에서는 아무것도 검증된 게 없어요. 그렇죠? 검증된 게 아무것도 없는데, 아, 이게 될까 안 될까 주판을 튕기기 시작하면 답이 나올 수 없는 거죠. 절실한 마음으로 누군가 시작을 해야만 비로소 천 길을 갈 수 있는 거예요. 천 길을 보고만 있으면 무슨 소용이에요. 사람들은 뭐가 준비되어 있느냐만 얘기해요. 준비를 다 했는데 무슨 걱정이 있겠어요. 그렇죠? 이미 천 길을 먼저 얘기해버린 거예요. 모든 천 길은 한 걸음부터 시작합니다. 절대로 천 길을 먼저 가 있을 수는 없어요. 항상 한 길부터 가야 하죠.

사실 내가 풍산금속을 다니면서 안강공장으로 쫓겨나 노동조합을 만들 때도 앞날에 대해 계산했으면 못 만들었을 거예요. 미래에 대한 계산이 없었어요. 미리 노동조합이 조직이 될까 안 될까 주판을 튕기

듯이 따지고, 연행될 것을 걱정했으면 불가능했어요. 다만 주어진 하루를 어떻게 소화해낼지만 신경 쓰며 최선을 다했어요. 그런데 최선을 다하기 시작하니까 사람들이 붙기 시작했어요. 그게 사람들한테 공감을 불러일으킨 거죠. 사실 그때는 매일매일이 위태위태했어요. 내가 만약 경찰에 연행되어 구류 사는 일을 조심했으면 사람들한테 공감을 일으키지 못했을 거예요. 자신이 가진 모든 것들을 쏟아붓고 하루하루 최선을 다하는 모습을 보이면 사람들이 공감을 합니다.

다시 한 번 말하지만 과연 정치와 운동은 다른 문제일까요. 일반 시민들이 장하나 의원과 정동영을 좋아하는 이유는 그들이 현장에 자주 오기 때문이에요. 정치와 운동이 연결되어도 오래 지속하는 새로운 전형을 만들어내고 싶습니다. 내가 안강공장에서 노동조합을 할 때는 구속되는 게 전혀 두렵지 않았어요. 조합원 4000명이라는 튼실한 지지자들이 있었거든요. 정말 세상이 두렵지 않더라고요. 만약 나를 지지하는 시민들이 10만이 넘는다고 하면 뭐가 두렵겠어요.

이 지점에서 솔직한 얘기를 하나 하면, 이남신이 적극 동참해야 하고, 윤지영이 동참해야 해요. 사실 주변에 있는 사람들이 열성적으로 합류하면 흐름이 바뀝니다. 추진위원회에 오춘희라는 분이 있는데, 사실 풍산금속 다닐 때 같이 해고된 후배의 부인이에요. 내가 처음에 평등사회전환포럼을 꾸리면서 정치 참여를 좀 미적거리고 있으니까, 나를 선배라고 부르거든요, 그 사람이 그러더라고요. "선배, 할 거야, 말거야." 얼마 후 추진위원회 사무실을 마련해 함께 모였을 때 나는 그렇게 말했습니다. "더 이상 앞날을 걱정하지 않겠습니다. 목전에 둔 총선을 피해 장기적으로 대비한다는 식의 허황한 말은 하지 않겠습니다. 이번 총선에 직접 개입하겠습니다. 그리고 되든 안 되든 간에 이제 결단합니다." 그 말을 듣고 자기도 결단해야겠다고 생각했대요. '그래, 당신이 결단했으니 내가 도와줘야지'라고 결심했대요. 굉장히 고맙죠. 나는 주변 사람들이 열성껏 도와주면 큰 흐름이 바뀐다고 봐요. 일이 되려면 자기 주변에 있는 사람들부터 적극적인 자세로 바뀌고 더 멀리 퍼져나가야 하거든요. 그 지점에서 한계가 느껴지기도 합니다.

# 미래에 대해
# 계산하지 않는다

**이**　최근 김대중, 노무현 정부를 거치며 시민운동가들이 정계로 많이 진출하면서 실제로 시민사회 진영이 많이 무너져 있잖아요. 박원순을 위시해 많은 인사가 정계에 진출했어요. 항간에서는 그런 얘기를 합니다. 정치와 운동의 유기적 관계는 대단히 중요하지만 지금 우리가 우선 주력해 복구해야 할 것은 운동이지 정치가 아니지 않느냐고. 이러한 문제의식을 가진 활동가들이 꽤 많아요. 시민사회가 더 굳건해지고, 다수의 지지를 받는 풀뿌리운동과 네트워크가 정착되어야 정치를 제어할 수 있지 않겠느냐는 말이죠. 운동의 중심이 시민사회 쪽에 있다는 문제의식이에요. 물론 일본처럼 중앙 정치는 형편없는 반면 지역의 풀뿌리운동만 잘되는 기형적인 이원화 구조는 바람직하지 않죠. 그래도 현재의 한국은 워낙 중앙 집중적이잖아요. 그렇기 때문에 정치의 중요성을 감안하더라도 분권적인, 아래로 내려가는 네트워크 운동이 시급하다는 겁니다. 이에 대해 어떤 답변을 할 수 있을까요?

**권**  시민운동의 깊은 고민에 대해선 잘 모릅니다. 주로 노동운동에 중심을 두고 활동해왔거든요. 현 상황에서는 자칫하면 시민운동이라도 제한된 범위 안에서의 운동으로 국한될 소지가 있습니다. 정치영역에서 돌파구를 찾지 못하면 시민운동은 그렇게 동력이 떨어질 가능성이 있다는 말입니다. 시민운동도 정치 영역에서 자신들의 역량을 어떻게 확대할지에 대해 고민하지 않으면 안 되는 상황에 왔어요. 자칫하면 제도적 틀에 갇힐 여지가 있는 거죠. 지금 어떤 운동도 차벽을 넘지 못하는 현상이 계속되고 있습니다. 그럼, 결과적으로는 정치권력이 쳐놓은 범위 안에서 자기들만의 운동, 국한된 운동으로 수용될 가능성을 배제할 수 없어요. 충분히 그럴 위험이 있어요. 어찌 보면 시민운동은 이미 합법적인 방법 이상의 것을 시도하기를 스스로 두려워하고 있거든요. 정치 영역을 확대해나갈 필요성이 여기에 있어요. 정치와 손을 잡지 않은 채 과연 운동 혼자의 힘으로 차벽을 넘을 수 있을까요. 차벽 하나 넘지 못하면서 정말로 권력 교체가 가능할까요. 그런 의문을 지울 수 없습니다.

그래서 한 축으로는 정치 영역을 넓혀나가는 시도를 계속해야 하고, 다른 축에서는 어떻게 하면 시민운동과 결합하면서 대중과의 접점을 넓혀나갈지를 고민하지 않으면 안 됩니다. 어느 한쪽만 주력하다가는 시민과의 소통이 매우 제한적인 영역으로 국한될 가능성이 대단히 높다고 봐요. 나는 어느 순간부터 왜 이리 운동이 저 권력이 쳐 놓은 범위를 넘어서지 못하는지 한탄스러웠습니다. 이제는 운동을 하는 와중에 문제가 생기면 변호사를 찾고 그것을 통해 제도와 절차 속으로 계속 들어가려고 합니다. 시민운동이 주어진 영역 이상의 것을 시도하는 모습을 사실 솔직히 잘 못 봤거든요. 정치권력이 친 차벽을 넘어서려면 정말로 정치와의 유기적인 관계를 고민해야 한다고 봐요.

**이** 　　노동운동이 처한 상황도 크게 다르지 않습니다. 어쨌든 차벽을 넘지 못하기는 매한가지이죠.

## 사랑하는 이의 존엄을 지키기 위해

**이** 　　이번에 부인이 추진위원회에 위원으로 들어온 것을 봤어요.

**권** 　　내가 상황을 좀 보라고….

**이** 　　참 예외적인 경우라고 생각해요. 조금 인상적이기도 했고요. 권영국 추진위원장에 대한 신뢰를 높이는 데 중요한 지렛대가 될 것 같습니다. 부인을 설득하면서 고충이 없지 않았을 텐데요, 그 얘기를 좀 해주시죠.

**권** 　　사실 아내가 끝까지 말리고 싶었던 게 현실 정치의 담을 넘는 일이었어요. 제발 그 일은 좀 안 했으면 좋겠다고 했죠.

**이** 　　돈 안 버는 변호사라도 좋으니 그 일은 하지 마라….

**권** 　　예. 그런 얘기를 했어요. 현실 정치에 뛰어드는 일이 굉장히 어렵기도 하거니와 그걸 실행하는 순간 어쩌면 그동안 우호적이었던 사람들조차도 등을 돌릴지 모른다는 염려가 있었어요. 지금까지 어쨌든 매우 어렵게 활동하면서 쌓아온 우호적인 이미지, 그 나름대로의 어떤 명예 같은 것을 한순간에 날려버릴 수 있다고. 현실 정치로는 안 갔으면 좋겠다고 하면서 차라리 그럴 바에는 같이 귀향하자, 이제는 좀 내려놓고 살자고 하더군요.

내가 현장에서 연행되어 영장실질심사를 받게 되면 아내가 심사장에 꼭 찾아왔어요. 와서 꼭 들었어요. 그걸 들으면서 아마 공감한 바가 있었던 모양이에요. 영장실질심사 할 때 판사가 최후진술 같은 것을 하라고 하잖아요. 별다른 내색은 안 하는데 내 말을 들으면서 공감을 한 모양입니다. 한번은 이런 얘기를 하더라고요. "지금 당신이 하고자 하는 일이라는 게 나는 누군가는 해야 한다고 생각한다. 그런데 그게 왜 꼭 우리 남편이어야 하느냐. 그건 아니었으면 좋겠다." 이런 표현을 했어요. 취지에 대해서는 공감을 하는 거죠. 지금 우리 사회가 얼마나 잘못되어 있느냐에 대해 깊은 고민은 안 했더라도 이미 느끼는 거죠. 이것은 바람직한 세상이 아니다, 그리고 인간의 존엄한 가치를 지킬 수 있는 사회가 아니다, 그러니 이것을 바꿔야 한다. 그런데 그렇게 말려도 내가 계속 간다고 하니, 논리적으로 반박할 수도 없고 해서 얼마간 갈등을 한 모양이에요. 어느 날 갑자기 발기인 동의서를 달라고 하더라고요. 김포 동네에서도 그것을 가지고 사람들을 만나고 다니는 것 같아요.

**윤**　앞에서 권변호사가 진정성으로 사람을 판단하는 건 위험하다고 했지만, 그래도 진심은 통하는 것이라고 딱 느껴지거든요. 아, 정말 개인의 영달과 무관하게 우리 사회의 구성원, 내 가족뿐만 아니라 다른 사람들이 행복하게 살기를 바란다는 것이 느껴져요. 그래도 나는 왜 걱정이 되는지 모르겠어요.

**이**　걱정이 안 되면 그게 더 이상한 거죠.

**윤**　이러한 사적인 질문을 해도 되는지 모르겠는데, 선거를 준비할 비용은 어떻게 마련하나요? 이번에 잘 안 되면 빚을 지는 건가요?

**권**　재산을 선거 자금으로 탕진할 생각은 없어요. 지금의 일에 공감하는 이들이 십시일반으로 도와주리라고 확신하고 있어요. 문제는 초반에 들어가는 비용이에요. 사실 법률사무실에서 업무를 접은 지 오래됐어요. 자금을 어떻게 마련할 거냐는 핀잔을 많이 듣는데, 그나마 과거에 맡은 사건의 대법원 판결이 끝나면서 받은 성공 보수가 조금 남아 있어 겨우 유지를 하고 있어요. 또 해우법률사무소에서 함께 일하던 변호사가 자기가 사무실을 잘 지키고 있을 테니 열심히 하고 돌아오라고 해요. 굉장히 고맙죠. 어쨌든 이번 일이 나한테는 소중한 시도가 될 것 같습니다.

### '주저하지 말고 용기 내 찾아와요, 우리의 권력'

**윤**　정치에 관한 마지막 질문인데요. 이번에 내가 추진위원회에 참여해 정책을 만든다고 해보니 순간 덜컥 겁이 나는 거예요. '아, 내가 그런 깜냥이 될까?' 말씀 중에도 나왔지만 사람들이 그만큼 자신감이 없는 것 같아요. 자신은 그만한 능력이 안 되고, 우리 사회, 특히 현실 정치는 자신의 한계를 넘는 일로 보이거든요. 이런 식으로 스스로 한계를 딱 그으면서 용기를 내지 않는 거죠. 그러다 보니까 말씀대로 자꾸 남이 대신해주기를 바라게 되고요. 이것이 이기적 욕망이라기보다는 정말 용기 없음에서 나오는 행동이라고 생각을 하거든요. 나같이 용기 없는 사람에게 할 수 있다는 용기를 불어넣을 이야기를 해주시죠.

**권**　　지금 대통령은 자신의 생각을 정리해서 이야기하는지 의문이 들 때가 많아요. 말하는 것이 아니라 언제나 책을 읽고 있다는 느낌을 받아요. 남이 써준 것을 대독하고 있다는 느낌 말이죠. 기자들로부터 자유롭게 질문을 받은 적도 없죠. 또 지금 집권당의 대표는 어떤가요. 그 사람이 하는 얘기가 어떻게 들립니까. 우리는 정말 그 사람보다 못할까요. 내가 볼 때는 전혀 그렇지 않습니다. 자신의 영역에서 문제의식을 가지고 살아가는 사람을 어떻게 그들과 비교합니까. 그런데 왜 우리는 그들보다 못하다고 생각할까요. 그들이 지금 현실적으로 권력을 가지고 있기 때문에 주눅 들어 있는 겁니다. 내가 말하려는 것은 우리를 주눅 들게 하는 그 권력이 원래 우리의 것이라는 것을 다시 깨우치자는 것입니다. 다시 우리 것으로 찾아오자는 것입니다. 그 일을 해야겠다고 생각하면 모두 두려울 겁니다. 그래도 시도를 해야 깨집니다. 용기라는 것은 실천 속에서 커지게 되어 있습니다. 시도하지 않는 사람은 절대 용기를 낼 수 없습니다.

그리고 변호사의 전형을 지키며 거리로 나서지 않았다면, 나는 거리에 있는 경찰들과 아마 한 번도 대적할 엄두를 못 냈을 겁니다. 어떻게 보면 그 현실에 맞닥뜨렸기 때문에 가능했는지도 몰라요. 용기라는 것은 정말 강대한 사람에게 용기 있다고 표현하지 않죠. 그것은 쓰러져도 다시 일어나는 것과 같은 의지의 문제예요. 자기가 약하다고 생각할 때 딛고 일어날 수 있는 의지가 용기라고 생각을 하거든요. 나는 지금 굉장히 무모한 짓을 하고 있는지도 모르죠. 왜? 약하다고 생각하고 가만히 있는 순간 세상은, 현실은 절대로 바뀌지 않는다는 것을 나는 수없이 경험해왔어요. 그동안 사람들의 공감을 불러일으킨 것은 그 약한 사람이 정말로 끊임없이 시도했을 때였어요. 김대중이 어떻게 그렇게 사람들한테 공감을 일으켰을까요. 노무현은 어떻게 그랬을까요. 그분들은 현실 정치에서 보면 주변인이었잖아요. 그런데 끊임없이 시도를 했던 거죠. 사람들은 그런 모습에 공감을 했어요. 노무현은 바보 같은 짓을 계속했어요. 서울에서 출마했으면 됐을 텐데 부산 출마를 계속 고집했어요.

그런 생각을 합니다. 현실을 정면으로 바라보자. 그리고 현실에 문제가 있으면 그것을 지적해내자. 문제 제기하자. 모든 것은 여기서부터 출발한다고 봐요. 아무도 문제 제기하지 않으면 영원히 현실은 문제 제기를 받지 않는다는 것입니다. 통합진보당 해산 선고 때 헌법재판소 한복판에서 벌떡 일어나 외친 것도 바로 그 현실의 벽을 누군가 두드려야 한다고 생각했기 때문이에요. 지금까지는 인생의 첫 수업에서 깨달은 바 그리고 살아온 과정에서 약속한 것을 비교적 지켜왔다고 생각해요. 앞으로도 얼마만큼 지킬 수 있을까가 남은 인생의 화두죠. 사람은 어떻게 변할지 알 수 없기 때문에 끊임없이 스스로 족쇄를 채우고 돌아볼 계기를 계속 만들어야 한다고 생각해요. '더 이상 주저하지 말자. 내가 주저하면 다른 사람은 어쩌란 말인가.'

**이**　　나도 한 가지 더 질문이 있어요. 현실 정치에서 중요한 것은 건강과 체력이잖아요. 그것은 자신 있어요?

**권**　　고등학교 3학년 때, 실제로 2년 동안 수험 공부를 거의 못한 상태에서 그해 벼락치기로 공부를 해야 했습니다. 반년 남짓 하숙을 했는데 예비고사를 치고 나니까 몸무게가 늘어 있어요. 몸이 무겁다는 게 불편하더라고요. 그때부터 조깅을 시작해 지금도 계속하고 있습니다. 사람의 몸이라는 것은 뭘 잘 먹는 것만으로는 안 되는 것 같아요. 규칙적으로 운동하고 틈만 나면 몸을 단련하려고 하죠. 건강 때문에 뭘 못 하게 되는 일은 없어야 하겠기에 신경 쓰고 있습니다.

## 사람들:

### 광산 노동자의 아들에서 민주노총 초대 법률원장까지

# 문경,
# 포항


**윤**　여기서부터는 권변호사의 자전적 이야기를 들어보려 합니다. 진작에 이러한 자리를 만들었어야 했다는 생각이 들면서 살짝 긴장되는데요. 변호사로서, 투사로서 관통해온 지난 세월이 독자들은 궁금할 테지만 그보다 더 이전의 시간으로 거슬러 올라가볼까 해요. 어떤 의미에서는 사람이 더 궁금하거든요. 그 뿌리인 사람을 모른 채 사건만 나열하면 아무래도 딱딱할 것 같은데요.

**권**　그렇게 해보죠.

**윤**　자라온 환경 등을 편하게 말씀해주시죠.

**권**　별나다, 철이 없다, 평생을 살아도 철들지 않을 거다. 주위에서 그런 이야기를 많이 들었어요.

**이**　남자가 철들면 죽습니다. (웃음)

**윤**　지금부터 이야기를 들려준다고 생각하고 지난날을 말씀해 주시죠.

## 광산촌 아이

**권**　나는 초등학교 1학년 무렵부터 기억이 나요. 태어난 곳은 강원도 태백시인데, 그때는 장성군이었어요. 자미원이라는 작은 마을에서 태어났습니다. 아버지는 광부였고, 마을은 광산이 있는 산골이었지요. 1학년 1학기까지 태백에서 살다가 문경의 탄광으로 이직한 아버지를 따라 그곳으로 이사를 갔죠. 그때는 광산에 체불이 잦았어요. 아버지도 그런 연유로 탄광을 옮겨 다녔는지 모르겠지만 이직이 잦았어요. 그래서 무척 가난했습니다. 초등학교 때는 제대로 끼니를 때우지 못해 배고팠던 기억이 많습니다. 4, 5학년 무렵에는 집에서 늘 밀가루 수제비나 보리밥을 먹었기 때문에 도시락을 못 싸는 경우가 흔했습니다. 또 당시에는 학생 선도부가 점심시간에 학교 밖으로 나가지 못하게 막는 바람에 집에 가 밥을 먹고 올 수도 없었어요. 그래서 오전 수업을 마치면 선생님과 친구들이 알아챌까 봐 걱정이 되어 재빨리 운동장으로 나가버렸죠.

**윤**　도시락을 쌀 형편이 안 되었나요?

**권**　그러니까 수제비나 밀가루 음식은 찰기가 없어 도시락을 쌀 수 없었고, 보리밥은 또 반찬이 마땅치가 않았어요. 어쨌든 5학년 때는 학교 운동장에 있는 수돗물로 자주 배를 채웠죠. 근데 아무리 물을 많이 마셔도 허기진 느낌이 지워지지가 않았어요. 배는 빵빵한데. 어린 시절은 대부분 그렇게 지냈어요. 지금도 내가 뭘 먹고 있을 때 옆에 다른 사람이 있으면 꼭 물어보게 돼요. 밥은 먹었느냐고요. 어릴 때 배고픈 것이 너무 서러웠기 때문에 나 혼자 먹어야 할 처지가 되면 차라리 안 먹고 말죠. 어린 시절의 기억이라는 게 그렇게 어른이 되어서까지 따라다닙니다.

**이**      탄광촌 아이들은 그때 대부분 그렇게 가난한 가정에서 자란 경우가 많았잖아요. 친구들도 비슷한 처지였을 것 같은데요.

**권**      두 부류로 나뉘어졌어요. 광업소 소장이나 사장의 자식들처럼 회사 관사에서 살던 아이들은 그나마 괜찮은 편이었고. 나도 한번은 아버지가 광산의 감독직을 맡은 적이 있는데 그때는 사정이 좀 달라졌죠.

**이**      감독이니까 중간 관리자쯤 되는군요.

**권**      그렇죠. 중간 관리자 정도 되면 그래도 형편이 나았죠. 당시 광산을 가리켜 막장이라는 표현을 많이 썼어요. 인생 막장이라는 표현과 통하는 데가 있죠. 사회에서 오갈 데 없는 사람들이 마지막 흘러들어가는 곳이 광산이었기 때문에 상당히 거친 환경이었죠.

**윤**      아버지가 처음부터 광산 일을 한 건 아니었군요.

**권**      아버지의 고향은 원래 포항이었는데 무엇 때문인지 경찰서와 사이가 틀어지는 바람에 고향을 떠나게 되었다고 들었어요. 고향을 떠나 객지로 돌아다니다가 어쩌다 보니 광산으로 들어가게 된 거죠. 아버지는 나와 달리 키가 큰 편이었습니다. 177센터미터에 지금으로 치면 '훈남'이었죠. 동네에서 배구선수를 할 정도였으니까.

윤  그렇다면 일이나 벌이도 불규칙했던 것 아닌가요. 실업 상태가 반복되고, 어머니는 그런 모습을 보면서 뒷바라지하는 상황이 되었을 텐데요. 어떻게 보면 아버지가 전형적인 노동자의 모습이잖아요. 어렸을 때부터 아버지를 보면서 무슨 생각을 했는지요?

권  나는 대학생이 될 때까지 아버지가 일하는 곳에 직접 가본 적은 없었어요. 탄광 산골에 살기는 했지만 탄광에 찾아가본 적은 없었어요. 아버지가 좀 멀리 느껴졌죠. 무서웠어요.

윤  엄격한 분이었나 봐요.

권  남들에게는 친절한 분이었는데 집에선 굉장히 권위적이었어요. 그래서 어릴 때는 아버지를 무서워했어요. 딱히 좋아하지 않았죠. 어쨌든 아버지는 광산 일을 하느라 집을 비우는 때가 많았고, 급여 봉투를 가져오는 것도 부정기적이었어요. 당시 체불이 많았던 것 같아요. 태백에 있을 때는 아버지가 그나마 중간 관리자였기 때문에 집안 살림이 안정적이었는데, 규모가 작은 문경 쪽 광산으로 나오면서부터는 굉장히 어려워졌죠. 그 후에도 개인 탄광 여러 곳을 전전했어요. 그 때문에 우울했던 기억이 납니다.

"근데 아무리 물을 많이 마셔도 허기진
느낌이 지워지지가 않았어요."

**윤**　어쨌든 가정은 유복하기는커녕 어려운 상황이었고, 아버지도 일 때문에 집에 잘 안 들어오고 권위적이었다고 하는데, 그러면 오히려 삐뚤어질 수도 있는 것 아닌가요. 그런데 권변호사가 활동하는 모습을 보면 굉장히 원칙적이고, 모범적이고, 반듯하다는 생각이 들어요. 무슨 영향이 있을까요? 아버지나 어머니의 영향인가요?

**이**　그때 제대로 못 먹어서 키가 안 자란 게 아닌가요? (웃음)

**권**　나는 친탁이 아니라 외탁을 했어요. 외갓집 식구들이 대체로 키가 작은 편이에요. 외가와 친가 모두 9남매였는데 사람들이 정말 많았어요. 어머니는 가만히 보면 가정적인 스타일에 전형적인 주부였죠. 형편 때문에 애들한테 밥 굶기지 않으려고 애를 많이 썼죠. 장사를 할 분은 아니었는데 시장 난전에 앉아 소규모로 과일이나 채소를 팔고, 어떤 때는 엿 공장에 가 엿을 떼어와서 광주리를 이고 다니며 시골로 팔러 다니기도 했어요. 그러다가 다 못 팔고 엿이 남는 날은 우리가 횡재하는 날이었어요. 나는 5형제인데 위로 누나 둘, 아래로 남동생 둘이 있습니다. 큰누나는 일찍이 객지 생활을 시작했고.

나는 어릴 때 사람들한테 피해를 주면 안 된다는 생각을 많이 했어요. 학교생활에 충실하기 시작한 것은 초등학교 4학년 무렵이었죠. 그 전까지는 학교생활을 잘 몰랐어요. 가방 싸들고 집과 학교만 왔다 갔다 하는 정도였고, 시험을 본다고 해도 공부를 안 했으니까. 성적이

50~60명 중에 33등 정도, 중하위권이었죠. 4학년 때 '매일공부'라는 학습지가 최초로 생겼습니다. 주변에 보니까 집안 형편이 조금 괜찮은 애들이 그 학습지를 보더라고요. 매우 재밌어 보였고 부러웠어요. 그때도 아버지가 불규칙하게 일하면서 집안 형편이 어려웠는데도, 어머니한테 학습지를 보게 해달라고 졸랐죠. 우리나라 부모들은 자식이 공부한다고 하면 일단 모든 것 제치고 하게 해주잖아요. 처음엔 주저하다가 아들이 워낙 열심히 보고 싶다고 조르니까 보게 해주더군요. 그렇게 매일공부를 보면서 시험 때도 공부하지 않던 아이가 공부에 재미를 붙이게 되었죠. 매일 책 찾아보면서 시험지를 풀어 제출하면 다음 날 채점한 것을 받고, 이게 반복이 되면서 자연스레 복습과 예습을 하게 되었어요. 4학년 처음 올라왔을 때는 반에서 28등을 했어요. 그때가 아마 전체 인원이 50명이 넘었을 텐데.

**이**　그걸 어떻게 다 기억을 해요?

**권**　워낙 인상 깊은 추억이라. 그러다가 기말시험을 봤는데, 선생님이 성적을 보고 깜짝 놀란 거예요. 갑자기 6등이 되었어요. 여선생님이었는데 시험 결과를 반에서 발표하면서 나를 칭찬하다가 나중에는 업어줬어요, 교실에서. 그때 칭찬이라는 것이 얼마나 사람을 기쁘게 해주는지 알게 되었어요. 칭찬은 고래도 춤추게 한다잖아요.

**이**　여선생님이 정말 큰 은사이군요.

**권**　성함이 아직도 기억이 나는데, 신상옥 선생님.

**이**　영화감독 이름과 같습니다.

**권**　지금도 선생님 생각하면 너무 고마웠던 기억이….

**이**　업어주기까지 하면서 동기부여를 할 정도면 평소에 눈여겨 봤다는 거잖아요.

**윤**　공부 때문이 아니라 딱 봐도 총명하게 생겼고.

**이**　미운 놈을 업어주겠어요?

**권**　남아 있는 어린 시절 사진이 많지 않은데 보면 약간 좀 총명하게 생긴 것 같아요. (웃음) 키도 그때부터 지금까지 늘 앞쪽이었는데 거의 1, 2번이었으니까요. 교실 맨 앞쪽에 앉아 늘 선생님만 뚫어지게 쳐다보며 한마디도 놓치지 않으려고 했으니 선생님으로선 싫어할 리가 없었겠죠.

**이**　가족들도 깜짝 놀랐겠어요.

**권**　집에서는 어쨌는지 잘 기억이 안 나요. 어머니가 무척 좋아했을 것 같은데 그게 기억이 잘 안 나요.

**윤**　친구들과는 어떻게 지냈나요?

**권**　사실 나는 외향적인 성격은 아닙니다. 내성적이고 부끄럼을 많이 타는 편이었어요. 적극적으로 친구를 사귀는 타입은 아니었고, 그냥 조용한 편이라 애들과 굳이 나쁜 관계를 만들 일이 없었어요. 친한 친구가 많지 않았으니 자연히 반에서 마음이 맞는 애들끼리 자주 어울렸죠. 대체로 원만했던 것 같아요. 특별히 누구를 해코지한 적은 없고, 친구들에게 성실하게 대해주었기 때문에 별로 나쁜 관계는 없었어요. 그리고 공부는 좀 하고 있었으니까 친구들 사이에서 인정을 받는 분위기였던 것으로 기억해요.

**윤**　초등학교 졸업하고 중학교에 가서도 쭉 그 성적을 유지했나요? 공부 열심히 하고 조용히 잘 지내는 학생?

**권**　성적은 반에서 1, 2등 왔다 갔다 했지요. 주변 친구들도 그냥 제몫을 하는 친구구나, 이렇게 인정했던 것 같아요. 특별히 불편한 관계는 없었어요. 나는 유달리 정돈되지 않고 삐뚤삐뚤하게 서 있는 모습을 싫어했던 것 같아요. 초등학교 시절 운동장 조회 시간에 줄을 서잖아요. 앞에 설 때는 상관없었는데 뒤에 서게 되는 경우, 앞에 서 있는 애들의 줄이 삐뚤거리면 굳이 앞으로 가 "야, 좀 들어가" 지적하곤 했으니까요.

중학교 때 독서토론반에 들어가 책을 많이 읽었어요. 당시 내 마음에 꽂힌 책이 주로 탐험가 이야기, 영웅전, 과학자 위인전이었죠. 위인전을 정말 많이 읽었어요. 그때 아문젠이나 뢴트겐을 읽은 기억이 나요. 물론 이순신도 읽었죠. 뢴트겐은, 그렇죠, 엑스레이, 엑스선을 처음 발견한 사람이에요. 발명이 아니고 발견이에요. 엑스선이라는 게 자연상태의 방사능에서 나오는 선 중 하나니까. 근데 뭐, 엑스선을 발견했다는 것보다는 탐구정신이나 연구에 대한 열정이 투철한 사람으로 기억에 남아요. 과학자나 탐험가 중엔 형편이 좋은 경우가 많지 않았어요. 대체로 그 시대 탐험가나 과학자들은 몹시 가난한 삶을 살다가 죽고 난 뒤에야 명성을 얻는 경우가 많았죠. 아마 뢴트겐도 비슷한 처지였던 것으로 기억해요. 자신의 이상을 실현하기 위해 그러한 악조건에도 불구하고 연구에 정진하는 모습이 가슴 깊이 와 닿았고 감동적이 었어요. 얼마나 좋아했는지 도내 독후감 경연대회에 나가 위인전 독후 감으로 입상한 적도 있어요.

**윤** 그런 위인들을 보면서 나도 저런 사람이 되어야겠다, 특히 과학자가 되어야겠다고 결심했나요?

**권** 맞아요. 나는 화학이랑 실험을 정말 좋아했어요. 비커에 용 액을 따라 서로 섞으면 반응이 일어나고, 갑자기 어떤 침전물이 생기 기도 하고 색깔이 변하기도 하는 모습이 좋았어요. 리트머스 종이, 기 억나죠? 산성과 염기성을 잴 때 쓰던 시안지. 그렇게 화학 실험하는 걸 정말 좋아했어요. 그래서 퀴리 부부를 보면서 화학을 전공하는 것 도 재미있겠다고 생각했죠.

### '가정 형편상 포철공고로 가거라'

**윤** 고등학교는 포철공고로 진학을 했지요? 물론 가정 형편이 큰 이유였겠지만 과학에 대한 애정도 한몫을 하지 않았을까요?

**권** 우회적으로 작용한 거죠. 문경에서 중학교를 나오면 대부분 대구에 있는 고등학교로 진학했어요. 당시는 연합고사를 봐서 합격하 면 추첨식으로 대구 시내 고등학교를 배정했는데, 공부 잘하는 친구들 은 대부분 대구로 유학을 갔지요. 나도 대구 인문계 고등학교로 진학 하고 싶었어요. 그래야 내가 원하던 대학도 갈 수 있을 것 같았고. 그

"권변호사가 활동하는 모습을 보면
굉장히 원칙적이고, 모범적이고, 반듯하다는
생각이 들어요. 무슨 영향이 있을까요?"

런데 고등학교 진학 원서를 쓸 무렵, 아버지가 술을 마시고 들어와 "내가 아무래도 너, 대구로 가 공부하는 비용을 대기가 쉽지 않겠다"고 말씀하는 거예요. 같이 광산에 다니는 분의 아들이 포철공고를 다니고 있고, 포항엔 친척도 많으니 그곳으로 가 공부를 하면 어떻겠느냐고. 아버지가 그렇게 이야기하는데 고집을 부리면서 싫다는 말을 못 하겠더라고요. 교무실로 가 담임선생님에게 포철공고로 지원하겠다고 하자, 깜짝 놀라셨어요. 선생님은 내가 당연히 대구 인문계 고등학교로 진학할 것으로 알고 있었거든요.

선생님은 과학을 전공한 분이었는데 마지막으로 내게 "인문계를 선택하느냐 실업계를 선택하느냐는 네 인생에서 매우 중요한 문제다. 그 선택에 따라 너의 진로가 많이 달라질 수 있다. 네 사정은 알겠지만 진로를 선택할 때는 자신의 적성에 무엇이 더 잘 맞는지 좀 더 신중하게 고민해보면 좋겠다"고 말씀해주셨어요. 그 진심 어린 말씀은 지금도 잊혀지지 않습니다. 하지만 당시 집안 형편을 고려하지 않은 채 아버지 말씀과 다른 선택을 할 수가 없었어요. 그래서 생각했죠. '사람은 자기 하기 나름이야. 자신이 어떻게 하느냐에 달려 있는 거야'라고. 마음을 돌려 먹은 거죠. '혹시 모르는 것 아닌가. 공고에서 오히려 내가 좋아하는 화학 실험을 더 많이 할지도 몰라.' 그런 생각으로 위로를 삼았죠.

**이**    굉장히 긍정적이에요. 보통은 실의에 빠질 법한데.

**권**    실의에 빠지지는 않았어요. 집안 사정을 아니까 금방 마음을 정리했고, 선생님한테 포철공고로 진학하겠다고 말했죠.

**이** 　어려운 처지지만 성적이 좋았고 더구나 장남이니까 아버지가 공고 진학을 제안했을 때 원망스러웠을 것 같은데요.

**권** 　그렇지는 않았어요. 작은누나는 집안 형편이 어려워 중학교까지만 다니고 경북 상주에 있는 한 전자회사에 취업해 일하고 있었거든요. 누나한테는 지금도 많이 미안하죠. 누나보다 학교를 더 다닐 수 있다는 사실만으로도 고마웠던 거죠.

**이** 　두 누나가 일찍 객지로 나가 고생했군요.

**권** 　누나들은 어릴 적부터 힘든 시기를 보냈어요. 그게 한이 되었어요. 작은누나는 전자회사에 다니면서 야간 고등학교를 다녔어요. 주경야독으로 야간 고등학교를 졸업한 후 대구에 있는 간호학원을 다녔고, 간호조무사 자격증을 땄어요. 그 후 지금까지 간호조무사로 병원에서 근무를 하고 있지요. 그런 누나도 있었기 때문에 나로서도 딴생각 할 겨를 없이 마음의 정리가 되었지요. 어디든 들어가서 열심히 하면 잘될 거라고 스스로 위안을 했죠.

1977년에 포항제철공업고등학교로 입학을 했는데 그 당시는 국가 차원에서 실업계 고등학교를 키웠어요. 지금으로 치면 중화학공업에 필요한 인력을 정책적으로 양성하던 시기였죠. 중화학공업이 확장 일로에 있던 시기라, 필요한 노동력을 위해 정부는 실업계 고등학교에 지원을 많이 했어요. 당시 전국적으로 유명한 실업계 고등학교가 몇 군데 있었죠. 서울기계공고, 구미 금오공고, 포항제철공고, 부산기계공고 등이 이름을 날렸죠. 공부는 좀 하는데 집안이 어려웠던 친구들은 등록금이 싸고 장학금 등 여러 혜택이 있는 실업계 고등학교로 많이 들 진학을 했어요.

** **

**윤**　수석으로 입학한 거죠.

**권**　예. 문경중학교에서 나 말고도 5명가량 더 시험을 보러 갔어요. 시험을 친 다음날인가, 성적 발표를 했는데 몇 문제는 찍기도 해서 기대를 하지 않았어요. 합격자 발표하는 날 아침 아버지랑 사촌형 집에서 나와 택시를 타고 학교로 가는데, 택시 라디오에서 이름은 못 알아들었으나 문경중학교 출신 학생이 포철공고에 수석 합격했다는 보도가 나오는 거예요. 혹시 나인가 하는 생각 때문에 마음이 급해졌습니다. 한편으로는 설마 나일 리가 있을까 하는 생각도 들었고요. 학교에 도착해 합격자 발표 게시판을 보았습니다. 내 수험번호를 포함해 몇몇 번호에 해당하는 수험생은 교무실로 오라고 되어 있었습니다. 교무실 문을 열고 들어서자, 교무과장이 인사를 하는 나를 뚫어지게 쳐다보더라고요. "어, 이 작은 친구 봐라. 자네, 수석이야" 하는 거예요. (웃음)

**이**　많이 놀랐겠어요, 아버님도 같이.

**권**　굉장히 놀랐죠. 아버지도 같이 교무실로 들어갔는데, 내가 태어나서 아버지가 그렇게 기뻐하는 모습은 처음 봤죠. 그때부터 아버지는 아들 자랑이 늘어졌죠. 친척들의 말로는 아버지가 20대 청년 시절, 지역에서 아주 잘나가던 사람이었대요. 할아버지 때만 해도 천석꾼이라고 할 정도로 아주 잘살았다는군요. 그런데 할아버지가 재산을 다 말아먹고, 어쨌든 한동안 객지 생활을 하던 아버지가 내 고등학교 진학을 계기로 고향을 다시 찾게 되었죠. 2학년 때부터 성당에 나가게 된 것도 작용했지만, 자연스럽게 학교에서는 모범생처럼 행동해야 한다는 생각에 빠져 있었어요.

**이**　　졸업도 수석으로 했어요. 정말 순둥이 모범생이 아니었을까 짐작이 되는데요.

**권**　　그랬어요. 학교 방침을 철저하게 잘 따라야 한다는 생각이 아주 강한 학생. 매우 체제 내적인 가치관을 가지고 있었지요. 일탈이라는 것은 생각조차 못 해봤다고 해야겠죠. 이처럼 또박또박 학교생활을 하던 중 약간의 변화가 생긴 것은 고등학교 2학년 때 성당 고등부 학생회를 나가면서부터입니다. 조금씩 부드러워지기 시작했죠. 공고 남학생들 사이에서 공부만 하다가 성당에 나가면서 초등학교 졸업 이후 처음 여학생들을 만나게 된 거예요.

**이**　　그것 때문에 성당에 간 건 아니고요?

**권**　　절반은 그랬죠. (웃음) 성당에 가면 예쁜 여학생이 많다는 반 친구의 꼬임에 넘어갔죠. 물론 호기심이 있었어요. 고등학교 시절의 기억 중 두 가지가 선명한데, 그중 하나는 박정희 대통령이 궁정동에서 자신의 부하에게 총 맞아 인생이 '쫑' 났던 사건이었습니다.

**윤**　　1979년 10월이죠. 그때 몇 학년이었죠?

**권**　　고2 때입니다. 또 다른 하나는 박정희 대통령이 죽기 직전 여름 무렵의 일인데 선배들이 두발 자유화, 복장 자율화 등을 외치면서 학내 시위를 주도했어요. 나는 당시 시위나 데모에 대해 매우 부정적인 사고를 가지고 있었어요. 데모는 공부하기 싫어하는 학생들이나 하는 짓이라고 말이죠. 이는 어른들로부터 주입된 사고였을 텐데, 어쨌든 나는 멀찍이 떨어진 곳에서 선배들이 학교 옥상으로 올라가 데모하는 광경을 지켜보면서 선배들이 참 한심하다는 생각을 했어요.

**이**　　일탈하거나 그런 적은 전혀 없었어요?

**권**　　안 그래도 고등학교 시절 같은 반 친구들이 내게 일탈을 시켜보려고 많은 노력을 했었어요. 수학여행이나 소풍을 가면 꼭 몰래, '캡틴 큐' 기억나요?, 저질 양주를 가져오든지 소주를 몰래 숨겨 와요. 선생님께 한잔 드리고 나서 자기들끼리 얼굴 벌게지도록 마시고 그랬는데 그때 나를 선생님 없는 곳으로 데려가 술을 마셔보라고 여러 번 권했죠. 그런데 나는 원칙을 지켜야 한다는 생각에 친구들이 주는 것조차도 거부했었어요. 친구들이 얼마나 답답하다고 생각했을까요?

## 학교와 자취방 사이 탈출구, 성당 고등부 학생회

**윤**　　지금 아내 분은 고등학교 때 만나지 않았나요?

**권**　　나는 성당 고등부 학생회 활동에 열심히 참여했는데 어떻게 보면 탈출구였는지 몰라요. 이전에는 거의 학교와 자취방 사이만을 왔다 갔다 했었거든요. 그러니까 삶이라는 게 얼마나 무미건조했겠어요. 2학년 때부터 시작된 고등부 학생회 활동이 내겐 윤활유였죠. 여러 학교 학생이 모여 있었고, 고등부 학생회가 선후배 관계도 좋고, 특히 동기들이 잘 뭉쳤어요. 크리스마스 전날에는 성당 친구 집에 함께 모여 밤새도록 놀기도 했죠.

**이**　　그러니까 학생회에서 지금 부인을 만났다 이거예요?

**권**　　당시에는 얼굴을 서로 알게 된 정도였죠. 고3 때 예비고사를 치르고 난 후 역시 성당 친구 집에서 함께 모여 놀았는데, 그때 아내로부터 카드를 받았죠. 크리스마스카드. 그냥 여러 사람한테 준 건데, (웃음) 나한테만 특별히 준 거라고 오해를 해서 답장을 보냈던 게 서로 친해진 계기가 되었죠.

**윤**　　지금 예비고사를 봤다고 했는데, 어쨌든 포철공고를 갔을 때는 졸업 후 바로 취업하는 걸 염두에 두었을 텐데 대학 진학으로 진로가 바뀐 거잖아요.

**권**　　맞아요. 지금은 포스코인데 예전엔 포항제철공업주식회사였어요. 포철, 포철, 그랬죠. 지금은 민영화되어버렸지만 그때는 공기업이었어요. 당시에도 사람들은 포항제철에 취업하는 걸 일순위로 쳤지요. 그때만 해도 포철공고 졸업생들은 90퍼센트 넘게 포항제철에 입사했어요. 취업을 했죠. 근데 나는 고등학교를 갓 졸업한 나이에, 아직 삶의 가치나 인생이라는 것을 제대로 알지 못하는 상태에서 취업을 한다는 게 뭔가 좀 서글펐던 것 같아요. 1학년 때에 산 '기초영어' 책을 펼쳐보다가 표지 안쪽에 '나는 대학교를 갈 거야'라고 적어둔 글귀를 발견했어요. 1학년 입학 당시부터 진학을 염두에 두고 있었던 거죠.

**윤**　포철공고는 등록금을 전액 면제해주었나요?

**권**　그러지는 않았어요. 내가 입학할 때까지는 공립학교였는데 그 후 포항제철이 학교를 인수하는 바람에 사립학교로 바뀌었어요. 포항제철 재단이 인수한 거죠. 공립학교는 보통 등록금이 쌉니다. 게다가 장학금을 받을 기회가 많았어요, 인문계 고등학교보다는. 나는 3년 동안 장학금을 받았어요. 3학년 때까지 포항제철로부터 장학금을 받으면 졸업 후 포항제철에 의무적으로 입사해 일정 기간 근무를 해야 했는데, 대학 진학을 위해 2학년 때까지만 받고 3학년 때는 산학협동 재단에서 받았어요.

＊＊

**윤**　당시 학교에는 대학 진학을 준비하는 학생들이 꽤 있었나요? 자료를 보면 권변호사가 서울대에 들어간 것은 포철공고가 생긴 이래 두 번째라는데.

**이**　그거, 쉽지 않은 일인데요.

**권**　맞아요. 당시 공고의 수업 시간은 주 44시간 중 거의 절반인 20시간 이상이 실습이었어요. 내 기억으로는 영어, 국어, 수학이 주 1시간 정도밖에 배정되어 있지 않았으니까 진학 준비와는 완전히 거리가 멀었죠. 그래서 2학년 말부터는 이렇게 하다간 안 되겠다 싶어 혼자 별도로 진학 공부를 하기 시작했어요. 국영수 과목에 할애된 시

82

간이 너무 적으니까 공고의 커리큘럼을 그대로 따라가다 보면 도저히 감당이 되지 않았어요. 그때부터 뒷자리로 자리를 옮겨 전공 수업 시간 중에 영어나 수학 공부를 했죠. 선생님들 중에는 그런 모습을 매우 싫어하는 분도 있었어요. 꾸중을 하기도 했고요. "너는 전공과목 시간에 수학 공부하고, 영어 공부하는데, 그런 놈치고 공부 잘하는 놈 없더라." 이렇게 비아냥거리기도 했어요. 그래도 많은 선생님들이 내 강한 의지를 보고 양해를 해주었지요. 그러다 도저히 안 되겠다 싶어 3학년 2학기 시작할 무렵에는 교장 선생님께 '진학반'을 만들어달라고 직접 건의를 했어요.

**윤**　사실 아버지의 결정에 따라 포철공고에 들어간 것인데, 다시 대학을 진학하겠다고 했을 때 집안에서 반대는 없었나요?

**권**　예. 반대는 없었어요. 공부를 잘하고 있었으니까. (웃음) 아버지는 아들에게 포철공고를 추천하면서 졸업 후 취업 전선으로 나가기를 은연중에 바라고 있었던 것으로 짐작이 돼요. 하지만 3년 동안 열심히 공부하는 모습을 바라보면서 대학 진학을 편한 마음으로 받아들였을 거예요.

**이**　그만큼 절실해서 그랬겠지만 절실하다고 과감하게 나서는 경우가 흔치는 않거든. 권변호사가 수석을 했으니 학교에서 보면 기득권자인 셈인데, 진학반을 만들어달라는 건의는 일종의 권위에 대한 일탈 행위라고 할 수 있어요. 위험한 거잖아요. 질서를 깨는 거니까. 대학 진학반을 만든 일은 큰 사건이었던 것 같아요.

**권**　　그때 나는 소속이 제철과였는데 기계과 친구와 함께 둘이 교무실로 불려갔어요. 교장 선생님이 교무과장에게 진학반 설치를 지시한 거죠. 교무과장의 첫마디가 이거였어요. "권영국이, 너, 많이 컸구나. 네가 언제부터 교장 선생님을 상대했냐. 절차라는 게 있는데 교무실에 와서 나부터 만나 이야기를 해야지." 1시간가량 꾸중을 들었어요. 몇 번 담임선생님을 통해 건의를 했다가 안 되어 그렇게 했다는 대답은 속으로만 삼켰죠. 한참 혼낸 뒤에야 "그래. 그럼, 열심히 해봐" 그러더군요. 나는 잘했다는 생각이 들어요.

**이**　　그게 어떻게 보면 권영국의 삶에서는 하나의 분기점이군요.

**권**　　작은 의미로다가…. 학생으로서 선생님의 지시나 가르침을 받드는 상태에서 그것을 반전시키는 계기가 되었죠. 나 스스로 건의를 해서 나름의 성과를 만들어낸 거잖아요. 나한테는 앞으로 어떻게 살아야 하는지 생각하는 계기가 된 것 같아요. '이렇게 해도 되는구나.'

# 서울,
# 울산


**윤**    대학 전공을 금속공학과로 정한 이유가 있나요?

**권**    말했듯이 고등학교 2학년 때까지는 학교 커리큘럼을 따라
가느라 대학 시험 준비가 전혀 안 되어 있었어요. 겨우 2학년 겨울방
학이 되어서야 영어, 수학 학원을 다니기 시작했고, 거의 1년가량 진
학 공부에만 매달려야 했죠. 도저히 인문계 고등학교 학생들과 경쟁이
안 되었어요. 당시에는 동일계 진학(실업계 학생에게 자신의 전공과 동
일한 학과로 대학 진학할 기회를 부여하던 특별 전형)이 있었어요. 학교별
로 5퍼센트 정도 동일계 진학 혜택이 주어졌지요. 내 예비고사 성적이
동일계 내에서는 상당히 높은 점수가 나왔어요. 경북 전체에서도 점수
가 잘 나왔고. 그때까지만 해도 나는 화학자가 되고 싶다는 꿈을 간직
하고 있었어요. 일반 전형 쪽으로 알아보니까 당시의 성적이면 고려대

화학과를 안전하게 들어갈 수 있겠더라고요. 그래서 동일계 진학을 선택할지 말지 고민을 했죠. 그런데 담임선생님이 그러지 말고 서울대에 원서를 내면 어떻겠냐고 하더라고요. 나는 실력에 맞춰 고려대 화학과를 가려고 맘먹고 있다가 선생님이 학교의 원願이라며 (웃음) 서울대를 권하기에 더 이상 고민을 하지 않고 그렇게 하겠다고 대답했죠.

## 피 흘리는 현실과 만나다

**윤**　금속공학과이면 공대생, 과학도를 꿈꾸는 학생인데, 실제 대학 생활은 어땠나요?

**권**　나도 대학교를 가면 많이 다를 거라고 생각했어요. 당시가 전두환 정권이 들어선 바로 다음 해라 캠퍼스의 분위기는 엄청 어둡고 무거웠어요. 서슬이 시퍼렜다고 해야겠죠. 뭔가 보이지 않는 것에 짓눌려 있는 학내 분위기, 압박감, 중압감. 뭐, 어쨌든 학교에 적응해야 했기에 기숙사 생활을 처음 시작했어요. 내가 기억하기로는 최초의 학교 시위였어요. 지금은 자꾸 4월이라고 기억나는데 왜 그런지는 모르겠고, 그건 3월일 수도, 4월일 수도 있어요. 봄날이었어요. 1교시를 마친 다음 잠시 기숙사에 들렀어요. 갑자기 '빠바방' 하고 뭔가 터지는 소리가 들렸는데 바람이 기숙사 방향으로 불고 있었던 탓에 갑작스레 눈이 매워졌어요. 그리고 눈물이 막 흘러내리기 시작했죠. '아, 이게 최루탄이구나' 직감했어요. 근데 소리를 듣는 순간 아무 생각도 없이 몸이 반사적으로 소리 나는 쪽을 향해 뛰기 시작했어요.

**윤**　처음 듣는 소리였는데….

**권**　고등학교 시절까지만 해도 데모에 대해 매우 부정적인 생각을 갖고 있던 나인데, 그 소리를 듣자마자 몸이 그냥 그 방향으로 달리고 있었어요. 거의 100미터 달리기를 하듯이 기숙사에서 학교 도서관까지 꽤 먼 거리를 뛰어갔죠. 도서관 건물 통로를 막 빠져나오는데, 한 학생이 당시 '짭새'라고 불리던 사복경찰 대여섯에게 잡혀 끌려오고 있었어요. 상체는 앞으로 90도 숙여진 상태였습니다. 청재킷에 손가락 없는 가죽장갑을 낀 사복경찰들이 그의 머리를 짓누르고 있는 형국이었는데 이마에서 피를 흘리고 있었습니다. 짭새들이 손으로 입을 틀어막으려 하는데 이 학생은, 물론 선배였겠죠, 자신의 입을 막으려는 손을 어떻게든 뿌리치며 소리를 내려고 안간힘을 썼어요. 나는 그가 내려는 소리가 무엇일까 궁금해하다가 순간 알아들을 수 있었어요. 그건 바로 '전두환 살인마는 물러가라'였어요. 그 소리를 내기 위해 사력을 다하고 있었던 거죠. 그걸 본 순간 나는 그 자리에 완전히 얼어붙어 버렸어요. 한 30분 동안 꼼짝 못하고 서 있었어요. 그때 그동안 머릿속에 주입된 가치관, 사회에 대한 고정관념이 한순간 무너져 내리는 것을 느꼈어요. 내가 알고 있던 것들이 모두 거짓일 수 있다는 생각이 들었지요. 훗날 나는 그 순간을 '피 흘리는 현실과의 조우遭遇'라고 표현했는데, 전율이 온몸을 휘감고 지나갔어요.

**윤**　근데 약간 납득이 안 되는 것이 권변호사는 그전에는 데모에 전혀 관심이 없었다고 했는데, 어느 순간 최루탄 쏘는 소리를 듣고 냄새를 맡은 다음 그쪽으로 뛰어갔다는 거예요. 그런 상태에서 선배의 모습을 보고 전두환 살인마라는 말을 들었다고 하더라도, 그러한 맥락에서 순간의 깨달음이 올 수 있을까 하는 의구심도 들어요.

**권**　　그건 나도 설명이 잘 안 돼요. (웃음) 고등학교 때만 해도 5·18 광주항쟁은 정말로 북한에서 무장 공비가 내려와 뒤에서 사주했다는 식으로, 폭동이라고 생각했어요.

**윤**　　그런 이야기를 주변에서 들었나요?

**권**　　경상도에는 주로 그렇게 전달되어 있었어요.

**이**　　나도 그렇게 알고 있었어요.

**권**　　그날은 여하튼 어떤 요인이 작용했는지 모르겠는데 굉장한 호기심이 발동을 한 거죠. 그리고 내가 맞닥뜨린 장면은 영화에서 말하는 하나의 컷, 신(scene)이라고 해도 돼요. 선배잖아요. 피 흘리는 그 학생의 고통스러운 표정과 신음소리에 가까운 단말마, 그리고 그를 둘러싸고 있는 짭새들의 위압적이고 폭력적인 모습, 이것들이 다 겹쳐서 보이는데 그 모습이 너무나 처절하게 느껴진 거죠.

**윤**　　주변에서 말리는 사람도 없고 다들 그냥 보고만 있고.

**권**　　감히 그때는 뭐…. 동을 뜨고(시위를 주동한다는 뜻의 은어) 나서 3분에서 5분을 유지하는 게 중요했어요. 왜냐하면 학생들이 모여야 시위 대열이 형성되고 경찰들과 대적할 것 아니겠어요. 대열이 형성되려면 3분에서 5분을 견뎌내야 했어요. 어떻게든 버티려고 했죠. 논 팔고 소 팔아 서울에 유학 보내났더니 공부하기 싫어 데모질이나 한다는 이야기를 포항에서 오랜 기간 듣다가 서울로 올라왔는데, 그날 그 학생이 끌려가는 모습을 보면서 뭔가 크게 잘못되었다 싶었어요. '어떻게 공부하기 싫어 놀이 삼아 하는 데모가 저렇게 처절할 수 있을까. 저렇게 고통스러운 폭력을 감내하면서까지 시위를 하는 이유가 뭘까. 지금까지 그 공부하기 싫어 놀이 삼아 한다는 말은 전혀 사실이 아니잖아.' 그 한 장면을 통해 숨겨진 현실을 목격하게 된 것이죠. 그리고 '아, 내가 지금까지 배운 건 진실이 아닐 수도 있어. 우리나라=좋은 나라로 배워왔지만 피 흘리는 현실은 그게 아님을 말하고 있잖아' 하는 생각이 들었어요. 그때부터 주변 사람들에게 물어 소위 '금서'라는 책을 읽기 시작했죠.

**윤**　그때부터 운동권이 된 거군요.

**권**　운동권이라고 하기는 어렵습니다. 당시에는 언더서클, 비합서클이라고 해서 사람들이 주로 드러내지 않는 상태에서 서클 활동을 했죠. 근데 언더서클에 들어가는 것 자체를 나는 매우 두려워했어요.

**윤**　언더서클이더라도 이름은 다 있는 거죠?

**권**　이름은 다 있었죠. 그러니까 언더라는 것은 외부로 드러내지 않고 활동을 하기 때문에 그렇게 불렀지요. 모두가 사찰 대상이었어요. 심지어 공안기관과 대학교 학생과가 서로 결탁해 학생들을 사찰하고 감시했어요.

**이**　학도호국단이 있었던 때지요.

**권**　학도호국단이 1980년에 만들어져 1983년 말까지 있었어요. 그 당시는 사회 자체가 극도로 통제되던 때라 1983년 말까지 수백 명의 경찰이 학내에 상주하고 있었어요. 짧은 머리에 주로 청재킷 같은 사복을 입은 채 사과탄을 넣은 가방을 어깨에 메고 다녔어요. 그런 상황이라 사실 언더서클에 들어가는 것 자체가 겁나는 일이었죠. 그러나 피 흘리는 현실을 맞나고 난 후 데모를 혐오해 마지않던 나 또한 시위에 참여하게 되었습니다. 한 번 시위에 참여하고 나니까 연행에 대한 두려움에도 불구하고 시위에 참여하지 않고는 배기기가 쉽지 않았어요. 노랫소리가 들리면, 수업 시간에도 맨 뒷자리에 앉아 있다가 교수님이 칠판으로 돌아섰을 때, 몰래 뒷문으로 빠져나가 시위에 참여한 기억이 납니다.

**이**　굉장히 독특한 경우라고 할 수 있어요. 그때 비합서클은 조직적으로 후배들을 영입해 양성했어요. 권변호사처럼 개별적으로 혼자 그렇게 '독고다이'로 하는 경우는 흔치 않았거든요. 대적해야 할 상대가 무시무시했으니까 그렇게 되었죠. 또 학내 분위기라는 게 어떻든 공부하려던 사람들은 대열에 들어오기 쉽지 않았어요. 이러한 점이 권영국이라는 사람의 특성을 설명하는 데 상당히 중요한 대목인 것 같아요.

권변호사가 '피 흘리는 현실과의 조우'라고 하고, 또 일종의 해탈 경험이라고 표현했는데, 끌려가는 선배의 처절한 모습을 보면서 전혀 예기치 않았던 깨달음 비슷한 뭔가를 얻은 것 같아요. 보통 그러면 대부분 조직으로 들어가거든요. 그런 문제의식이 있으면. 근데 혼자 고행하듯이 운동권 아닌 운동권으로 참여하는 모습은 나로선 드물게 봅니다.

**윤**    전형적이라고 할 수 없는, 그 어디에도 속하지 않는 모습인 거죠.

## 지금 행동하고 실천하라

**권**    그래서 사실 고민 고민하다가 겨우 들어간 곳이 공개 서클인 가톨릭학생회였어요.

**이**    역시 성당을 좋아하는군요.

**권**    어떻게 보면 가치관을 가다듬고 공부했던 곳은 주로 문경 출신 선후배들이 모이는 문경학우회라고 할 수 있어요. 고향 선후배로 구성되어 있었으니 그나마 좀 더 편한 관계였죠. 서울에서 유학 중인 문경 출신의 대학생들이 모였는데 선배 두 분은 모두 운동권이었어요. 성균관대에서 데모를 주도하다가 감옥에 끌려간 분도 있고, 1980년 서울의 봄 때 활동한 분도 있었죠. 각 학교에서 열심히 주도적인 역할을 하던 인물들이었죠. 선후배 사이가 각별해 정기적으로 모여 학습도 하고, 또 여름방학이 되면 고향으로, 문경의 외지로 9박 10일 농활을 다녀오기도 했죠. 초등학교와 중학교를 다닌 문경이 나로서는 고향이에요. 고향 선후배들이 모인 문경학우회의 영향을 많이 받았죠.

**이**　　권변호사는 자신의 경험에 기초하지 않고는 잘 결단하지 않는 것 같아요. 근데 확신이 생기면 아무도 예기치 못한 방향으로 결단하는 바람에 주변을 곤혹스럽게 만드는 면도 있어요. 포철공고에서도 그렇고, 서울대에서의 학창 생활도 그렇고, 가치관이 변화되는 계기도 그렇고. 좀 일맥상통하는 데가 있는데요.

**권**　　또 하나 재미있었던 것은 대학 1학년 때 지도교수가 수업에 들어오더니 그런 이야기를 했어요. 학교 정문을 사이에 두고 경찰과 학생들 사이에 엄청난 공방이 벌어진 날이었어요. 시내로 진출하려는 시위대를 막으려 경찰은 페퍼포크차를 앞세우고 밀어붙였죠.

**이**　　지랄탄이라고, 사방으로 튀는 최루 가스를 쏘아댔지요.

**권**　　한참 시위에 참여하다가 수업에 들어왔는데 수업이 될 리가 없죠. 지도교수가 하는 말이 그랬어요. "여러분은 지금 데모에 잘못 참여하게 되면 싹이 다 자라기도 전에 꺾여버린다. 우선 사회에서 영향력 있는 지위에 올라가기 위한 준비를 먼저 하라. 최고의 지위에 올라갔을 때 사회를 향해 발언하면 그게 훨씬 더 영향력 있지 않겠느냐. 지금 그렇게 시위에 다니다 보면 아무런 영향력도 없는 상태에서 꺾일 수도 있고 거기서 멈출 수도 있다."

**윤**　　그 말씀을 듣고 어떤 생각을 했나요?

**권**　　말은 그럴듯한데 전혀 마음에 다가오지는 않았어요. '말에 뭔가 문제가 있는 것 같은데 그게 뭘까' 수업 내내 고민하다가 아무런 말도 못 하고 그대로 나왔어요. 그때서야 순간 머리에 스치는 게 있었어요. 그 교수가 학과장쯤 되는 분이었어요. '서울대에서 학과장 정도라면 총장 아닌 바에야 올라갈 데까지 다 올라간 거 아닌가. 그런데 당신은 이 독재정권 치하에서 어떤 사회적 발언을 하고 있는가.' 뒤늦게 그런 생각이 드는 거예요. '맞다. 이렇게 반문했어야 했는데. 교수님은 지금 학과장 말고 더 위로 올라갈 데가 있다고 생각합니까. 그 정도 지위에 있으면 우리가 볼 때는 거의 최고의 지위에 오른 것 같은데, 그럼, 이 독재정권 치하에서 교수님은 사회를 향해 무슨 목소리를 내고 있습니까.' 이 질문을 던졌어야 했던 거죠. 그랬어야 했는데….

**이**　　한 걸로 합시다.

**권**　　그래요. (웃음) '실천이라는 것은 어느 한순간 하늘에서 떨어지는 것이 아니다. 그것은 마주하는 현실에 대한 작은 행동들이 모여 실천이 되는 것이다. 주어진 문제에 대해 지금 행동하고 실천하지 않으면 나중에 아무리 높은 자리에 가더라도 결코 문제 제기를 할 용기를 내지 못할 것이다.' 이것이 내가 내린 결론이었어요. 문제에 대해 문제라고 말하려면 문제를 마주한 바로 그때 말할 수 있도록 경험해야 한다. 실천은 어느 순간 그냥 주어지는 게 아니라 경험되고, 훈련되고, 교육되는 것이다. 이제부터는 자기가 어떤 주장을 할 것인지 미리 고민해보고, 문제가 생겼을 때 피하지 않고 문제를 최대한 정면에서 지적하도록 해야겠다. 그런 생각이 그때 팍 들었어요.

**윤**　　당시 대학생들이 문제 제기할 수 있는 방법이 데모나 시위밖에 없었던 거잖아요. 그런 의미에서 데모가 효과가 있었는지… 여기서

"문제에 대해 문제라고 말하려면 문제를 마주한
바로 그때 말할 수 있도록 경험해야 한다."

따지기는 그렇지만 좌절을 많이 느꼈을 것 같아요.

**권**　그때는 좌절감은 별로 없었어요. 물론 많이 두렵긴 했어요. 잡혀가면 작살이 나는데. 하지만 우리는 젊었고, 무척 힘들긴 했지만 희망이 있었어요. 언젠가는 정권이 거꾸러질 것이고, 바꿀 수 있을 거라는 확신이 있었고. 한 사람이 끌려가더라도 친구와 후배들이 계속 이어가는 것을 보면서 두려움에도 불구하고 그 두려움을 딛고 일어서 또다시 거리로 나가고, 또 시위에 참여할 수 있는 힘을 얻었어요. 서로 무용담을 나누기도 하고….

**윤**　그때는 독재 정권 타도를 중심으로 계속 싸웠을 텐데 그런 와중에 잡혀가지는 않았나요?

**권**　수십 명이 무더기로 잡혀 들어간 적이 있었어요. 한번은 학생들이 학생과에 비치된 사찰 기록을 찾아내 불태운 적이 있었어요. 그러다 건물에 갇히게 되었는데, 경찰 병력들이 그 건물을 뒤져 다 잡아간 거예요. 그때 나도 잡혀가 구로경찰서에서 일주일 동안 있었어요. 구류도 아니에요. 그때는 영장도 없이 학생들을 무더기로, 유치장도 아닌 그냥 자기들이 체력 단련하는 곳에 집어넣어 잡아두기도 했어요. 국제대회가 개최되는 날 시위를 계획하는 경우가 많았는데, 이런 날 종로 같은 곳에 나가면 사전 검속을 해요. 검문이 아니라 검속이었습니다. 나이를 짐작해 대학생이다 싶고 시위를 하러 나왔을 것으로 의심이 들면, 바로 경찰버스에 태워 서울 시내에 있는 여러 경찰서로 분산시켰어요. 그런 식으로 예비 검속에 걸려 정릉에 있는 경찰서에서 하룻밤 자고 나왔죠.

또 한번은 학교 수업을 마치고 정문을 나서는데 사복형사 서너 명이 다가와 잠시 가자며 팔을 잡았어요. 동양 최대의 파출소라고 불리던 학교 앞 관악파출소로 끌려갔죠. 갑작스레 영문도 모른 채 끌려간 거예요. 당시 그곳에 끌려가면 죽었다는 각오를 했어야 했죠. 지하실로 끌려갔는데 보니까 몽둥이들이 여기저기 널려 있고…. 와, 이제 죽었다고 생각하면서도 나를 끌고 올 이유가 별로 없는 거예요. 그런데 자기들끼리 쑥덕쑥덕 확인을 하더니 잘못 데려왔다고, 사람을 오인했다고 나가라고 하더라고요. (웃음) 엄청 황당했어요. 워낙 공포감이 커항의도 제대로 못 하고 나왔어요.

**윤**　시위는 열심히 참여하긴 했지만, 본격적으로 끌려갔다고 할 수는 없겠어요.

**권**　나는 언더서클의 조직원이나 주도적인 지위에 있지 않기 때문에 사실 그렇게까지 겁낼 이유는 없었지요. 하지만 지하실로 끌려가 널브러져 있는 몽둥이들을 봤을 때 엄습하는 그 두려움…. 하지만 밖으로 두렵다는 표시를 안 내려고 안간힘을 썼어요.

**윤**　학생회 간부나 언더서클의 조직원들은 잡혀가면 제적을 당하기도 하고 군대에 징집되기도 하던데.

**권**　그렇게 유치장에는 두 번 끌려 들어갔고. 한번은 총장실까지 따라 들어가 총장 물러가라고 시위한 적이 있는데, 그때 사진이 찍히는 바람에 부모님이 불려오기도 하고 징계가 되니 마니 하다가 결국 경고를 받고 끝이 났죠. 하여튼 사회의 적나라한 현실을 보고 나니까 학과 공부와는 자연히 멀어지더라고요.

**윤**　과학자의 꿈은 멀어진 거죠.

**권**　과학자는 무슨 과학자, 이러한 암울한 시대에 무슨 과학자야 싶었죠. 그때는 주로 일본 서적을 복사한 복사본으로《자본론》등 사회과학 서적을 봤어요. 학년이 올라가자 우리 반 친구들 중 마지막까지 활동을 계속한 친구는 3명 정도였어요. 공대, 특히 금속공학과는 상대적으로 적었죠. 인문사회대와는 달랐어요. 그중 한 친구가 노동야학을 주도적으로 하고 있었는데, 내게 같이 하자고 해서 노동야학에 잠시 참여했었어요.

**이**　어디서 야학을 했죠?

**윤**　나는 난곡에 있는 남부야학이라는 곳에서 했어요.

**권**　아, 그랬군요. 우리는 공장에 직접 취업하기도 했어요. 공활(공장활동)이라고 했죠. 4학년 때 노동야학에 들어갔는데, 3학년 때에는 망원동의 한 교회에서 진행되던 생활야학에 참여하기도 했죠. 당시 야학에는 검정야학이 있고, 생활야학이 있고, 노동야학이 있었어요. 노동야학이 제일 운동성이 강하고 중간 단계가 생활야학이었고. 교회에서 실제 노동자들을 만나 이야기도 하고, 검정고시 준비에 대한 지도도 하고 그랬죠. 노동야학에 참여할 당시에는 여름방학 기간을 이용해 공활에 들어가라는 것이었어요.

**이**　공활이 그때는 필수였죠.

**권**    나는 부평에 있는 동양전관이라는 TV 브라운관을 만드는 회사에 취업을 했어요. 위장취업이었죠. 한 3주 일하다가 나왔어요. 원래 한 달 일하기로 했는데 3주 지나니까 그만하고 나오라는 방침을 받았던 거죠. 당시 얼마나 열심히 일을 했던지 회사의 부장이 계속 근무를 하면 안 되겠냐고 붙잡을 정도였어요. (웃음)

## 병역특례자로 풍산금속에 들어가다

**윤**    대학 졸업한 뒤에는 어떤 인생을 살아야겠다는 계획이 있었나요?

**권**    방황이었죠. 제대로 학생운동을 한 친구들은 제적을 당하거나 군대에 끌려가기도 하면서 자신의 존재나 미래에 대한 정리가 되었잖아요. 근데 나는 그런 정도에까지는 못 가고 졸업을 했죠. 일단 동생들이 고등학교, 대학교에 진학하던 무렵이라, 일정 부분 집안의 생계를 지원해야 했어요. 그래서 취업을 하기로 마음을 먹었어요. 다만 아직 군 미필이었잖아요. 당시 군복무 대신 병역특례자(특례보충역)로 방위산업체에 들어가는 제도가 있었잖아요. 찾다가 들어간 곳이 바로 풍산금속이었고, 그때부터 본격적으로 공장 생활, 회사 생활을 시작한 거죠.

**윤**    그러니까 뭘 해야겠다는 생각보다는 동생들을 먹여 살려야 했으니까 빨리 병역특례자로 가서….

**권**　먹여 살려야 했던 건 아니고. 동생들의 학비도 아버지 혼자 감당하기 힘들었기 때문에 어쨌든 최대한 보태야, 지원을 해야 하는 상황이었죠. 자연스럽게 취업을 해야겠다고 생각했죠.

**이**　그럼, 대학 초반 때 어쨌든 피 흘리는 현실과의 조우를 통해 변화된 가치관이 사실 대학 졸업 후 풍산으로 가는 과정에서 한 차례 좌절이 되는 거잖아요.

**권**　맞습니다. 풍산에 취업하기 전에 현대중공업에 합격하긴 했는데….

**이**　아, 그래요. 어떻게 합격을 참 잘합니다.

**권**　(웃음) 물론 병역특례자로 가는 것이죠. 회사를 선택할 때 견물생심이라 1군 그룹을 생각하게 되잖아요. 풍산은 2군이었어요. 그때는 현대, 삼성 이런 데를 쳐주었는데 당시에는 현대를 더 많이 쳐준 것 같아요. 특히 중공업 쪽에서는. 그래서 현대를 먼저 지망하게 되었는데 현대중공업에 면접까지 합격을 했어요. 현대 계동 사옥까지 다녀왔죠. 이제 신체검사만 남았는데, 마침 그때 포항제철의 연구소에서 일하는 한 대학 선배가 우리 학과 교실을 찾아왔어요. 포항제철에서도 신입사원을 뽑으니 후배들 중에서 많이 지원해달라고 하면서 원서를 주고 간 거예요. 그때 우리가 군 미필도 뽑느냐고 질문했는데 선배가 자신 있게 그렇다고 대답하고 내려간 거예요. 그래서 현대중공업 신체검사에 가지 않았어요. 포항제철을 더 선호하던 때라…. 현대중공업은 신체검사에 안 갔으니 당연히 탈락되어버렸고. 포항제철 면접일에 포항에 내려가 그 선배를 만났는데, 얼굴이 하얗게 질려 있었어요. "군 미필은 안 뽑는대." (웃음) 그때 5명이 내려갔는데 1명만 군필이었고 나머지는 모두 미필이었어요. 정말 황당했죠. 뭐, 이런 황당한 일이 있나 싶은데 선배가 미안하다며 어쩔 줄 몰라 하면서 삼성중공업을 주선해준다고 하더군요. "아, 됐습니다. 우리 길은 우리가 찾아보겠습니다" 하고 그냥 올라왔죠. 1군 그룹은 이미 채용이 끝났고, 2군 그룹이 채용을 시작했는데 풍산금속이 눈에 띄었어요. 풍산금속 안강공장이 포항이랑 지리적으로 가깝기도 했고요.

**이**　　어떻게 보면 운명적으로 풍산에 들어간 것이군요.

**권**　　맞아요. 풍산에 들어간 것도 약간은 운명의 장난 같아요. 그렇게 입사를 하게 되었고, 입사했을 당시 회사는 나를 주목했어요.

**윤**　　이미 전력을 알고 있었던 건가요?

**권**　　그때 나는 그런 줄 몰랐어요. 입사 시험 성적이 괜찮아서 그런 줄 알았죠. 영어 시험도 잘 봤고, 논술 시험에선 우리나라 경제와 회사에 대해 쓰라고 하기에 자신 있게 썼죠. 대학생 때 만날 하는 게 논술 공부였잖아요. 서클에서의 학습 과정이 주로 발제하고 토론하는 과정이었잖아요. 정규 과정에서는 전혀 그런 것을 해주지 않는데 오히려 동아리나 서클 활동을 통해 자연스럽게 자기 논리를 구성하고 표현하는 방법을 익히게 되었던 거죠. 무슨 주제에 대해 쓰라고 하니까 막힘없이 쓴 거예요. 그래서 주목한다고 생각했어요. 나중에 알고 봤더니 시위 전력이 경찰서에 남아 있고, 대학에서 경고를 받은 기록이

"혼자 고행하듯이 운동권 아닌
운동권으로 참여하는 모습은
나로선 드물게 봅니다."

회사로 넘어간 것인데 말이죠. 나중에 들은 이야기인데 입사 면접 후 임원들이 회의를 했대요. '이 친구를 뽑을까 말까. 이런 친구들이 한번 마음을 돌려먹으면 굉장히 충성도가 높고 일도 잘하더라.' 그렇게 결론이 모아지면서 뽑기로 결정한 거죠.

**윤**　회사에 처음 들어갔을 때는 충성도가 높았던 건가요?

**권**　아뇨. (웃음) 그런 생각은 없었고 어차피 취업을 해야 했으니까. 또 아까 말했듯이 부채 의식을 갖고 있었어요. 학생운동을 열심히 한 친구들은 거의 학교를 졸업하지 못하거나 군대에 가 있는 상태였어요. 아니면 현장에 위장취업을 많이 했죠. 주변에 그런 분들이 많았는데 정말 미안하더라고. 그래서 많이 방황했어요, 그 미안함 때문에. 어쨌든 풍산금속에는 4개의 공장이 있었고 그중 가장 기술적인 것을 배울 수 있는 공장이 울산의 온산공장이었는데, 그곳 개발과로 발령을 받았어요.

**윤**　그게 몇 년도죠?

**권**　1985년도에 입사를 했어요. 근데 아는 게 병이에요. 내가 노동야학을 하면서, 그때 거의 유일한 노동법에 관한 대중서적인, 석탑출판사에서 나온 《노동법 해설》을 몇 차례 완독을 했어요. 그러니까 나는 노동법의 기본은 알고 있었어요. 온산공장은 3교대 공장이었고, 근무시간은 위에서 작업 계획이 짜이면 그대로 따라가는 거예요. 분명 근로기준법에는 1일 8시간이고 연장근로를 하려면 당사자의 동의를 얻도록 하게 되어 있는데, 당시 그런 게 어디 있어요. 위에서 연장근로(잔업)을 배치하면 그대로 가는 거죠. 개인적인 일이 있으면 오히려 당사자가 상사한테 부탁을 해야 하는 상황이었어요. 집에 일이 있으니 잔업에서 좀 빼달라고 말이죠. 완전히 뒤바뀐 거잖아요. 이렇게 운영이 되고 있었어요. 그게 처음부터 마음에 걸렸어요. 나는 사무실에서 근무를 했는데 퇴근 시각인 오후 6시가 지났는데도 퇴근들을 안 해요. 도대체 왜 그런지 가만히 지켜봤더니 부장이 저녁 8시에 퇴근하면 1분 후에 차장이 나가고, 또 1분 후에 과장이 퇴근을 하고 뭐, 이런 식이었어요. 부장의 퇴근시간에 따라 사무실의 퇴근시간이 왔다 갔다 하는 거예요. '에라, 내가 이걸 왜 해. 좋다. 8시간 준수 운동을 나 혼자라도 할 거야' 마음먹고 그것부터 실천하기 시작했어요.

## 나 홀로 투쟁

**윤**　8시간 준수 운동은 언제부터 했나요? 입사하고 바로?

**권**　입사하고 한 달 정도 회사 돌아가는 사정을 보다가 그랬지요. '내가 왜 상사 눈치를 봐야 해. 분명 근로계약서에는 아침 9시에 출근해 오후 6시에 퇴근하기로 되어 있는데.' 그래서 그때부터 6시 땡 치면 작업복에서 사복으로 딱 갈아입고 나가기 시작했죠.

**이**　혼자 그랬다는 말이에요?

**권**　혼자. 그렇게 일주일 지나니까 갑자기 과장이 부르더라고요. "너, 왜 네 맘대로 가." 그래서 내가 이렇게 대답했죠. "저, 우리 공장 퇴근시간이 6시 아닌가요?" 그렇게 대답했더니 과장이 아무 말도 못 하고 황당하다는 표정으로 바라봐요. "그래도 아니, 일이 있으면 좀 보고 그렇게 가야지." 말을 우물쭈물하다가 넘어가더라고요. "제가 일을 안 해놓고 가는 것도 아니고 일을 다 마무리하고 나갑니다." 그렇게 말하고 나와버렸어요.

그러다가 부장한테 완전히 박살이 난 적이 있어요. 나는 기술직으로 입사를 했는데 처음 발령 난 곳은 개발과였어요. 공장에는 실험을 할 수 있는 별도의 파일럿 설비나 연구 시설이 없었어요. 그래서 어떤 과제가 떨어지면 현장의 생산 설비를 이용해 실험을 해야 했어요. 현장의 기계 책임자에게, 짬을 내 내가 제시하는 조건에 맞춰 작업을 해달라고 협력을 구해야 했어요. 근데 초짜 기사에 불과했던 내가 현장에 있는 생산직 노동자들한테 알려진 사람도 아니고 갓 들어온 새파란 신참인데 잘 해줄 리가 없죠. 마치 군대에 가면 신참 하사가 병장들한테 부탁하는 거나 마찬가지였죠. 업무협조 공문을 보내고 생산 조건과 다른 조건으로 작업을 부탁해놓고 다음날 와보면 아무것도 안 되어 있지. 자기들 스케줄에 맞춰 생산하기 바쁜데 무슨 부탁을 들어주겠어요.

온산공장 개발과로 발령을 받은 후 2개월쯤 되었을 때 부장이 첫 과제를 주는 거예요. 그걸 '오다'라고 해요. 회사 생활은 첫 오다를 어떻게 처리하느냐에 따라 그 사람의 회사 생활에서의 앞날이 정해진다 해도 과언이 아니에요. 첫인상이라는 것이 한번 형성되면 그것을 변경하기가 그렇게 힘들어요. 첫 오다를 제대로 수행하느냐 못 하느냐에 따라 그 사람의 이미지와 인상이 정해지는 거죠.

그 무렵 클레임이 하나 들어왔어요. 부장이 내게 한 달의 기간을 줄 테니 해결해보라는 거예요. 그때도 나는 꿈을 못 깨고 있었죠. 내가 뭐, 하며 6시 땡 치면 계속 퇴근해버린 거예요. 당연히 일이 진행이 안 됐죠. 일주일 뒤에 그 클레임을 제기한 곳에서 사람이 찾아왔어요. 우리 부장과 그분이 열린 사무실에서 이야기를 나누고 있었는데, 부장이 갑자기 "권기사, 이리 와봐. 저기, 내가 준 거 있지? 그거 어떻게 되고 있어?"라며 진행 사항을 묻는 거예요. 나도 참 주변머리가 없지. 사실 그때까지 진행된 게 없었잖아요. 내가 한 대답이 이거였어요. "잘 모르겠는데요." (웃음) 클레임을 건 쪽에서 사람이 와 있는데 담당 기술자(기사)가 잘 모르겠다고 하니까, 부장은 어이없었나 봐요. 굉장히 화를 내며 다들 보는 자리에서 "아니, 뭐, 이런 친구가 다 있어"라고 소리를 빽 지르는 거예요. 그걸 듣는 순간, 나도 앞이 하나도 안 보였어요. 부아가 확 치미는 거예요. '아니, 이 양반이 어디서 큰소리야.' 속으로 생각하며 아무 대답도 안 하고 홱 돌아서서 내 자리로 와버린 거예요.

**이**　　별로 잘한 것도 없는데….

**권**　　자리에 가만히 앉아 생각을 했어요. '에이, 배 째라는 식으로 나가버릴까?' 고민하다가 '아니지, 내가 잘못한 거 맞아' 마음을 바꿔 먹었죠. 그로부터 나흘 동안 6시 땡 하면 퇴근하던 것을 접고 자발적으로 현장으로 달려갔습니다. 기계를 돌리는 책임자 옆에 가 계속 서 있었어요. 그러면 자기도 미안해지는 거지요. 그래도 기사라는 사람이 와서 계속 서 있으니까 미안하잖아요. 결국 일 하나를 마치고 나서 내가 부탁한 일을 해주는 거예요. 나흘 동안 오후 6시부터 밤 11시까지 나는 그 일에 매달렸어요. 직접 호이스트(중량물을 옮기는 설비)의 조종간을 잡고 실험 재료를 이동시키면서 오다를 진행한 거지요. 그렇게 밤늦게까지 집중했더니 빠른 속도로 진도가 나갔어요. 내가 아무리 사이비로 다녔다 해도 공고를 3년 다녔고, 그다음 금속공학과를 4년 다녔잖아요. 금속가공의 흐름은 알고 있었죠. 그러다가 나흘간 일에 매달려보니까 이 클레임을 잡을 수 있겠구나 하는 생각이 들었어요. 마지막 공정인 소둔로(열처리로)에서 실험 재료가 나오자마자 나는 시편 세 개를 채취해 실험실로 갔어요. 그리고 강도 등 물성치를 확인했어요. 사양으로 요구한 여러 종류의 물성치가 모두 상한과 하한 사이에 정확하게 다 들어간 거예요, 세 개의 시편에서. 이렇게 해서 오다를 받은 지 3주 만에 클레임을 해결하게 되었지요.

**이**　클레임을 말끔히 해결한 거군요.

**권**　쾌재를 불렀죠. 우리 부장한테 가서, 조금은 시건방지게 시험성적서를 책상 위에 내려놓으면서 "테스트 결과가 이렇게 나왔습니다"라고 했죠. 부장은 시험성적서를 보더니 씩 웃더라고. 염화미소라고나 할까. "수고했어" 하더라고요. 그다음에는 부공장장이 해결 과정을 설명해보라며 부르고, 공장장도 부르고….

**이**　한마디로 인정을 받았군요.

**윤**   그렇게 인정받았고 어떤 의미에서는 계속 잘살 수 있었는데 왜 갑자기….

**권**   1987년 6월 민주화 투쟁이 사실 잠자고 있던 양심에 다시 불을 댕긴 거죠.

**윤**   그러면 2년은 잘 다닌 거군요.

**권**   그랬죠, 꽤 열심히.

경주
안강

**'권기사, 지켜주지 못해 미안해'**

윤    회사에서 인정받고, 잘나가고, 촉망받는 사람….

권    일을 못한다는 이야기는 안 들었어요. 그러다가 1987년 6월
을 맞게 되죠. 온산공장이 있는 곳이 울산이잖아요. 그해 6월 중순쯤
되니까 우리 사무실 총무가 "오늘부터 울산 시내에 학생들이 나와 데
모한다고 하니 위험하니까 거기 가지 마세요" 그래요. 그 말을 듣는 순
간 '아, 거기 꼭 가야겠다'는 생각이 드는 거예요. 그때부터 6·29 선언
나올 때까지 하여튼 일 끝나면 바로 울산 시내로 나갔어요. 그 무렵 노
무현 변호사를 처음 보았어요. 울산성당에 온 노무현 변호사를 먼발치
에서 만났지요. 그때 밤 12시, 1시까지 시위에 참여하다가 집에 돌아

오는 버스를 타면 승객들이 갑자기 콜록콜록 기침을 해요. 내 몸에 뒤집어쓴 최루탄 때문이었지요.

**이**   맞아요. 그런 일이 비일비재했죠.

**권**   승객들이 주변을 두리번거리며 왜 이렇게 맵냐고 웅성거렸죠. 정말 미안했던 기억이 나요. 그러다가 마침내 6월 29일이 가까워질 무렵 최루탄이 거의 동이 났어요, 울산에서도. 그래서 시내 중심가를 시위대가 관통하며 행진하던 기억도 나고. 그 후 노동계의 7~9월 투쟁으로 이어지는데 울산이 바로 진원지였습니다. 현대엔진, 현대중공업 등에서 시작해 전국적으로 파업과 노동조합 설립이 번져가는 분위기에서 당연히 온산공장도 영향을 받습니다. 그때 온산공장에도 노동조합이 생기게 되는데, 사우회 회장을 지낸 양반이 먼저 노동조합 설립 신고를 해버린 거예요. 당시에는 보통 회사에서 사우회라는 게 있었어요. 사원들의 우애를 도모한다며 회사 측에서 조직한 모임. 그 사우회 회장이 노동조합 위원장으로 설립 신고를 한 거예요. 어용이었죠. 당시 복수노조 금지 조항이 있었기 때문에 자주적인 노동조합 설립을 준비하던 팀들이 설립 신고에서 선수를 빼앗긴 거죠.

**윤**   그 일에 관여한 건 아니지요?

**권**   1987년 7월 말에 온산공장에 노동조합 설립 신고가 되었는데 나는 설립 신고 후 현장에서 노동조합 설립을 준비하던 팀을 알게 되었습니다. 그래서 노조 민주화 투쟁, 노조 집행부 불신임 운동을 하기 시작했죠. 내가 대의원들을 섭외하고 조직했어요. 결국 회사로부터 매우 위험한 인물로 찍히게 됩니다. 이 친구를 그냥 두면 안 되겠다 싶은 거죠. 그 후 3개월 정도 두고 보더라고요. 나는 노동조합에 가입한 유일한 기술직이었어요. 유일한 1인. 전부 생산직, 현장직이었고요.

**이**　　기사는 전문직이었던 거죠.

**권**　　노동조합에 가입한 기사는 나 혼자였지만, 노조의 자주적 운영과 거리가 먼 노조위원장을 불신임하기 위해 대의원들을 접촉해나가기 시작했죠. 실제로 온산공장의 대의원 중 4분의 3 정도를 섭외하고 설득했어요. 그런데 부평공장의 대의원들은 이쪽 사정을 잘 몰랐어요. 설득이 안 되더라고요. 그곳은 몰표로 갈 가능성이 있었습니다. 대의원대회 전날 숙소를 찾아가 설득을 했으나, 자기들은 아직 위원장에 대한 평가를 하기에는 이르다며 나의 불신임 주장에 동의를 유보한다고 하더라고요. 미리 인원수를 계산해보니까 부평공장 대의원들에게서 몰표가 나올 가능성이 있어 오히려 불신임이 기각될 것 같았어요. 그래서 포기를 하게 되었죠. 그런 과정이 회사에 계속 보고가 되고, 감시를 받았어요.

**윤**　　일은 잘하는데 계속 노조 활동을 하면서 회사에 밉보이는 행동을 하니까.

**권**　　그게 자꾸 거슬린 거예요.

**이**　　기사가 되어 노조에 가입한 것도 그렇고요.

**권**　　실제로 현장 대의원들 사이에는 나에 대한 신뢰가 상당히 쌓였어요. 중간에 대외적인 발언도 용감하게 했거든요. 신뢰를 받기 시작하니까, 회사는 이거 그냥 둬선 안 되겠다 생각했는지 그해 10월 1일 자로 1급 방산 공장인 경주 안강공장으로 전보 발령을 냈습니다. 법적으로 말하면 부당 전보 발령이 난 거죠. 그래서 인사 발령을 거부하고 10일 정도 싸웠어요. 나는 노조 위원장을 앞세우고 공장장을 찾아갔습니다. 노조 위원장에게 "당신이 판단해서 나를 보호하든 말든 해라. 내가 당신에 대한 불신임 운동을 했지만 그건 노동조합 내부의 문제로서 정당한 조합 활동이다. 그 이유 때문에 회사가 나를 안강공장으로 전보 발령을 내는 거니까, 당신이 조합원을 보호해야 할 것 아니냐"고 주장을 했어요. 내 말을 증명해줄 테니 공장장실에 같이 가자고 한 거죠. 나와 공장장, 위원장이 앉아 삼자 담판을 벌인 거예요. 내가 공장장에게 꼬치꼬치 물었죠. "제가 안강공장으로 가야 할 이유가 뭡니까?" 결국 공장장은 자신의 감정을 숨기지 못하고 자인을 해버렸어요. 이유가 없다고. 아니, 이유가 없다가 아니라 회사가 가라면 가는 거지 웬 말이 많으냐는 투였습니다. 그럼에도 노조 위원장은 끝내 나를 보호하겠다는 말을 안 했어요. 나는 당시 특례보충역 신분이었던 상태라 노동조합이 보호해주지 않으면 회사를 상대로 싸움을 하는 것이 어렵겠다고 판단했어요. 그래서 어쩔 수 없이 후일을 기약하며 인사 발령을 따르기로 마음을 바꿨습니다.

이때 잊을 수 없는 일이 하나 있어요. 나는 12일 동안 온산공장에서 전보 발령을 거부하고 버텼어요. 부당 전보이기 때문에 안강공장으로 갈 수 없다고. 당시 나는 온산공장에서 중요한 개발 사업에 참여하고 있었습니다. 도금 라인. 어떻게 보면 화학자가 되고 싶었던 꿈이 공장에서 조금 실현되는 순간이었어요. 도금이라는 게 눈에 보이지 않는 화학 작용이거든. 그 라인을 개발하고 있는 동안 내가 화학 부분의 책임자였어요. 실제로 막중한 책임을 지고 있었죠. 내가 현장에 있다가 사무실로 들어가면 분위기가 싸해져요. 다들 하던 이야기를 멈추고 아무 말도 안 하는 거예요. 불편해서 주로 사무실에 있지 않고 개발 현장으로 나가 있었죠. 한번은 부장이 현장으로 나를 찾아왔어요. 사무실에서 하도 안 보이니까 와서 이리저리 찾더라고요. "권기사, 어디 있나? 밥은 먹고 싸우냐? 밥은 굶지 마라." 이렇게 말하고 가는 거예요.

그리고 12일째 되는 날, 앞에서 말했듯이 공장장실에서 노조 위원장과 공장장, 나 이렇게 대면해 담판을 지으려 했으나, 위원장이 침묵하는 것을 보고 "내가 결단하겠다" 하고 나와버렸지요. 병역특례 문제 때문에 달리 방법이 없겠더라고요. 사무실로 가 부장실에 들어갔어요. 부장에게 "안강공장으로 가겠습니다"라고 말했어요. 그런데 갑자기 부장의 눈에서 닭똥 같은 눈물이 흘러내려요. 얼마나 놀랐는지…. 잠시 후 진정을 하고 나서 하는 말이 그래요. "권기사, 미안하다. 내가 지금까지 선택한 부하 직원에 대해서는 쫓아내도 내 손으로 쫓아냈고, 내가 결정을 했다. 누가 뭐라 하든 내가 끝까지 책임을 졌다. 근데 너는 내가 선택한 경우이었지만 내 권한 범위를 넘어서 내가 책임을 못 진 것이 참 미안하다." 이렇게 이야기를 하는 거예요.

**이**      멋진 분입니다.

**권**　사회생활은 이해관계로 얽히기 때문에 믿을 수 있는 새로운 인간관계가 형성되기 어렵다고 생각했어요. 하지만 그때 상사가 보여준 인간적인 모습을 보면서 사회라는 것이 꼭 그렇지만은 않다는 것을 알게 되었죠. 가방 두 개에 짐을 싸서 들고 사무실을 나섰어요. 그런데 부장이 나한테는 손끝 하나 건드리지 못하게 하고 자신이 손수 가방 두 개를 들고 정문까지 배웅을 해줬어요. '사회생활이, 상사와 부하 직원 사이가 꼭 이해관계로 형성되는 건 아니구나, 경우에 따라선 인간적인 관계도 형성될 수 있구나' 하고 생각을 바꾸게 되었죠. 비록 쫓겨가는 신세였지만 참 많이 따뜻했습니다. 부장이 마지막으로 "내가 자네를 보호하지는 못했지만 자네가 어디를 가든지 잘하리라고 믿어"라며 용기를 주었습니다. 지금 생각해도 정말 고마운 분이에요. 잊히지 않습니다.

## 들판에 불씨, 던져지다

**권**　그렇게 안강공장으로 근무처를 옮기게 되었는데, 나의 본격적인 노조 활동은 사실 안강공장에서부터 시작되었어요. 안강공장으로 전보되면서부터는 이미 철저하게 감시를 받는 요주의 인물이 되었지요. 공장 바로 옆에 외지에서 온 이들이 묵는 아파트형 숙소가 있었어요. 사택과 같은 곳이었죠. 일요일마다 회사 전화교환원이 내가 묵던 사택으로 전화를 해 당시 같은 호실에 거주하던 다른 분들을 통해 소재 파악을 하고 행선지를 확인했죠.

**윤**　계속 감시한 거군요?

**권**　예. 안강공장으로 옮기고 난 후 한참 동안 일을 안 주는 거예요.

**윤**　1987년 몇 월에 안강공장에 간 거죠?

**권**　10월 1일부터 안강공장에서 근무하라고 전보 발령이 났는데 온산공장에서 12일간 발령을 거부하다가 10월 13일부터 안강공장으로 출근했어요. 그런데 구체적인 일을 안 줘요.

**이**　완전 유배네, 유배.

**권**　일을 안 주는 것에 대해 불만은 없었는데 (웃음) 하여튼 황당하긴 했어요.

**이**　급여는 나오지만 일은 안 준다는 거군요.

**권**　때가 되면 일을 주겠지 하고 생각했지만, 고립감을 떨칠 수는 없더만요. 그래서 안강성당에 나가게 되었어요. 제 발로 찾아간 거죠. '사람들이 왜 종교를 찾게 될까? 사람이 의지할 곳이 없고 고립감을 느낄 때 종교나 신앙을 찾게 되는구나.' 그때 그런 생각이 들었어요. 성당을 다니기 시작했는데 마침 그곳에 청년부가 있었어요. 또 청년들이 매우 밝고 활동적이었어요. 그중에는 '민주헌법쟁취 국민운동본부'에 나가는 친구도 있었고요. 나는 안강공장으로 옮겨 오면서 똑같이 노동조합을 만들겠다고 스스로에게 약속한 게 있었어요. 목적의식을 갖고 있었죠. 그래서 성당에 다니면서 만난 청년들에게 제안을 했죠. 독서토론회를 만들자고요. 그렇게 안강성당 독서토론회를 만들었지요. 같은 사무실에 근무하던 선배 기사 중에 연세대 금속공학과를 나온 분이 있었어요. 사람이 되게 좋았어요. 안강제일교회를 다니고 있었는데 거기에 또 청년들이 많았어요. 그 선배한테 "안강제일교회 청년들을 대상으로 독서토론회를 만들어라. 그런 다음 성당 청년부와 교회 청년회의 청년들이 함께 하는 연합독서토론회를 만들자"고 제안을 했죠. 그렇게 해서 40명 이상이 참여하는 연합독서토론회가 만들어졌어요.

**이**　　많이 모였군요.

**권**　　시간이 지나면서 실천을 담보하려면 목적을 좀 더 분명히 해야 한다는 생각이 들었어요. 그래서 안강공장을 다니는 청년들로만 구성되는 8인회를 조직했죠. 우리는 1년 후에 노동조합을 만드는 것을 목표로 삼아 서로 노동법도 공부하고, 노래도 같이 부르고, 주말이 되면 산행도 하면서 준비를 해나갔습니다. 그러던 중 갑자기 8인회의 존재가 발각이 돼버렸어요.

**윤**　　발각된 계기가 무엇이었나요?

**권**　　풍산은 방위산업체였고, 그중 안강공장은 포탄을 만들고 있었어요. 온산은 민수제품 중심이고, 안강은 거의 압도적으로 95퍼센트가 포탄과 총알을 만드는 공장이었어요. 안강공장은 오래전부터 군인이 공장 외곽을 지키는 군사 보호 시설이었지요. 아무것도 공장 안으로 갖고 들어가지 못하게 한 거예요. 외곽 초소에서 한참 들어가야 회사 경비실이 나오는데, 그 옆의 빈 공간에다가 자기가 가져온 가방이나 책을 놓고 가야 했지요. 근데 나와 같이 어울리던 청년들이 자신들도 감시받고 있는 줄은 모르고 있었어요.

**윤**　청년들도 감시를 받고 있었나요?

**권**　실제로 내가 어떤 사람들을 만났다는 보고가 공장장에게 올라가고 있었던 거죠. 경비실 옆에 가방을 두고 간 친구가 민주헌법쟁취 국민운동본부의 회원으로 활동을 하고 있었던 데다가 나와 가까이 지내면서 성당 청년부 활동을 같이 하니까 공장에서는 예의 주시하고 있었던 거죠. 경비실에서 이 친구의 가방을 뒤진 거죠. 가방에는《전태일 평전》과 수첩이 있었고, 그 수첩에는 8인회 멤버와 모임에서의 토론 내용 등이 일지처럼 빼곡히 기록되어 있었습니다. 경비가 그 수첩을 본 거죠. 공장에서 난리가 났습니다. 그렇게 해서 8인회가 발각되고만 거예요. 1988년 6월이었습니다. 나는 안 그래도 요주의 인물인 데다 그 친구의 수첩에 8인회 명단과 토론 내용이 기록되어 있었으니….

결국 그해 7월 7일 회사는 내게 다시 태안반도에 있는 국방과학연구소 산하의 시험장으로 전보 발령을 냈어요. 이곳은 서해안을 향해 여러 종류의 포를 설치해놓고 안강공장 등에서 만든 포탄의 성능을 파악하기 위해 발사 실험을 하는 곳이에요. 안강공장에서 생산한 포탄의 성능을 실험할 때만 공장 직원이 가서 발사 장면을 보고 그 성적서만 가져오는, 잠시만 들렀다 오면 되는 곳이에요. 근데 갑자기 나를 그곳으로 발령을 낸 거죠.

**윤**　그럼, 다른 분들, 7명은 어떻게 되었나요?

**권**　회사는 다른 친구들한테는 경고만 했어요. 나만 격리하면 끝이라고 생각한 거죠. 너무 억울했어요. 온산공장에서 쫓겨 올 때는 5000여 명의 동료들이 근무하는 곳이라고 위안 삼으며 어디를 가도 일할 수 있겠다고 생각했는데, 이번엔 도를 넘은 것이었죠. 태안반도에는 아무도 없었으니까요. 그건 유배 그 자체였습니다.

**윤**　아무도 없다는 말은 혼자뿐이었다는 뜻인가요?

**권**　이번에는 차장 한 분을 내게 붙였어요. 그분은 나를 감시하는 일이 전부였어요. 나이가 꽤 있는 분이라서 그분이 뭘 하자고 하면 거부를 잘 못하겠더라고요. 더욱이 단둘이 있었기 때문에…. 거기 가서 완전히 고립된 생활을 했죠.

당시 안강공장장이 풍산금속 회장의 처남이었어요. 공장을 마치 1인 왕국처럼 거의 무소불위의 권력을 행사하고 있었죠. 떠나기에 앞서 공장장을 찾아갔어요. 10여 분 동안 앞에 놓인 탁자를 두드리면서 통곡을 했어요. "왜 나를 이렇게 괴롭히느냐. 이렇게 큰 회사가 노동조합을 만들려고 했다는 이유만으로 이렇게 전보하는 게 말이 되냐." 마지막으로 "이미 불씨는 들판에 던져졌고, 나를 격리한다고 해도 그 던져진 불씨는 결코 꺼지지 않을 거다. 두고 보시라"는 말을 던지고 공장장실을 나왔죠. 그리고 유배의 길에 올랐습니다. 그날이 1988년 7월 7일이었어요.

**이**　10분 통곡하고, 최후통첩하고, 할 이야기는 다하고. (웃음)

**권** 유배지인 태안반도로 떠나고 일주일 후, 그러니까 1988년 7월 14일 안강공장에서 노동자가 사망하는 화약 폭발 사고가 발생해요. 유족들이 방위산업체인 풍산금속의 횡포에 맞서 정당한 보상과 노동기본권 보장을 요구하며 2주 이상 장례를 연기하고 싸움을 전개했죠. 나는 때마침 휴가 기간이라 포항으로 내려가 동료 노동자 3명을 만났어요. 거기서 나는 유족들의 투쟁을 지원하기 위한 방안으로 유족이 만든 유인물('방위산업체 풍산금속은 치외법권 지대인가')을 벽보 크기로 확대해 안강 읍내 여러 곳의 담벼락에 붙이자고 제안했어요. 그 논의 후 태안반도 감시자인 차장을 만나러 대전으로 올라갔어요. 차장이 휴가 기간 동안 자기와 전국 여행을 다니자고 했기 때문이었어요. 회사로부터 휴가 기간 동안 내가 공장 노동자들과 만나지 못하게 하라는 지시를 받았음을 느낄 수 있었죠. 그래서 차장에게 그랬죠. "휴가인데 집에 가서 잠시나마 부모님은 보고 와야죠." 그렇게 말해놓고 집에 가지 않고 포항으로 간 거죠. 벽보를 붙이기로 4명이 논의하고, 그중 2명이 담벼락에 유인물을 붙이며 돌아다니다가 새벽녘에 순찰을 돌던 순경한테 발각이 되었어요. 그래서 회사로 2명의 신원이 넘어가고 말았지요.

**윤** 벽보를 공장에 붙인 것도 아니고 마을 담벼락에 붙인 건데 무슨 문제가 되나요?

**권** 시골 동네였으니까 불온하게 본 거죠. 경찰이 발견하고는

2명에게 소속이 어디냐고 물었고, 달리 처벌 대상은 아니었기 때문에 회사로 인계를 한 거죠. 회사에서 벽보 경위를 조사해보니 거기에 '권영국'이 포함되어 있는 거예요. 당시 나는 차장이 운전하던 승용차를 타고 변산반도를 돌아 송광사에 와 있었어요. 그곳에서 1박 하고 아침에 일어났는데, 차장이 자기 집에 전화를 하고 온다며 나갔다가 얼굴이 새하얘져 돌아온 거야. 차장이 내게 "집에 갔다 온다더니 그사이에 무슨 일이 있었던 거 아냐?"라고 묻더라고요. 뜨끔했어요. 애써 모른 척했어요. "무슨 일이 있었겠습니까?" 하고. 차장은 "근데 회사로 빨리 같이 들어오라고 집에 연락이 왔대" 그러더라고요. 벽보 사건은 7월 말경이었고, 소환된 건 8월 초였어요. 차장은 안강공장으로 차를 운전해가는데 매우 불안해 보였어요. 완전 넋이 나간 사람처럼 보였어요. 나를 제대로 감시하지 못했다고 추궁을 당할 테니까. 공장에 도착하자마자 나는 보안과로 넘겨졌죠.

**윤**    보안과요? 회사 안에 보안과가 있었나요?

**권**    회사 안에 보안과가 있었어요. 심지어 군 소속의 보안대가 파견 나와 있기도 했어요. 1급 방위산업체였으니까요. 내가 안강공장으로 전보되어 갔을 무렵 보안대는 이미 철수한 것으로 기억됩니다. 어쨌든 공장으로 들어서자, 보안과 차장이 나를 조사실 같은 곳으로 데려가더라고요. 앞서 동료 3명을 조사한 내역을 보여주면서 다들 사실대로 진술했으니 협조하라고 하더군요. 꼼꼼히 읽어보았습니다. 곧이곧대로 전부 털어놓았더라고요. 셋 중에는 포철공고 1회 선배가 포함되어 있었는데 그분한테는 정말 미안했죠. 다른 한 사람은 부산기계공고 출신, 또 다른 한 사람은 포철공고 후배였어요. 그때 느낌은 '아, 사태는 이미 벌어졌으니 다른 사람들을 보호해야겠다'는 생각이 강하게 들었어요. 진술서에 '다른 사람들은 사실 무슨 일인지 잘 모르고 한 것이다. 내가 다 제안했고, 이건 내가 주도했다. 그 사람들이 이런 일을 할지 어떻게 알았겠느냐. 다들 경험도 없는데. 내가 유족들을 위해 벽보를 붙이고 사람들에게 알리자고 제안을 하면서 시작된 거다. 그래서 책임은 다 나한테 있다'고 썼어요. 최대한 다른 사람들을 '정직' 수준에서라도 막아보려고 했죠. 근데 웬걸, 1988년 8월 8일, 날짜가 너무 좋아 잊을 수가 없어요, 그날 4명 모두를 해고해버린 거예요.

**이**　　4명 모두를 말이죠.

## 해고 투쟁을 계기로 풍산금속 노조 안강공장지부 설립

**권**　　하늘이 노랗더라고요. 나도 오전에 출근을 한 상태였기 때문에 퇴근시간에 맞춰 해고된 사실을 동료 노동자들에게 알리려고 시간을 질질 끌었어요. 회사를 그만두게 된 상황이니 그동안 신세 진 분들에게 인사를 해야 한다며 시간을 벌었어요. 해고통보서를 전달해준 후 경비를 내게 붙이더라고요. 작별 인사를 한다는 이유로 시간을 끌었어요. 퇴근시간이 되어야 사람들이 모일 테니까요. 모두들 승용차가 별로 없어서 회사 통근버스를 타고 출퇴근을 했어요. 이윽고 퇴근시간이

"벽보를 공장에 붙인 것도 아니고
마을 담벼락에 붙인 건데
무슨 문제가 되나요?"

되어 통근버스를 타려고 줄을 서 있는 모습을 보고 외치기 시작했어요. "나는 권영국입니다. 나는 오늘 해고되었습니다. 부당하게 해고되었습니다."

**이**　그게 쉽지 않은 일인데요.

**권**　내가 알려야 사람들이 알 것 아니에요. 그대로 해고되면 그냥 나 혼자 바보 되는 거잖아요. 해고 통보 후부터 경비반장이 자기 오토바이로 읍내까지 데려다주겠다고 옆에 붙어 계속 따라다니는데, 나는 동료들에게 인사는 해야 한다면서 시간을 끌다가 밖에 나와 외친 거죠.

**이**　사람들이 깜짝 놀랐겠어요.

**권**　"나는 오늘 부당하게 해고되었고, 내일부터 해고에 맞서 싸울 겁니다. 나를 여러분이 기억해주시기 바랍니다. 나는 싸워서 반드시 회사로 돌아올 겁니다. 나를 기억해주십시오." 이렇게 외치고 나서 잡아끄는 경비반장의 오토바이를 타고 함께 읍내로 나왔죠. 그날 저녁 바로 해고자 4명이 만나 복직 투쟁을 결의하고, 어떻게 싸울지 논의를 했어요. 그날 밤늦게 '우리는 왜 해고되었는가'라는 제목의 유인물을 만들었어요. 우리의 첫 홍보물이었어요. 목표한 것이 너무도 분명했죠. 그 홍보물이 지금도 남아 있어요. 그것을 돌리려고 간 최초의 장소가 퇴근버스에서 가장 많은 동료들이 내리는 곳, 파출소 앞이었어요.

**윤**　유인물을 만들 때 타자로 쳤나요?

**권**　수기로 쓴 것을 인쇄소에 맡기면 타자를 쳐주고, 그것을 마스터 인쇄로 수천 장을 찍었죠. 보통 3교대와 주간으로 일했으니 오후 3시와 저녁 6시가 퇴근시간이었어요. 그래서 해고 후 첫날 오후 3시 1근조 퇴근시간에 맞춰 홍보물을 들고 갔어요. 홍보물을 돌리려는데, 모두 다 멀찍이서 보고 피해가더라고요.

**윤**　어디엔가 감시하는 사람이 있었을 법한데요.

**권**　처음엔 다 받지 않고 돌아서 가는 거예요. 같은 성당을 다니던 어머니 한 분이 보다 못해 다가와 자기한테 달라고 하더라고요. 너무 화가 난 그분은 왜 받아 보지 않고 다들 피해 가냐고 말하고 싶었던 거죠. 그러던 중에 경찰관 네댓 명이 파출소에서 나와 우리에게 다가왔어요. 유인물을 빼앗으려 하는 거예요. 안 되겠다 싶어 나는 홍보물을 바닥에 패대기치고 땅바닥을 뒹굴었어요. 그리고 경찰관들을 향해 "당신들이 우리들의 잘린 목을 붙여줄 수 있다면 이 홍보물을 뺏어도 좋다. 그러나 그럴 자신이 없으면 개입하지 마라. 지금 우리는 목이 잘린 사람들이고 오갈 데 없는 사람들이다. 절대로 우리는 포기하지 않을 것이다. 목을 붙여줄 자신이 없으면 절대 개입하지 마라. 경찰이 개입할 문제가 아니야"라고 외쳤습니다.

**이**　절절하게 이야기했군요.

**권**　왜냐하면 그 공간을 확보하지 못하면 우리는 동료들에게 사연을 알리는 것조차 못 하게 되는 거예요. 자칫 홍보물도 못 나눠주게 될 판이라 여기서 결판을 내야겠다는 생각으로 단호하게 행동한 것이죠.

**윤**　그때 경찰은 뭐라고 하면서 홍보물을 빼앗았나요? 뺏을 이유가 있나요?

**권**　촌 동네라 그런 거죠. 왜 파출소 앞에서 이런 걸 돌리냐, 이런 거죠.

**이**　왜 회사에 불편한 짓을 하느냐는 뜻도 있겠죠.

**권**　그렇게 1시간 정도 돌리다가 우리는 두려운 마음으로 그 자리를 피했어요. 하지만 곧 후회를 했어요. '우리가 도망가면 정작 어디로 가지?' 다시 촛불을 켜놓고 둘러앉아 손잡고 결의를 다졌어요. '내일은 절대로 밀리면 안 돼. 우리는 거기서 밀리면 더 이상 갈 곳이 없다.'

**이**　네 사람이 마음이 되게 잘 맞았군요.

**권**　사람들이 착했죠. 다들 경험이 없으니까 오로지 나만 쳐다보는 거예요. 내가 흔들리면 안 되었죠. 가장 담대한 생각과 모습을 보여줘야 하니까. 실제 거리로 나오면 다른 이들은 거의 싸움을 못 해요. 그러니까 내가 보여줄 수밖에 없고. 그다음 날 같은 장소로 가 홍보물을 나눠주었죠. 그러자 경찰관들이 다시 나와 결국 파출소로 연행을 해가더군요. 무슨 근거로 연행을 하는지 항의를 했죠. 그랬더니 경주경찰서 본서에 연락을 취하더군요. 자기들끼리 무언가 열심히 주고받더니 1시간 정도 지난 후에 내보내주더라고요. 별로 처벌한 명목이 없었으니까. 나는 파출소를 걸어 나오면서 속으로 무척 기뻤습니다. 이제 우리의 공간을 확보하게 되었다는 생각 때문이었어요. 퇴근시간에 맞춰 파출소 앞에서 열심히 홍보물을 돌리고, 다른 한편으로는 "우리는 부당하게 해고되었습니다, 우리는 복직을 위해 끝까지 싸우겠습니다, 여러분들이 관심을 가져주기 바랍니다"라고 외쳤죠. 도로변에 늘어서는 노동자들의 수가 하루가 다르게 증가했어요. 하루는 십여 명, 다음날은 두 배, 이게 일주일 쯤 지나니까 수백 명이 도로 가장자리로 쫙 늘어서더라고요. 젊은 사람들이 움직이기 시작한 거죠. 그때 떠오른 생각이 '아, 노동조합 설립을 복직 싸움과 같이 진행해야겠다'는 것이었어요. 그래서 기존의 흩어져 있던 8인회 친구들을 모아 다시 논의를 시작했어요. 해고된 지 일주일이 지난 8월 15일 저녁 포항에 있는 한 개척 교회(포항형산교회)에 열댓 명가량 모여 지부 창립총회를 했죠. 풍산금속 노조 안강공장지부.

**이**　　광복절이군요.

**권**　　지부 설립은 본 노동조합이 인준해주면 그것으로 절차가 완료되는 거예요. 그런데 당시 본조 집행부가 어용이었잖아요. 그래서 이걸 어떻게 기정사실로 만들어버릴지 검토하다가 우리는 두 팀을 짰어요. 한 팀은 서울에 있는 노동부에 설립신고서를 제출하고, 다른 팀은 당시 안강공장을 관할하던 월성군청에 설립신고서를 제출했어요. 그리고 그 사실을 언론에 공개해 기사화되도록 했죠. 이는 지부 설립을 공개해 회사의 와해 시도를 사전에 차단하기 위한 고육지책이었습니다. 그런 후 본조에 지부를 인준하라고 줄기차게 요구했습니다. 결국 본조는 한 달 후 대의원대회를 개최해 안강공장지부에 대한 인준

절차를 밟을 수밖에 없었죠. 이처럼 안강공장지부는 복직 투쟁 과정에서 설립되었고, 그 영향으로 매우 전투적인 노동조합으로 자리를 잡게 되었습니다.

## 치열한 복직 투쟁과 구속

**이**　8월 8일 네 사람이 해고된 뒤 일주일 만에 노동조합이 만들어진 거군요. 창립총회를 한 날이 광복절이었으니까요.

**윤**　해고가 노동조합 설립의 계기가 된 것이죠.

**권**　실제로 그다음 날부터 나를 피해가던 사람들이 하루가 다르게 태도가 바뀌는 게 피부로 확확 느끼지더라고요. 사흘 정도 지나니까 더 이상 돌아서 가는 사람이 없고, 이제는 멀리 있던 사람도 다가와 받아가는 형국으로 바뀐 거죠. 일주일쯤 되자 정말 엄청나게 많은 사람들이 도로에 쫙 늘어설 정도로 그렇게 모이더라고요.

**이**　아마도 해고 직후 일주일 만에 노동조합 창립으로 이어진 사례는 처음인 것 같은데요. 초유의 사건인 것 같아요. 보통 복직 투쟁이 우선이라 그것이 노동조합 창립으로 연결되는 경우는 흔치 않습니다. 나는 날짜를 알고 깜짝 놀랐어요. 일주일밖에 안 걸렸다는 거잖아요.

**권**　우여곡절이 많았죠. 우리는 동료들에게 나눠줄 홍보물, 그걸 매일 써야 했어요. 그때 기억하면 모든 낮 3시 1퇴근조, 6시 정시퇴근조에 맞춰 나가 홍보물을 돌리고, 저녁식사를 한 후 독서토론회 회원의 자취집에 가 점검회의를 하고, 다시 고참 해고자가 운영하던 기타학원(옥탑 공간이었는데 여기서 해고자 4명이 함께 숙박을 함)으로 돌아오면 밤 12시가 다 되었죠. 그 시각부터 다음날 돌릴 소식지를 만들었어요. 지금 생각해도 그것은 거의 초인적인 힘이었어요. 거의 한 달 동안 그렇게 작업했으니까요. 기타학원에 밤 12시에 도착하면 내가 8절지를 반 접어 양면에다 초안을 써내려가기 시작했어요. 초안을 작성하는 데 두세 시간 걸려요. 12시에 시작하면 2시, 1시에 시작하면 3시에 끝났죠. 글씨가 예쁜 후배 해고자에게는 먼저 자라고 했어요. 그 친구가 군대생활을 할 때 글씨를 잘 써서 차트 제작을 했었대요. 내가 2시간 정도 해서 초안을 휘갈겨 써놓은 다음 그 친구를 깨워요. 자다가 도중에 일어나기가 얼마나 힘들어요. 겨우 눈을 뜨고 일어나 정서를 시작하죠. 다 쓰면 새벽 5시가 돼요. 그걸 가지고 안강에 있는 인쇄소까지 포항에서 택시를 타고 달립니다. 기타학원이 포항에 있었거든요. 급히 마스터 인쇄로 2000~3000장을 찍어요. 그걸 아침 출근시간에 맞춰 출근하는 동료들에게 돌립니다. 그리고 퇴근조 시간에 맞춰 돌리고. 그 생활을 한 달 동안 매일 한 거죠. 지금은 사람들이 글씨가 많으면 잘 안 읽잖아요. 당시에는 노동자들이 소식에 굶주려했어요. 내용은 얼마든지 많아도 좋으니 매일 많은 걸 알려달라고 요구했으니까요. 통근버스에 타자마자 모두 머리를 숙이고 소식지를 읽던 모습이 아직도 선명합니다.

**윤**   소식지에는 무슨 내용을 썼나요?

**권** 그날그날의 우리의 활동 내용과 회사의 부당한 행위, 노동법 지식 일부, 주요한 노동사건 등을 실었죠. 매일매일 일어나는 역동적인 소식들이었죠.

**이** 〈매일노동뉴스〉가 된 셈이군요.

**권** 그걸 한 달 동안 했어요. 나도 초인적인 일이라고 생각하는데, 나중에는 인쇄소가 우리 덕분에 번 돈으로 새 인쇄 기계를 샀을 정도였어요. (웃음)

**윤** 활동 자금은 어떻게 마련했나요?

**권** 일종의 후원 비슷한 것을 받기도 했고, 우리가 해고되면서 회사에서 받은 퇴직금도 일부 보탰지요. 일주일 정도 지나 노동조합도 출범시켰는데, 그다음부터 동조하는 동료들 수가 계속 불어나면서 찔러주는 후원금이 꽤 쏠쏠했던 거죠. (웃음) 이처럼 동참하는 동료들 수가 상당한 속도로 늘어나자 해고 후 2주 만인 8월 23일, 경찰이 포항에서 안강읍으로 건너가는 도로의 가장자리에 승합차를 대놓고 기다리다가 우리를 납치하듯이 체포해 경주경찰서로 연행해갔어요.

**윤** 체포 이유가 뭐였죠?

**권** 경범죄처벌법. 전단지를 함부로 뿌렸다는 거였어요. 그때 경범죄로 구류 5일을 받아 4명 중 3명이 살다 나왔어요. 기타학원을 운영하던 고참 해고자는 그날 학원 교습 때문에 동행하지 않아 다행히 구속은 면했습니다. 그런데 문제가 생기기 시작했어요. 그 무렵부터 지부장으로 옹립했던 분이 공장 내 복직 촉구 집회를 불법이라고 말하는 등 이상한 소리를 하며, 우리 해고자들이 참여하는 외부대책회의에 안 나오기 시작했죠. 구류 5일을 살고 나와 보니 지부장 등 일부 집행부 임원이 매우 친회사적인 행태로 돌아서 있었어요…. 어쩔 수 없이 강단 있는 다른 동료를 대표로 세우고 노조정상화추진위원회를 만들어 자주적인 노동조합 건설 투쟁을 지속하게 되었습니다. 그러자 그해 9월이 되면서부터는 호응하는 동료 노동자들이 기하급수적으로 늘어나는 거예요. 퇴근시간에 수백 명이 파출소 앞 2차선 도로에 죽 늘어서 있는데….

**이**     장관이었겠어요.

**권**     예. 정말 장관이었어요. 저들도 하루가 다르게 늘어가는 동참 대열에 놀라 안강공장지부 창립총회를 연 지 한 달쯤 지난 9월 중순께 결국 본조 대의원대회를 열어 지부를 인준할 수밖에 없게 되었던 거죠. 그때 조합원 수가 4000여 명에 이르렀습니다. 곧바로 지부장 선거에 들어갔고, 70퍼센트에 가까운 득표로 우리가 세운 동료 노동자가 압도적 표차로 지부장에 당선되었어요. 그 기쁨이란…. 그리고 나는 해고자 신분이긴 했지만 지부의 초대 사무장으로 임명되었어요.

**윤**     그때는 복직되기 전이죠?

**권**     복직 전이기는 해도 본조의 인준을 받았으니 지부가 적법한 노동조합으로 승인이 된 거죠. 이제는 전임자도 확보하고 노동조합 사무실도 공장 안에 마련했어요. 회사 경비들이 내가 해고자라는 이유로 공장 출입을 막았고, 이 과정에서 항의하던 지부 조직차장의 안경이 바닥에 떨어져 박살이 나는 사건이 벌어졌어요. 깨진 안경을 들고 공장장실로 쳐들어갔죠. "당신들, 이게 도대체 뭐 하는 짓이야. 조합원이 노조 사무실을 출입하는데 막는 이유가 뭐야"라며 강력히 항의를 했습니다. 그걸 계기로 해서 노조 사무실 출입을 보장받게 되었죠. 그때부터 나는 본격적으로 노조 사무장 활동을 시작하게 되었고, 공장장에게 나를 포함한 4명의 해고자를 즉각 복직시키라고 요구했어요. 그런데 공장장으로부터 듣게 된 얘기는 뜻밖이었어요. "공장 차원에서는 당신들의 해고 문제를 해결할 수 없다. 우리에게는 권한이 없다. 본사가 모든 것을 결정하기 때문에 우리는 더 이상 어떻게 해볼 수가 없다"고 하더라고요. 결국은 본사로 올라가라는 소리랑 똑같았죠.

그래서 그해 11월 12일에 상경했습니다. 13일 전국노동자대회를 하루 앞두고 1차로 110여 명의 조합원들이 회장을 만나기 위해 본사로 올라간 것이죠. 당시 본사는 서울 충무로의 극동빌딩에 있었어요. 꼬박 9일 동안 본사 복도에서 노숙 농성을 했고, 결국 회사가 백기를 들었죠. 구사대가 동원될 움직임이 있어 농성 중간에 400여 명의 조합원들이 추가로 상경했고, 투쟁 의지가 갈수록 높아지자 회장의 동생인 부회장이 회사 측 교섭 대표로 나서 우리의 요구 사항을 전면 수용했습니다.

**윤**　그때 요구 사항 중 가장 중요한 것이 해고자 복직이었나요?

**권**　조건 없는 해고자 원직 복직이었어요. 복직 투쟁 과정에서 안 해본 것 없이 많은 준법투쟁을 시도했습니다. 가장 기억에 남는 것

중 하나가 '점심시간에 한 줄 서서 밥 먹기' 실천이었어요. 배식 창구 중 한 곳에서만 밥을 받는 거죠. 조합원 4000여 명이 한 창구를 사용했더니 3시 반경이 되어서야 점심식사가 끝이 나더군요. 사실상 태업으로 볼 수 있는 것이었죠. 그래서 복직 투쟁에 참여한 조합원들에게 어떠한 불이익도 줘서는 안 된다는 내용을 합의 사항에 넣었습니다.

**윤**  근데 사실 복직 투쟁만 놓고 생각해보면 당사자가 아닌 다른 노조원들한테는 자기 문제라고 인식되기 어려웠을 것 같아요.

**권**  음, 그러지는 않았던 것 같아요. 내가 온산공장에서 안강공장으로 쫓겨온 후 사람들과 얼마간 친해진 다음 물어봤어요. 노동조합을 만들어야 하지 않겠냐고. 그랬더니 절반쯤은 방위산업체에서 노동조합을 만들 수 있느냐고 반문했고, 다른 절반은 노동조합을 만들어도 파업을 할 수 없는데 무슨 힘이 있겠느냐고 부정적인 의견을 냈습니다. 그래도 노동조합은 있어야 하지 않겠느냐고 재차 질문하면 "우리가 그걸 어떻게 만들어? 권기사가 한번 만들어보지. 그러면 우리가 도와줄게"라고 농담을 던지기도 했죠. 안강공장 노동자들은 내가 어떻게 해서 그곳으로 왔는지 몰랐어요. 공장의 직계 상사들만 알고 있었죠.

그런데 해고자 복직 투쟁을 기화로 노동조합이 만들어지자 현장 분위기가 백팔십도로 달라지더라고요. 현장에서 역관계가 바뀐 거예요. 회사 간부들에게 주눅 들어 있던 노동자들이 자신의 존재 의식을 되찾았습니다. 더 이상 눈치를 보지 않아도 되는 환경이 만들어지고 권리 의식이 향상되면서, 그 계기를 만든 해고자들에 대한 절대적인 신뢰가 생겨났어요. 그 결과 해고자들의 복직 문제는 가장 우선적으로 해결해야 할 목표로 인식하게 된 거죠.


## 권영국이 잡히나, 안 잡히나

**윤**　딴 이야기이기는 한데, 병역특례로 회사에 들어간 상황이었잖아요. 군대 문제는 어떻게 되었죠? 해고되었다가 복직한 거잖아요.

**권**　해고를 당하고 얼마 후 입영 영장이 본가로 날아왔어요. 당시 해고무효확인 청구 소송을 제기한 상태였기 때문에 소송대리인의 도움으로 입영 연기 신청을 했어요. 크게 기대하지 않았는데 병무청에서 입영 연기 신청을 받아줬어요. 그때가 1988년이라 민주화 열기가 잔존하던 시점이었죠. 복직 소송이 진행 중임을 이유로 입영 연기 신청을 했는데 받아준 거예요. 그 상태에서 복직이 이뤄진 거죠. 합의를 끌어내 다시 회사에 돌아가게 된 거고.

**윤**　복직하고 나서 다시 또 해고를 당한 거죠?

**권**　복직 합의가 이뤄진 날이 그해 11월 21일로 기억해요. 11월 12일에 본사로 상경해 9일 동안 건물 안 복도에서 농성을 진행했는데, 사실 그 기간은 단체협약 갱신 교섭을 하고 있던 시기였어요. 단체교섭은 상경 복직 투쟁으로 인해 잠시 중단되었다가 복직 합의가 이뤄지고 난 후 재개되었어요. 당시 동래공장을 제외하고 온산, 안강, 부평공장, 이렇게 세 곳에 지부가 설립되어 있었어요. 그래서 세 공장의 교섭 대표들이 본사에 모여 교섭을 하는 방식이었어요. 당시 노조 위원장은 내가 온산공장 재직시 불신임시키려 한 그 사람이었고, 결국 사단이 났죠. 그해 12월 중순, 노조 위원장은 상당한 조직력을 갖고 있던 안강공장지부의 교섭 대표들을 따돌리고서, 온산과 부평공장지부의 교섭 대표들과 공모해 여섯 개의 미합의 사항이 남아 있는 상태에서 회사와 직권 조인을 해버린 거예요. 완전히 뒤집어진 거죠.

그래서 결국 직권 조인 철회 투쟁을 할 수밖에 없었는데, 그런 와중에 12월 28일 노태우 대통령이 민생 치안 확립을 위한 특별 담화를 발표해요. 조직폭력이나 사회질서 위반 사범을 엄단하겠다고. 그런데 그 첫 타깃이 우리가 된 거예요. 실제 정권의 속셈은 조직폭력을 단속하려는 게 아니라 사회를 공포 분위기로 몰아감으로써 1987년의 민주화 투쟁 분위기를 뒤엎으려 한 거죠. 정권은 첫 타깃을 당시 파업을 진행하고 있던 안강공장지부로 잡았고, 1989년 1월 2일 새벽 4시 야음을 틈타 경찰 병력 5000여 명을 투입합니다. 결국 안강공장지부는 작살이 났죠. 그때 집행부 8명이 구속되고 25명이 해고되었어요. 노동조합 차장급까지 다 날려버린 거죠.

**윤**　그때 권변호사는 어떻게 되었죠?

**권**　사실 그 연말에 아버지와는 참 가슴 아픈 일이 있었는데… 이런 거였어요. 12월 28일 특별 담화가 발표되었을 무렵 공안기관에서 함창파출소를 통해 부모님께(당시 상주시 함창읍에 거주함) 연락을 한 거예요. "당신 아들이 지금 선량한 근로자들을 선동해 매우 위험한 일을 벌이고 있다"며 아버지한테 엄청나게 겁을 확 줘버린 거죠. 자칫하면 큰일 난다, 아직 병역특례도 안 끝났는데 저렇게 놔두면 정말 큰일 난다고 잔뜩 겁을 준 거죠. 아버지는 너무 놀라서 그날로 안강으로 내려오셨어요. 나를 보자마자 다짜고짜 "여기서 뭐 하는 거야. 지금 바로 집으로 가자"고 소리를 지르셨죠. 그래서 내가 그랬어요. "아버지, 내가 지금 공장 안에서 집회를 진행하다가 잠깐 나온 터라 하던 일을 마저 처리하고 저녁에 나오겠습니다. 자취방에 가 계시죠." 저녁 퇴근 시간에 맞춰 공장 밖으로 나와 식당에서 아버지와 마주 앉았어요. 정말 오랜만에 아버지와 아들이 마주 앉은 것이죠. 그리고 소주를 나눠 마셨습니다. 그러면서 자초지종 설명을 드렸죠. 풍산금속의 열악한 노동조건과 직권 조인의 부당함에 대해….

아버지는 내 설명에 크게 공감을 하시고, "나는 네가 무슨 큰 사고를 친 줄 알았다. 네 말을 들어보니 회사와 정부가 잘못하고 있구나. 네가 알아서 잘 처신하되 연말에는 집에 꼭 한번 들르라"는 말을 남기고 집으로 돌아가셨어요. 아버지의 말이 걸려 새해가 시작하는 1989년 1월 1일 아침 노조 간부들에게 양해를 구하고 공장을 나와 부모님 집에 들렀어요. 그곳에서 하룻밤을 자고 아침을 맞이했는데, "형, 빨리 일어나 봐. 큰일 났어. 저기가 형이 다니는 공장 아냐?"라는 막내동생의 다급한 말에 안방으로 건너왔죠. 텔레비전을 보니 수천 명의 경찰 병력이 투입돼 안강공장을 접수한 광경이었어요. 도무지 믿기지가 않았습니다. 나는 곧바로 수배가 되었죠. 수배가 된 상태에서 포항으로 내려갔는데, 경찰에서 나를 잡으려고 혈안이 되어 경주와 포항의 주요 길목과 장소에 수사관들을 대거 잠복시켰어요. 결국 그 감시망에 걸려 도피 일주일 만에 포항에서 잡혔죠. 나중에 알았는데 그때 관할서인 경주경찰서 형사들이 참 재미있는 짓을 했어요. 점을 봤다고 하더라고요.

**이**　무슨 점을 봤다는 말이에요?

**권**　권영국이 잡히냐, 안 잡히냐를 두고 점을 봤대요. 점쟁이가 절대 안 잡힌다고 했다는데. (웃음)

**이**　점쟁이가 고맙군요.

**권**　잡혔죠. 구속되어 1년 6월 징역을 살고 나와서 다시 복직 투쟁에 들어갔죠. 두 번째 구속된 것도 사연이 있어요. 첫 번째 징역형을 꼬박 살고 나와 20여 일 후 아내랑 결혼식을 올렸어요. 아내는 출소하기 직전에 온 면회에서 출소하면 곧바로 결혼식을 올리자고 했어요. 마음의 준비를 하고 나오라고 하더군요. 나의 장래가 매우 불투명하다고 생각했기 때문이었죠. 아니나 다를까, 결혼식을 올린 지 한 달이 채 되지 않은 시점에 입영 영장이 날아왔고, 곧이어 다시 수배가 되었죠. 실상은 입영 영장 때문에 수배된 게 아니었어요. 내가 출소할 무렵 안강공장 다음으로 규모가 컸던 동래공장에서 자주적인 노조 집행부가 들어서게 되었고, 공장의 일방적인 작업 형태 변경으로 인해 싸움이 진행되고 있었어요. 그런데 관계기관 대책회의에서는 그 싸움의 배후로 나를 지목한 거예요. 다른 사유가 없으니까 병역법 위반을 내세워

수배를 했고, 여섯 달가량 수배되었다가 결국 두 번째로 체포·구속이
되었습니다.

# 다시,
# 서울

**윤**   첫 번째 복역할 때는 죄명이 뭐였죠?

**권**   그때는 업무방해죄, 노동관계조정법 위반. 두 번째는 병역법을 포함해 폭처법 위반, 업무방해죄. 회사에 못 들어가게 하는 걸 밀고 들어갔다고 해서.

**이**   두 번째 구속 기간이 2년이었나요?

**권**   2년입니다. 그때는 검찰이 4년 구형하면 판사는 그 절반을 실형 선고했어요. 처음에 들어갔을 때는 3년을 부르니까 1년 6월 실형이 나왔고, 두 번째 구속되었을 때 4년을 구형하니까 2년 실형이 나왔고.

**이**　결혼을 그렇게 20일 만에 했다가 다시 구속되니 많은 사람들이 충격을 받았을 것 같은데요.

**권**　그랬죠.

**윤**　출소하자마자 결혼을 한 것도 되게 충격적이에요.

**이**　왜 그렇게 서둘러 결혼했어요? 도대체.

**권**　그게 1990년 7월 20일인가, 장흥에서 출소를 했는데….

**윤**　근데 두 분이 언제부터 사귄 거예요? 첫사랑이죠?

**권**　앞에서 잠깐 이야기했는데, 예비고사 치고 나서 성당 고등부 학생회 고3들이 마지막 크리스마스이브라는 핑계로 그중 한 친구의 집에서 밤새 이야기도 하고 춤도 추고 놀았어요. 그곳에 나도 참석했는데 그날 아내가 조용히 크리스마스카드를 시집에 끼워 주더라고요. 카드를 다른 사람한테도 줬는데 나는 나한테만 준 줄 알았죠. 그래서 그 카드에 대해 답장을 했어요. 그때 인연이 되어 만나기 시작한 거고.

**윤**　대학에 들어간 뒤에도 계속 만났나요?

**권**　나는 서울로 진학을 하고, 아내는 대구에 있는 대학을 다니게 되었는데 대학에 들어간 후 조금 지나 편지가 왔어요. 그만 만나자고 말이에요.

**이**　자격지심 때문에?

**권**     아닙니다, 그건. 그사이에 더 좋은 남학생들이 많이 보였겠죠. (웃음) 당시 그 이유는 알 수가 없었고, 갑작스러운 선언에 나는 충격을 받았어요. 온 세상이 무너져 내리는 느낌이었어요. 편지에 쓰인 주소를 들고 무작정 대구로 내려갔죠. 자취하던 집에까지 찾아갔었어요. 하지만 만나지 않으려 한다는 의사를 확인하고 울면서 상경을 했던 기억이 나요. 그러다가 시간이 지났어요. 대학교 3학년 겨울 무렵 포항죽도성당 고등부 때의 몇몇 친구들이 한번 모이자며 옛 친구들한테 다 엽서를 보낸 거예요. 몇 월 며칠 포항 어디에서 모이자고. 나는 학과 사무실에 갔다가 우연히 그 엽서를 보게 되었죠. 마침 모이자는 그날 엽서를 보게 된 거예요. 오전에 기말고사 마지막 과목을 치르고 나와 학과 사무실에 갔다가 엽서를 보게 된 거죠.

**이**     극적으로 봤군요.

**권**     예. '아, 가야지.' 그때 아내 생각도 나고 해서 내려가려 했더니, 주말이라 내려갈 차가 없었어요. 그래서 대전까지 가서 그곳에서 포항행 고속버스를 타고 약속 시간보다 1시간가량 늦게 도착했는데 다행히 모여 있더라고요. 그곳에서 아내를 다시 보게 된 거죠. 그런데 별로 어색하지 않은 거야. 그동안 계속 만났던 사람처럼 친근하게 느껴졌어요. 그날 모인 친구들은 포항에서 살고 있는 한 친구의 집으로 자리를 옮겨 이야기꽃을 피우며 밤을 지새웠죠. 그다음 날 상경할 때 그 사람이 고속터미널까지 배웅을 해주었어요. 간다, 말하며 어깨를 한 번 안아주고 올라왔죠. 그렇게 해서 극적으로 다시 만났게 되었죠.

정말 좋았어요.

그런데 내가 회사에 들어가 노동조합 활동으로 태안반도로 쫓겨 가게 되었을 때, 그 사람 집으로 전화를 걸었더니 "우리 그만 만나요. 다신 전화하지 마이소"라며 전화를 끊더라고요. 다시 내게 절교 선언을 한 거예요. 눈앞이 캄캄했었죠. 나중에 아내에게 물어봤어요. 그때 왜 그랬냐고. 그렇게 대답하더라고요. 자기는 자신이 없었대요.

**윤**　왜요?

**권**　자기는 그런 삶을 사는 사람과 동반자로 살아갈 만큼 자신이 없었대요. 절교하려면 과감히 하자고 생각했대요. 절교 선언. 나는 하늘이 무너진 거였죠. 앞에서 언급했는데 해고자 복직 투쟁을 할 때 5일 동안 구류를 살았다고 했잖아요. 유치장에 수감되었는데 그 사람 생각이 많이 나는 거예요. 우리와 함께하던 한 공장 동료에게, 집사람과 잘 아는 성당 청년이었는데, 연락 좀 해달라고 부탁했어요. 올지 안 올지 몰랐어요. 그런데 아내가 친구랑 경찰서 유치장에 면회를 온 거예요. 얼마나 반가웠겠어요. 상상이 되나요? 그때부터 다시 만나기 시작한 거예요. 나중에 다시 물어봤죠. 그때 왜 다시 왔냐고 물어봤더니, 사람이 구속되었다고 하는데 어찌 안 올 수 있느냐고 하더라고. 굉장히 많이 망설였대요. 망설이다가 그때 마음을 정리했다고 해요. 이제는 각오하고 같이 가야지.

**윤**　복역할 때도 뒷바라지했던 거잖아요. 출소하고 나서는 별일 없겠거니 해서 결혼했던 거고요.

**권**　아니에요. 그 당시 내 처지가 불안정하다는 것은 알고 있었죠. 어떻게 될지 모르겠다고 불안해했어요. 여전히 군 문제도 남아 있었고, 출소하면 다시 복직 싸움도 해야 할 테니 말이에요. 그래서 앞서 말한 것처럼 아내는 출소하기 직전 면회를 와서 갑자기 "결혼할 마음의 준비를 하고 나오세요" 그러더라고요.

**이**　정말 담대한 분입니다.

**윤**　밖에서 혼자 다 준비한 거예요?

**권**　그렇죠. 혼자 다 준비한 거죠. 그래서 1990년 8월 11일 그 더운 여름날 포항죽도성당에서 신부님의 주례로 결혼식을 올렸죠. 무더위에 결혼한다고 친척들로부터 뒷담화도 많이 들었고요. (웃음) 그러고 나서 9월 초 불안은 현실이 되어 수배가 되었어요. 실제로 결혼하고 20여 일 지난 때였죠.

**윤**　수배되었을 때는 계속 도망 다닌 건가요? 집에도 못 들어가고?

**권**　일단 집을 나와 포항 인근에 숨어 있다가 포위망이 점점 좁혀오는 것을 느끼면서 대구로 갔고, 다시 서울로 가게 되었죠. 그때 아내는 동국대병원 노동조합 사무실에 사무직원으로 채용돼 근무를 했어요. 나를 만나러 올 때는 한 번도 뒤를 밟힌 적이 없었어요. 집에서부터 경찰들이 계속 따라다니며 감시를 했대요. 병원에 오면 병원 옆 사무실에서 감시를 했고…. 나를 잡아야 하니까. 당시 현상금 300만 원에다가 나를 잡는 경찰관에게는 1계급 특진이 걸렸어요. 수배 전단지가 전봇대와 곳곳에 나붙었어요. 관할서인 경주경찰서에서는 눈에 불을 켜고 잡으려 했죠. 잡으면 특진인데. 근데 아내가 이러한 감시를 모두 따돌리고 온 거예요. 어떻게 따돌렸는지 물어보니 집을 나설 때 여분의 옷을 한 벌 갖고 나온대요. 화장실에서 갈아입은 다음 화장실 창문을 넘거나, 아니면 다른 후문으로 빠져나오고, 옷을 갈아입고.

**이**　　부인이 운동권인데요.

**권**　　그런 감각은 아주 뛰어나요. 그렇게 포항에서, 대구에서, 서울에서 만났고, 참 절절하게 만났죠. 대구에 있다가 서울로 왔는데, 지금 이야기하지만 서명숙 씨, 〈시사저널〉 편집장 하다가 현재 제주 올레길 이사장 하는 그분과 어떻게 연결이 되었어요. 그분들은 목동에 있는 한 주택에 세 들어 살고 있었는데, 그 집에 한 달 정도 숨어 지냈어요. 그사이 동래공장지부 집행부가 공권력의 침탈로 부산대에 쫓겨가 있었던 터라, 부산대로 내려가 지부 집행부를 만날 의향을 우리 내부 사람 둘에게만 말했는데 그 이야기가 새어나갔어요. 나는 지금도 그게 의문이죠. 그건 구두로만 한 거거든요. 근데 부산으로 가려고 대구에 잠깐 내려와 잔 다음 대구역으로 가 차표를 끊으려 하는데 누군가 따라붙더군요. 결국 거기서 경주경찰서에서 나와 대기하고 있던 형사들에게 잡히고 말았어요. 경주경찰서에 도착해 곧바로 형사과 보호실에 구금되었는데, 옆방에 구금되어 있던 한 사람이 "권영국 씨, 맞죠" 하며 알은척을 하더라고요. 자기가 어젯밤 그곳에 구금되어 형사과 경찰들이 회의하는 걸 들었는데, 내가 대구에서 부산으로 간다는 이야기를 하면서 대구와 부산의 모든 고속버스 터미널, 기차역에 형사와 경찰들을 다 배치한다는 거예요. 이미 나의 이동 계획이 다 새버린 거죠.

**윤**　자료를 보면 윤석양 이병이 폭로한 보안사 민간인 사찰 명단에도 올라와 있었다는 거잖아요. 계속 사찰하고 감시한 거군요.

**권**　그날 다시 잡혀가서 노동관계조정법 위반죄(제삼자 개입 금지), 업무방해죄 등의 혐의로 징역 2년형을 선고받게 되었죠.


### '내가 먼저 떠나지 않겠다'는 약속 그리고 사법시험

**이**　기구합니다, 그해 있었던 일을 들으니. 그리고 수감 생활을 마치고는 다른 인생 경로가 열리게 되는데….

**윤**　복직 투쟁은 그만두게 되죠?

**권**　예. 여기서 언급하고 싶은, 잊을 수 없는 에피소드가 하나 있어요. 지금까지 나를 지탱하게 해준 것은 이 당시 동료 노동자에게 한 약속이었어요. 처음 해고된 후 복직 투쟁이랑 안강공장지부 설립 투쟁을 병행했다고 했잖아요. 여느 때와 마찬가지로 퇴근시간 선전전을 마치고 동료의 자취집으로 가 점검회의를 하고 있었어요. 50여 명이 모였으니 뭐, 마당까지 꽉 찼죠. 회의 도중 갑자기 누군가 손을 들더니 "고등학교 나온 우리는 노동조합을 만들다가 잘못되면 오갈 데가 없는 처지가 됩니다. 근데 당신은 학출(대학 출신)이 아닙니까. 일이 잘못

풍산금속에서 해고된 뒤 전국구속수배해고 원상회복투쟁위원회(전해투)를 통해 복직 투쟁을 벌이던 30대 초반 무렵. 그는 1988년 민주노조 운동에 앞장서다 해고됐고, 이듬해 1월 구속됐다. 결국 1년 6개월 징역을 살고 1990년 7월 21일 만기 출소했다. 출소한 지 20일 만에 결혼식을 올렸다. 하지만 곧바로 업무방해죄와 병역 기피 등 혐의로 또다시 수배되었다. 1991년 2월 7일 붙잡혀 군산교도소에서 징역 2년을 살았다. 1993년 2월 6일 출소 뒤 그는 전해투 결성에 참여했다. 이듬해에는 전해투 선전국장도 지냈다.  사진 **허태구**

되더라도 다른 좋은 데를 찾아갈 수도 있고, 우리와는 상황이 다르지 않습니까. 그런데 우리가 당신을 어떻게 믿고 따르겠습니까"라고 질문을 던지는 거예요. 전혀 예상하지 못한 질문이 나오자 정적이 흐르더군요. 식은땀이 흐르더라고요. '아, 맞네. 그렇구나. 내가 마음의 정리가 필요한 거구나.' 순간적인 기지를 발휘할 틈도 없었어요. 잠시 멈칫했다가 "여러분이 내게 가라고 하지 않는 한, 내가 먼저 떠나지 않겠습니다"라고 진심을 담아 대답했습니다. 그랬더니 술렁이던 판이 정리가 되는 거예요. 이때의 약속이 지금까지도 나의 좌우명처럼 발목을 잡고 있어요. 단순히 조합원에 대한 약속, 안강공장 노동자들에 대한 약속일 뿐 아니라 그 후 내 인생의 약속이 되어버린 거예요.

두 번째 복역하고 나왔을 때도 2년 가까이 복직 투쟁을 정말 '빡시게' 했죠. 그런데 그사이에 새로 선출된 위원장들이 연거푸 직권 조인을 거듭한 결과로 노동조합 내부가 작은 싸움조차 할 수 없을 정도로 무너지고 약화된 상태였어요. 1993년 전국구속수배해고 원상회복투쟁위원회(전해투)가 만들어졌고, 전해투에 참여한 전국 해고 노동자들의 치열한 투쟁을 계기로 노동조합이 건재한 사업장에서는 많은 분들이 복직을 했어요. 대우정밀, 한진중공업(구 통일중공업), 태평양 등 우리랑 같이 싸웠던 곳에서는 꽤나 복직이 이뤄지고 있었죠. 그러나 노조가 침묵했던 우리는 끝내 복직을 못 하게 되었죠.

2년간의 복직 투쟁으로 기력은 바닥이 났어요. 한번은 정문에서 경비들한테 끌려나오는 처절한 상황이 벌어졌어요. 나는 너무 화가 나서 통근버스 하나를 열고 올라가 출근하는 조합원들에게 왜 도와주지 않고 지나치느냐고 소리쳤어요. 그때 이후 마음을 정리하게 되었죠. 조합원들은 정말 미안해했어요.

복직 투쟁을 접고 상경할 당시 사법시험을 마음에 두고 있었어요. 근데 아무에게도 사법시험 준비하러 간다는 말은 안 했어요. 내 살 길을 찾으러 간다고 했죠. 그게 1995년 11월이었어요. 아내랑 모든 짐을 싸 5톤 트럭에 실고 서울로 떠나왔죠. 그때 우리 딸애가 1년쯤 되었나… 이삿짐 차 앞좌석에 나랑 나란히 앉은 아내는 참 많이 울었어요. 아내는 대학교 시절을 제외하면 한 번도 포항을 떠난 적이 없었죠. 나고 자란 곳을 완전히 떠난다는 생각 때문이었는지 오랫동안 울었어요. 나는 서울로 이사한 이듬해인 1996년부터 사법시험 공부를 시작했습니다.

**윤**　　사법시험 공부를 시작한 계기가 있어나요?

**권**　　정말 철없이 시작한 거죠. 2년여 걸친 성과 없는 복직 투쟁으로 기력을 다했어요. 노동조합이 움직이지 않는 이상 싸움은 무용해 보였어요. 또 애기까지 생겼으니 이제는 뭔가 해야 한다는 생각이 들었어요. 철강파이프 무역업을 하는 손위 처남이 서울로 올라와 사업을 같이 하자고 제안을 했지요. 그러던 차에 우연히 문경학우회에서 같이 활동했던 선배의 집에 놀러갔어요. 선배는 사법고시 1차에 합격한 상태였어요.

선배가 내게 사법시험 공부를 해보라고 제안을 하더라고요. "세 가지 조건이 되는지 보자" 하면서 내게 물었어요. "아이큐가 120이 되나?" 나는 중학교 때 99였고, 고등학교 때 122였는데, 그냥 대답도 듣지 않고 넘어가더라고요. 서울대를 갔으면 그 정도는 되겠지 하면서. "엉덩이가 무거워?" 엉덩이가 무겁냐는 질문은 책상에 오래 앉아 있을 수 있냐는 말인데, 사실 사법시험은 그 싸움이에요. "그건, 난 자신 있어요." "그다음 세 번째, 지금 당장 돈을 벌어야 해, 안 벌어도 돼?" "아, 그건 아내와 이야기해봐야 합니다." "그거 되면 해" 그러더라고요. 아내에게 이야기를 했더니 "당신은 아무리 봐도 사업할 성격은 못 돼. 당신한테는 공부가 더 잘 맞을 것 같아. 3년 시간을 줄 테니 그 안에 되든지 말든지 해봐" 하더군요. 이렇게 해서 시작한 거예요. 자기가 직장생활을 하겠다고 하면서 3년을 기한으로 허용을 해준 거죠. 그래서 1996년부터 진짜배기 공부를 시작했죠, 다행스럽게.

**윤**　사실 그렇잖아요. 법대 나온 사람이야 으레 그렇게 시험 공부하지만, 그렇지 않은 사람이 대단한 마음가짐, 난 어떤 법률가가 되겠다, 어떤 변호사가 되겠다, 이런 생각 없이 공부를 시작했을 것 같지는 않아요. 물론 권변호사는 구속과 수감 생활을 겪으며 법이 남다르게 다가왔을 것 같기는 해요. 그래도 아이큐, 엉덩이, 뭐, 가계 책임, 이런 것들 때문에 선택했을 것 같지는 않거든요.

**권**　사업을 한다는 게 크게 다가오지는 않았어요. 내가 과연 사업을 할 만한 성격인가. 그런 게 별로 안 다가왔지요. 사법시험에 합격하면 뭔가 그걸 가지고 할 수 있는 일이 있지 않을까 하는 생각을 막연히 했지요. 그렇다고 처음부터 인권변호사가 되겠다는 생각은 없었어요. 솔직히 이제는 거의 다른 선택지가 없다고 생각했어요. '그래, 내가 선택할 선택지는 없다. 정상적으로 취업할 길은 다 봉쇄되었다. 이런 사람을 누가 채용하겠는가. 복직 투쟁을 할 때 학원 강사도 해봤는데 그것도 체질에 잘 안 맞아. 결국 선택지가 없으니까, 이거라도 열심히 할 수밖에 없겠구나.' 그렇게 생각하고 공부를 한 거예요.

### 막다른 선택지, 서른셋에 시작한 사법시험

**윤**  사법시험 공부를 시작한 나이가 어떻게 되죠?

**권**  서른셋.

**윤**  사실 많은 나이인데 그때 시작해 3년 공부하고 된 거면 굉장히 빨리 된 거예요, 보통.

**권**  그때 보면 철이 없었다는 말이 맞아요. 아무 생각 없이, 막연히 뛰어든 거죠. 3년 하다가 안 되면 또 길이 생기겠지 뭐. 이런 생각도 했어요. 실제로 1년 지나고 2년 지나니까 처음엔 막연히 생각했다가 그렇게 하면 안 되지 하는 생각이 들고, 어느 순간 긴장감이 확 들었어요. '내가 이렇게 시작했다가 무책임하게 3년 뒤에, 열심히 했는데 안 되었어, 이렇게 말할 수 있는 게 아니구나.' 어느 순간부터 정신이 확 든 거예요. 처음엔 혼자 독방에 앉아 민법 총칙부터 읽다가….

**이**  말만 들어도 그 재미없는 책을.

"여러분이 내게 가라고 하지 않는 한,
내가 먼저 떠나지 않겠습니다"

**권**　어느 순간부터 정신이 드니까 신림동에 나와 앉아 있어도 그 때부터는 시간을 허투루 쓸 수가 없더라고요. 그때부터 아침 8시에 나가 밤 10시에 들어오는 생활을 계속 반복했어요. 학원만 왔다 갔다 하면서 나는 거의 혼자 외톨이로 공부했어요.

**이**　보통 스터디 그룹을 짜 공부하지 않습니까?

**윤**　혼자 공부하는 것은 진짜 힘든 일인데.

**권**　공대 출신이니까. 처음엔 서울대 안에 운동권끼리 모여 공부하는 그룹이 있었어요. 그런데 학교를 들락날락하는 게 나는 너무 힘들었어요. 한 달 정도 하다가 그만뒀죠. 그렇게 나와 혼자 공부를 하는데, 가장 힘들었던 게 고시생들이 삼삼오오 다니며 서로 주고받는 말을 들은 적이 있어요. 그런데 그들이 마치 다 아는 것처럼 이야기하는 거예요. 나는 무슨 내용인지 잘 모르겠는데. 아무것도 모르는 거예요. '와, 이거 정말 큰일 났다. 어떻게 저걸 따라가지.' 이러한 생각을 하다가 어느 순간 감이 왔어요. '그래, 어차피 세상 사람들이 하는 일이지. 고등학교 3학년 때는 정말 새벽별 보기, 별보기 운동을 하며 공부하지 않았나. 집에 갈 때 별 보고 나올 때 별 보고. 그런 심정으로 하니까 스스로 열심히 하고 있다는 생각이 들지 않았나. 그때를 회복하면 되지 않을까. 사람이 하는 일인데. 일단 최선을 다하고, 그래도 안 되면 어쩔 수 없지.' 그래서 실제로 예전처럼 공부해본 거예요. 그러니까 집중이 되더라고요. 스스로에게 오늘 열심히 최선을 다했다고 말할 수 있는 하루가 쌓여가기 시작했어요. 그러다가 1차 시험을 몇 달 앞두고 모의 고사를 치는데 성적이 놀랍게 올랐더라고요. 아마 그 직전에 두 번 정도 시험을 봤는데 모의시험을 본 게 참 다행스러웠어요. 성적이 저 밑에 있을 거라 생각했어요. 처음엔 55명이 쳤는데 11등이었고, 그다음 태학관인가, 한 1000명이 쳤는데 12퍼센트 수준에 딱 들어간 거예요. 그걸 보면서 포기하면 안 되겠다 싶어 막판 3주 동안 굉장히 열심히 했고, 여러 가지 시험 운대가 맞았고.

**윤**　사법연수원에 들어가서도 무난하게 지냈을 것 같지는 않은데요.

**권**　연수원 동기들 대부분이 젊은 친구들이라 아무래도 경쟁이 안 되죠. 나는 성적에 욕심을 안 내고 있었으니까 달리 문제가 되지 않았고요. 제일 싫었던 게 연수원의 획일적 문화, 권위주의, 폭탄주 등이었어요. 거의 모두 넥타이를 매고 등교를 했어요. 그 반작용으로 나는 넥타이를 자주 풀고 다녔죠. 술자리에서는 지도교수에게 형님, 형, 이렇게 부르기도 했어요.


## 민주노총 법률원 초대 원장이 되다


**이**　그러고 난 다음에 사실 다시 가장으로서 돈을 벌 소중한 기회를 맞이했는데, 또 돈 안 되는 길로 갔잖아요.

**권**　처음부터 현직으로 갈 생각은 별로 없었죠. 또 젊은 친구들과 그렇게 막 죽기 살기로 경쟁하는 게 싫었어요. 사실 젊은 친구들의 순발력을 따라갈 수도 없고. 변호사로 활동을 시작해야겠다고 마음을 먹고 있었죠. 1990년에 결혼하고 사법연수원에 들어간 게 2000년이었어요. 1999년에 사법시험 2차에 합격해 2년 수료하고 나오니까 2002년. 12년 동안 사실 나는 집에 별로 보탬이 안 되었어요. (웃음) 정확하게 보면 마누라 등쳐먹는 사람으로 12년을 보낸 거죠.

**이**　　대단한 능력 아닙니까. (웃음)

**권**　　아무리 철면피라 하더라도 처한테 미안함이 없을 수가 없었죠. 그리고 집안에서 내 발언력이 엄청나게 작아졌고. 그때는 일반 법률사무소에 들어가 그래도 좀 가계에 도움이 되어야겠다는 생각이 있었어요. 일반 법률사무소에 들어가 일을 하면서 변호사로서의 능력을 키운 뒤에 그다음 결정을 하자, 이렇게 생각을 했어요. 지금 고백하건대 취업할 뻔했던 한울합동법률사무소에 강문대 변호사가 있었어요. 사실 적극적으로 오라고 했고, 또 조건도 괜찮았어요. 일정한 액수를 보장하고 개인 사건에 대해 개인 수임으로 한다는 조건이 있었기에 꽤 괜찮았어요. 그래도 서로 얼굴은 봐야 했기에 한번 찾아가기로 했어요. 그런데 면접하러 가는 날 아침에 당시 민주노총 조직차장으로 일하고 있던 권두섭 변호사로부터 갑자기 전화가 왔어요. "형, 면접 가기 전에 5분만 시간을 내줘. 나를 잠깐만 보고 가"라고.

**이**　　그걸 냉철하게 거절했어야 했는데.

**권**　　그랬어야 했는데. "대체 무슨 이야기를 하려고 그래." "잠깐 와봐." 그래서 서울 서초동에서 만났죠.

**윤**　근데 두 분이 원래 알던 사이였나요?

**권**　문경 후배예요.

**이**　아, 그래요?

**권**　내게 사법시험을 추천했던 선배와 권두섭 변호사가 고종사촌인가 그래요.

**윤**　전부터 알고 지냈군요.

**권**　처음에는 몰랐는데 그 선배를 통해 공부하는 과정에서 서로 인사를 하게 된 거죠. 권두섭 변호사는 우리 아버지가 다니던 탄광의 마을에 살던 분의 아들이기도 했어요.

**이**　아, 그래요?

**권**　이리저리 얽히니까 문경 후배가 된 거죠. 지금 고백하는데 그때 한울합동법률사무소에 나를 추천해준 이도 권두섭 변호사예요. 노동사건 전문 변호사로 정말 좋겠다고 추천한 거죠. 그런데 그날 아침 전화가 온 거예요. 권두섭 변호사를 만났더니 내게 뭔가 건네주더라고요. '민주노총 법률원 설립기획안'이었어요. 그걸 받아드는 순간 심각한 고민에 빠진 거죠. 법률원 설립 취지를 설명하고 "형이 참여해주면 좋겠다"는 말을 남기고 가버리더라고요. 나는 그것을 들고 앉아서 고민을 했어요. '이걸 어떻게 하나. 면접을 가면 법률사무소에서 일하는 것이 확정되는데….' 그래서 전화를 해 사실 이러저러한 사정이 있으니 일주일만 생각할 시간을 주면 안 되겠냐고 하니까 그쪽이 흔쾌히 그러라고 하는 거예요.

그런데 이게 일주일 고민을 해도 안 풀려. 집에서는 눈초리가 아주 싸늘해졌어요. 그때부터 서로 말을 못 하는 거죠. 나도 말을 못 하고, 아내도 아무 말 못 하고. 내가 법률사무소에 나가 일을 하면 자기는 집에서 애만 잘 키우고 싶다는 생각을 했는데, 거기서 딱 걸린 거예요. 3주를 끌면서 서로 눈치만 보다가, 어느 날 아내가 이러는 거예요. "아, 이 화상아. 내가 니를 어떻게 말리노. 니, 알아서 해라." (웃음) 더 이상 못 말리겠구나 싶어 포기를 한 거예요. 그러면서 속에 담아둔 말을 딱 한마디 내뱉더군요. "손에 다 들어온 떡을 놓친 기분이네." (웃음) 그래서 민주노총 법률원을 같이 만들어 2002년 2월 1일 출범식을 했죠.

**이**　　초대 원장으로 시작한 거죠?

**권**　　나이가 제일 많고 경력을 봐도 그러니까, 그 덕택에 법률원 장을 하게 된 거죠.

**윤**　　아내 되는 분은 어떤 일을 했나요? 생계유지를 위해 벌이를 해야 했을 것 같은데.

**권**　　회사를 다녔어요. 포항에서는 얼마 다니지 못했어요. 서울에서 다시 직장 생활을 시작했어요. 내가 법률원에 들어간 뒤에도 미래가 불투명하니까 그 후 아내가 상당 기간 직장 생활을 했죠. 내 기억으로는 2010년까지 했던 것 같아요.

**사건들**

민주노총
법률원

윤　　권변호사가 민주노총 법률원 설립에 참여한 것이 갓 마흔을 넘겼을 무렵이에요. 앞에서 젊은 날 이야기를 들으며 이남신 소장은 기구하다는 표현을 썼지만, 우리는 이후 노동·인권 변호사로의 길도 결코 순탄하지 않았음을 잘 알고 있습니다. 여기서부터는 시간 순서가 아니라 주요 사안별로 말씀을 진행해보려 해요.

권　　법률원 시절부터 시작해야겠군요.


### 체포된 발전노조 조합원들과의 전화접견

윤　　법률원장으로서 4년 동안 활동을 한 거잖아요. 발전노조 사건이 법률원장으로서 맡은 첫 사건이죠?

**권**　예. 법률원의 변호사가 되고 난 뒤 2월 1일에 출범 기자회견을 했어요. 그날 MBC가 9시 뉴스 시간에 3~5분을 아예 특집으로 편성해 출범식을 방영했어요. 처음 만들어지는 과정 전체를. 소식이 전국으로 다 퍼져나간 거예요. 출범하는 날 내 기억으로는 엄청난 기자가 몰려와서 마치 연예인들이 플래시를 받는 장면을 방불케 했어요.

**이**　지금과는 많이 달랐군요.

**권**　일반 법률사무소가 아니라 노동단체의 법률원, 그것도 민주노총에 법률원이 생기는 게 당시에는 특종이었죠. 언론의 주목을 엄청 받고 뉴스 시간에 나간 터라 거의 한 달 동안 전화에 시달렸죠. 모든 민원 사항이 몰려오는 거예요. 난리가 났어요. 그런데 2월 26일 한국철도공사, 한국가스안전공사, 한국전력공사 세 곳 공기업의 민영화 추진에 대한 반대 파업을, 연대 파업을 했어요. 철도와 가스는 이틀 만에 내부적으로 타결되어 돌아가고, 발전만 남은 거죠. 그때 법률원장인 데다가 나이가 많고 노동운동 경험이 있다는 이유로 내가 그 사건을 맡게 되었어요.

산개 파업이라고 해서 발전노조 5000명이 5~10명씩 조를 짜 파업을 했어요. 그 많은 사람들이 손을 놓고 나와버렸으니 발전소가 언제 어떻게 될지 모르는 거죠. 물론 자동 설비이고 자동 가동 상태로 두고 나왔기 때문에 계속 돌아가기는 했죠. 그래도 전력 수급 상황에 따라 시시각각 발전기를 껐다 켰다를 반복해야 하는데 그걸 못 하는 거죠. 그렇게 어떻게 될지 모르는 상황이라 정부로서는 빨리 복귀시키는 게

2002년 1월 민주노총 부설 기관으로 법률원을 설립하기로 하면서 권변호사 등 4명의 변호사가 민주노총에 합류했다. 사진 왼쪽부터 김영기, 강문대, 권영국, 나중에 결합한 박현석. 사진에는 초기 구성원인 권두섭 변호사가 빠져 있다. 이때 권변호사는 "해고와 두 번의 구속을 거치면서 법정에서 노동자의 편에 서 법리적으로 싸워줄 변호사의 필요성을 절감했다. 노동자들의 변론을 위해 적극적인 활동을 벌일 것"이라고 밝혔다. 민주노총 법률원은 2002년 2월 1일 출범했고, 그는 초대 원장을 맡아 4년 동안 활동했다.

급선무였어요. 그러다 보니까 흩어져 싸우는 조합원들을 무조건 공무집행방해죄 현행법으로 체포, 연행을 한 다음 경찰서에서 복귀각서를 받는 일이 벌어졌어요. 복귀각서는 사실 조합원 입장에서는 자신의 일반적 행동을 강제받는 것이잖아요. 행동의 자유를 침해받는 거죠. 경찰관들이 수사는 안 하고 복귀각서를 갖다 놓고 강제하는 상황이었습니다. 그건 직권남용이잖아요. 그것을 막는 것이 내 일차적 목표였어요.

그때 출근해보면 거의 한 달 동안 매일 책상 위에 연행자 명단이 쫙 올라와 있었습니다. 오늘은 삼천포, 내일은 하동, 일산, 인천, 수원, 태안, 당진, 평택, 여수, 삼천포, 청평, 양양, 강릉 막 올라오는 거예요. 서울도 아니고 지방까지 나 혼자 다 접견을 갈 수가 없죠. 내가 홍길동도 아니고. 그때 생각해낸 게 전화접견이었어요. 전화접견을 100퍼센트 완료했어요. 그때는 수사2계가 그 사건을 맡았는데.

**이** 전화접견 대상자가 얼마나 많았어요?

**권** 정확한 수는 기억나지 않는데 수십 곳 되었죠. 일단 수사2계로 전화를 합니다. "수사2계장 바꾸세요. 왜 연행했습니까? 현행범이 맞습니까" 이렇게 시작을 합니다. "밖에 돌아다니는 사람이 무슨 현행범입니까"라고 항의한 다음 조합원을 바꿔달라고 합니다. 조합원에게 "업무복귀서 서명은 본인의 자유로운 선택으로 하는 것이지, 경찰이 그걸 강제하면 직권남용입니다. 얼마든지 거부할 수 있습니다"라는 사항을 전달하는 게 내 목표였어요. "왜냐하면 경찰들이 파업하고 있는 사람을 연행하는 것은 파업을 못 하게 하는 것이나 마찬가지잖아요. 복귀각서에 서명하지 않으면 구속시킨다는 말은, 내가 장담합니다, 그런 식의 협박은 직권남용입니다. 절대 그 이유로 구속시키지는 못할 테니 자유롭게 선택하면 됩니다'라고 말해줬어요.

**이**　　당시 조합원들에게 큰 힘이 되었겠어요.

**권**　　전화접견이 쉬운 일은 아니었어요. 경찰서에 전화하면 처음에 수사2계장은 거의 말을 안 들어주죠. 대부분 "당신이 변호사인지 어떻게 압니까"라고 하면서 직접 와 접견하라고 합니다. 그럼, 어떻게 합니까. 될 때까지 할 수밖에요. 수사2계장이 거부하면 그 윗선인 수사과장한테 전화하고, 심지어 서장과도 다투었어요. 여수경찰서였죠. 여수경찰서 수사과장이 "내가 왜 그 요청을 들어줘야 합니까"라고 거절해서 다시 서장실로 전화를 한 거죠. "내가 신원을 다 확인시켜주고 이러저러한 사정 때문에 전화접견을 요청하는 거 아녜요. 내가 지금 내려갈 수 있으면 왜 안 가겠습니까. 조합원들이 전화접견을 원하고 있으니 당연히 보장해야 하는 것 아닌가요?" 강력하게 항의하면 그때서야 서장이 미안하게 되었다며 전화접견을 하도록 지시했죠. 내가 생각해도 참 신기했어요.

**윤**　　보통 변호사는 변호인 접견이라고 하면 직접 만나서 뭘 하겠다고 생각하지 전화접견을 떠올리지 못하는데….

**권**　　그 일을 마친 뒤에 발전노조에서는 일약 유명인사가 되었죠. 지금도 많은 분들이 기억하고 있어요.

**이**　거의 구세주 수준인데요.

**윤**　싸움의 결과는 어떻게 되었죠?

**권**　처음 348명이 해고되었는데 실제로 수사 대상은 그보다 엄청나게 많았어요. 징계 대상으로 감사를 받는 사람이 내 기억으로는 3000명 가까이 되었어요. 해고자들이 처음 모인 자리에 와 교육을 해달라고 하기에, 그때 내가 가서 이렇게 말했습니다.

"여러분이 나한테 소송대리나 변론을 해달라고 하면, 나는 변호사이므로 당연히 해야 합니다. 하지만 여러분은 나한테 의존하면 안 됩니다. 소송대리나 변론은 저희에게 위임해주면 저희가 할 수 있는 최선을 다하겠습니다. 이제부터는 소송은 저희한테 맡기고 여러분은 노동조합의 조합원으로서 이 국면을 싸움으로 어떻게 돌파할지 고민하십시오. 왜냐하면 신분 보장이 결여된 합의로 업무 복귀한 상태이기 때문에 현장은 완전히 위축되어버렸습니다. 여기 모인 해고자 분들은 해고자복직투쟁위원회를 만들어 밖에서 열심히 싸워주십시오. 그래야만 노동조합이 본래대로 정상화됩니다. 만약에 여러분이 내가 진행하는 소송만 바라보고 있으면, 아무리 잘해도 50명은 복직 못 시킵니다. 그런데 여러분이 노동조합을 통해 단결하고 싸움을 잘한다면 훨씬 더 좋은 결과를 얻을 수 있을 겁니다."

그때 중집(중앙집행위원회) 성원이 20명 정도 되었거든요. 중집 이하로는 다 복직이 가능할 거라고 생각했어요. 실제로 그렇게 해서 '해복투'가 결성이 되었어요. 정말로 해고자 50명이 전국을 돌면서 노동조합의 조직력을 다시 복원하기 위해 엄청 힘든 싸움을 했죠. 그 결과 발전노조는 1명을 제외하고 모두 다 복직되는 성과를 거두게 되었습니다. 제외된 이는 이호동 발전노조 위원장으로 정말 똑똑한 사람이에요. 기재부, 예전에는 산자부였죠, 산자부에서 저 사람은 죽어도 안 된다며 극구 반대해서 위원장을 제외하고 전부 복직이 된 거죠.

**이**　대단한 성과예요. 한 사람만 빼고 모두 복직되었다는 것은.

**권**　그걸 보고 나도 굉장히 놀랐죠. 결국 노동조합이라는 것은 교섭과 투쟁을 통해 현안 문제를 해결해가는 조직이지, 소송에 의존할 것 같으면 노동조합이 필요 없게 되는 거죠. 원래 노동조합의 역사는 사용자와 대등한 지위를 확보하려고 시작했던 거잖아요. 그 과정에서 조직력을 통해 대등한 힘을 만들어 그 교섭력으로 자신의 노동조건을 쟁취해나간 역사죠. 그래서 위축된 노동조합을 조합원 자신들의 힘으로 정상화시켜내는 것, 이것을 348명의 해고자들이 해야 할 중요한 과제로 방향 설정하는 게 옳다고 처음부터 강조를 했어요. 지금 돌이켜봐도 참 잘했다는 생각이 듭니다.

### 현장접견과 묵비권 정착의 단초를 마련하다

**이**　발전노조 사건을 시작으로 법률원에 있으면서 노동 현안 문제, 특히 비정규 문제를 다루게 되는데, 법률원장으로서 갖는 고뇌가 있었을 것 같아요. 단순히 수임받은 사건만을 다루는 일반 변호사와는 다르잖아요. 어떤 어려움이 있었는지 말씀해주시죠.

**권**   법률원이 어떻게 중심을 잡을 수 있을까에 대해 생각이 많았어요. 일반 법률사무소처럼 소송대리 하고 변론하는 일만 해서는 안 되었죠. 민주노총과도 상당히 긴밀한 관계에 있었지요. 민주노총의 활동 중에 매우 변화무쌍한 분쟁이 발생하는데, 특히 공권력과의 충돌이 빈번해요. 그때 변호사로서 법률적 조력을 어떻게 할지가 관건이었어요. 그 방안 중 하나로 시도한 게 현장접견이었어요. 그전에는 경찰서에 연행되었을 때 변호사들이 조사가 다 끝나고 구치소로 넘어가는 단계에서 재판을 준비하기 위한 접견이었다면, 우리는 경찰서 단계에서부터 참여하는 접견이었어요. 그래서 현장에 변호사들이 계속 대기하는 시스템을 만들었죠. 내가 기억하기로는 법률원이 생기면서 실제로 경찰서 접견이 일반화되었습니다. 그 단초를 만든 게 법률원이었고요.

그다음이 묵비권 행사의 일반화. 노동조합 활동이나 집회·시위 중에 경찰에 연행되었을 때 실제 묵비권 행사가 정착되는 단초를 만들었습니다. 이는 민주노총 법률원의 활동과 맥을 같이하고 있다고 생각해요. 지금은 거의 대부분이 변호사가 올 때까지 묵비하거나 진술을 거부할 권리를 알고 있습니다. 그때부터 이러한 권리 행사가 일반화되었다고 볼 수 있어요. 하나의 보람으로 생각되기도 해요.

또 하나는 경찰서에서 접견할 때 피의자가 포승이나 수갑을 차고 있는 걸 도저히 묵과할 수 없었어요. 경찰서에 도착해보면 일반적으로 이미 피의자에 대한 조사가 시작된 경우가 많아요. 접견을 하겠다고 하면, 수사관들이 "수사 중이니까 수사가 끝날 때까지 기다리세요"라고 하는 경우가 왕왕 있습니다. 그러면 맞받아서 큰 소리로 "나는 민주노총 법률원에서 나온 권영국 변호사입니다. 지금부터 접견권을 신청했으니, 조합원 여러분은 진술을 거부해도 좋습니다. 조사에 협조하지 마십시오"라고 말해요. 사람들은 자기들 변호사가 왔다는 말을 듣고 입을 닫아버려요. 경찰로서는 말을 안 하니까 답답해지는 거죠. 그때부터 "변호사님, 왜 그러십니까. 접견부터 하시죠" 이렇게 반응이 달라집니다. 그리고 수갑이 채워진 상태로는 접견을 하지 않아요. 수갑과 포승부터 풀어줄 것을 요구했어요. 연행된 사람은 범죄인이 아니라 협의자이기 때문에 무죄 추정의 원칙을 철저히 지켜야 한다고 봤어요. 그 누구도 부당하게 인권을 침해당해서는 안 되니까요.

**이**　법률원을 그만두는 과정에서도 여러 말 못 할 고민과 갈등이 있었던 걸로 알고 있어요.

**권**　2005년 8월에 그만두겠다는 의사를 비쳤어요. 그해 변호사를 많이 뽑기도 했는데 같은 기수 4명이 들어왔어요.

**윤**　여차하면 나도 들어갈 뻔했어요. 법률원에 들어갈 마음이 있었거든요.

**권**　　내가 민주노총 법률원을 설립해 민주노총에 들어갔을 무렵
은 민주노총이 여전히 사회적으로 상당히 영향력을 가지고 있던 때였
죠. 민주노총에 대한 일반적인 인식도 괜찮았고 어떤 도덕적인 권위도
인정되던 시기라 '내가 이곳에 누를 끼쳐서는 안 된다'라는 생각이 강
했어요.

**윤**　　누를 끼친다는 건 예를 들면 어떤 상황을 말하죠?

**권**　　그러니까 민주노총이 가진 위상에 맞게 법률적으로 제대로
대변하거나 대표성 있게 행동해야 한다는 생각이 의식 속에 들어와 있
었어요. 그래서 그때 나의 행동 원칙이 '누구에게도 부끄럽지 않게 정
정당당하게 행동한다'와 '논리나 주장에서 누구에게도 밀리지 않고 정
면으로 맞선다'였습니다. 그런 생각을 참 많이 갖고 있었어요. 재미있
었던 일 중 하나가 '김앤장'과의 대결이에요. 우리가 처음 법률원을 만
들어 노동사건을 수임했을 때라 아마 사용자 측도 상당히 의식을 하기
시작했죠. 그때 김앤장이 우리의 상대방 대리인으로 들어온 경우가 꽤
있었는데, 내가 그런 얘기를 몇 번 했어요. "우리는 노동사건을 전문으
로 하고, 노동을 매우 가치 있는 활동으로 보고 소송대리나 변론을 하
고 있기 때문에, 누구보다도 노동문제에 있어 전문가여야 한다. 그리
고 실력이나 지식에서도 누구에게든 뒤지면 안 된다." 그런 점을 강조
한 기억이 납니다. 단순히 목소리를 높일 게 아니라 사건에 걸맞은 내

용과 실력으로 대결해야 한다고 얘기를 했죠. 김앤장과 소송할 때는 밤도 꽤 자주 새웠죠. 법리 구성이나 이론적 구성에 있어 그들을 능가해야 한다는 생각이 강했어요. 우리는 전체 노동자들을 대변하는 입장이니 그 정도의 마음가짐과 실력은 갖추어야 한다고 봤던 거죠. 그런데 다른 사건보다도 김앤장이 맡은 경우에는 서류 분량이 엄청 많아요. 대비하느라 상당히 고생스러웠는데 그 과정에서 많이 배웠던 것 같습니다. 그런 사건을 하나하나 겪으면서 우리 스스로 어떻게 행동해야 하는지 단련할 수 있었던 거죠.

**이**　　보통 강력한 적을 만났을 때 배우는 게 더 많은 것 같습니다.

**권**　　그런 와중에 자신감도 늘어나는 것 같아요. 나는 그런 얘기를 참 많이 했어요. "우리가 사법연수원에서는 성적이나 실력에서 차이가 날 수 있다. 머리가 좀 더 좋고, 조금 뒤질 수 있다. 그러나 그것은 관심과 의지만 있으면 충분히 극복 가능하다. 상대방이 2시간 노력하면, 그리고 자신이 좀 뒤진다고 생각하면, 자신은 갑절의 시간을 투자하면 된다." 실제로 그런 마음가짐으로 사건에 대해 관심을 갖고 집중하면 논리나 법리 구성에서도 앞서 나갈 수 있다는 것을 그때 배웠어요. 그 후에도 연수원에서 실무 수석을 한 이들이 오면 내가 항상 그랬어요. "노동변호사는 자신의 분야에서 누구에게도 뒤져서는 안 된다. 그 뒤지지 않는 길이라는 게 별것 아니다. 우선 연수원에서의 성적은 다 잊어라. 그리고 자신의 실력이 부족하다 느껴지면, 맡은 사건을 줄이더라도 시간을 더 투자하라." 그런 얘기를 한 기억이 납니다.

지금 생각해보면 법률원장으로서 책무를 다하려고 참 많이 의식했던 것 같아요. 실제로 토론회에 참석할 때도 나는 전투적인 자세로 임했던 것 같아요. 노동자를 대변해야 한다는 입장을 너무 의식한 나머지 '절대로 밀리지 않겠다' 이런 생각이 강했어요. 사실 별로 밀린 적이 없어요. 그렇게 활동했습니다.

**윤**　법률원 변호사들은 잠을 거의 못 잔다고 들었어요. 굉장히 과로한다고.

**권**　법률원에 있을 당시에는 다른 업무도 많아 밤새워 서면을 썼던 기억이 참 많아요. 새벽녘에 다 끝마쳤을 때, 논리 구성 때문에 엄청 고민을 하다가 밤을 새우고 새벽이 다 되어 서면을 완성했을 때의 홀가분함, 그 기분은 아마 앞으로도 잊지 못할 것 같은데요. 그때는 고생스러워도 그 나름대로의 즐거움을 맛볼 수 있었죠.

**윤**　법률원장이 퇴근을 안 하면 다른 변호사들도 집에 가지 못하고 다들 과로하고 그랬던 건 아닌가요?

**권**　법률원 변호사들은 독립적으로 일해서 그러지는 않았습니다. 자기 스스로 맡은 일에 책임을 지는 구조여서 내가 간섭할 일이 별로 없었죠. 그리고 퇴사하던 2005년은 참여정부 때였어요. 노무현 정부가 들어선 뒤 노사관계가 상당히 진전되고 절차적 정의 등이 상당히 중요하게 여겨지던 때라 회사 안에서도 절차적 민주주의를 지키려는 분위기가 만들어지고 있었어요.

예전처럼 집단적으로 구속되거나 손해배상이 걸리는 사건이 이때

쯤에는 상당히 줄어들었던 것 같아요. 그러면서 자연히 사건 수가 줄기 시작한 거죠. 독립채산제로 운영되다 보니 민주노총이 인건비 등을 지원하는 구조가 아니었어요. 민주노총 소속이기는 하지만 실제로는 완전히 독립된 회사처럼, 독립된 조직처럼 운영되었죠. 내부의 어떤 재정은 스스로 해결해야 하는 구조였어요. 민주노총으로부터는 일부 행사를 지원받는 것 외에는 아무것도 없었습니다. 그래서 사건 수가 줄어들면서 재정 상태가 심각해지게 된 거예요.

**윤**　민주노총 법률원은 어쨌든 민주노총의 조합원이나 소속 노조와 관련한 사건을 다 처리하지 않았나요?

**권**　아뇨. 그러지 않았어요. 그런 구도로 운영해볼까 생각해본 적은 있었어요. 민주노총에 내는 조합비에다가 법률비를 추가로 더 책정을 해서 받아, 법률원 변호사들이 그 비용으로 여러 재정 문제를 전부 해결하도록 하는 구조를 만들고, 민주노총 내 조합원들에 대한 모든 소송이나 자문을 하는 것이 바람직하지 않느냐, 하는 논의가 있었어요. 그런데 법률 비용을 별도로 책정하는 게 쉽지 않았어요. 내부적으로 설득이 잘 안 된 거죠. 결국 독립채산제 형태로 갔고, 지금도 같은 형태을 유지하고 있습니다. 아무튼 사회적으로 갈등이나 충돌이 줄고 소송 사건이 덜 생기면서 재정 상태가 심각해졌어요. 그리고 법률원장인 내게도 문제가 있었던 것이, 나는 영업 능력이 현저히 떨어지는 편이었어요. 덩치 큰 노동조합이나 산별노조를 찾아가 자문 계약도 체결하는 등 이러한 일을 많이 성사시켜야 했는데, 나는 그런 일에는 젬병이었어요. 소송은 줄고 어쨌든 다른 방식으로 재정을 확보해야 했는데 그러지 못하면서 법률원장으로서 매우 위태로운 상황을 맞게 된 거죠.

또 한편으로는 그때 지도부가 교체되었어요. 이른바 정파 갈등이 노골적으로 드러나기 시작한 거죠. 그전과 정파가 다른 집행부가 들어서면 실장급부터 모두 교체가 됩니다. 실장급 이상, 그러니까 상집(상임집행위원회)을 구성하는 간부 이상은 정무직이나 매한가지라 바뀌는데, 그 밑의 직은 그렇지 않으니까 기존 집행부에서 일하던 분들이 그대로 남아 있는 상태가 되어 그 사이에서 사실 엄청난 갈등이 발생하는 거예요.

중집에는 실장급 이상 간부 이외에도 지역본부장, 산별연맹 위원장이 들어오다 보니까 아무래도 여러 의견이 존재할 수밖에 없죠. 그에 비해 상집은 거의 정무직이나 다름없는 실장급 이상만 들어오니까 그렇지 않았어요. 민주노총 상집에서 법률원장은 실장급이에요. 상집 회의가 있으면 들어가게 되어 있어요. 그런데 법률원장은 현실적으로 교체가 불가능하잖아요. 나로서는 특정 정파에 속했던 건 아니었지만, 한 정파가 나름대로 일을 추진하려고 할 때 나 같은 제삼자의 입장에서 보면 뭔가 문제가 있다고 느껴질 수 있거든요. 어떤 사안은 상집 회의에 들어가기 전에 이미 대체적으로 논의가 되어 사실상 결정이 된 듯한 느낌을 받았어요. 그때마다 문제를 제기하는 일이 쉽지 않았어요. 내가 한마디하면 서너 명이 집중적으로 공격을 했죠.

**윤**　혹시 그와 관련해 기억나는 사안이 있나요?

**권**　지금은 사안 자체가 자세히 기억나지는 않는데 한번은 그런 일이 있었어요. 당시에는 KT 노동조합이 공공연맹에 속해 있었어요. 그런데 KT 노동조합이 공공연맹에서 자신들의 의무를 수행하지 않는 편이었어요. 일테면 조합비도 안 내고, 대의원대회에도 참석하지 않고. 그래서 공공연맹에서는 대의원대회 등이 무산되는 경우가 꽤 많았다고 해요. KT 노동조합이 당시 5만 명쯤 되었으니 실제로 대의원 등을 차지하는 비율이 상당했던 거죠. 그런데 이러한 갈등을 겪다가 그들이 갑자기 독자적인 산별연맹을 만든다고 하는 거예요. KTF 노동조합과 KT 노동조합을 합해 IT연맹이라고 한다는 거죠. 그렇게 독립된 산별연맹으로 인정하는 문제가 민주노총 상집을 거쳐 중집에 안건으로 올라온 거예요. 내가 볼 때는 그게 무슨 산별이냐 했던 거죠. '민주노총은 대산별을 지향하고 있었는데 겨우 노동조합 두 곳을 합쳐놓고 무슨 산별연맹인가.' 인원이 많은 노동조합들이었으니 그랬던 모양인데 실제로 연맹으로서의 성격을 갖고 있지는 않았어요. 그래서 이의를 제기했더니, 이미 그것을 산별연맹으로 인정하기로 사실상 상집에서는 얘기가 거의 끝나 있었던 거죠. 나는 그런 줄도 모르고 산별 구조가 아니라고 이의를 제기했다가 집중적인 공격의 대상이 되었어요.

또 이런 경우도 있었어요. 산별연맹과 소속된 노동조합 사이에 갈등이 발생하는 경우죠. 정파적인 갈등이 발생할 수가 있어요. 그럴 때 우리가 법률적 자문을 하다 보면 문제가 불거져요. 어떤 질의가 들어오면 회신을 해야 하는데, 우리가 법률적인 관점에서 판단을 내리더라도 그로 인해 불리한 입장에 처한 쪽은 그것을 마치 우리가 정파적으로 한쪽을 지원하는 것처럼 몰아붙이기도 했어요. 외부 문제에 대해 우리가 자문하거나 의견을 낼 때는 이러한 심리적 고통을 겪지는 않았지만, 내부 문제에 대해 의견을 내야 할 때는 상당 부분 그런 갈등과 비난을 감수해야 했습니다.

특히 산별연맹과 단위 노동조합 사이에 갈등이 생겼을 경우 이것이 어디까지 비화되는가 하면, 우리의 법률적 의견을 집행부의 결재를 얻어 내라고 하는 식의 요구까지 받게 되었어요. 그렇게 되면 아예 집행부와 정면으로 충돌할 수밖에 없었어요. 실제로 〈매일노동뉴스〉에 그런 갈등에 대해 서로 공방을 주고받았다는 내용의 기사가 나오기도 했죠. 집행부와 법률원의 의견 차로 인해 내부 갈등이 빚어졌다는 내용이었습니다. 나는 법률원이 갖는 법리적 판단 기능, 해석 기능은 집행부가 간섭할 문제가 아니라고 봤기 때문에, 그 부분을 양보할 수가 없었던 거죠. 적어도 법률 해석과 관한 한 이것을 법률원의 고유 기능으로 인정하지 않는 태도는 받아들일 수 없다는 생각이었어요. 이러한 갈등이 쌓이면서 법률원장을 그만둬야 하는 게 아닌가 하는 생각에 이르게 되었죠.

당시 민주노총 위원장이 이수호 씨였어요. 그분이 사람이 좋잖아요, 신사적이고. 내가 찾아가 사직 의사를 밝혔더니 "아니, 왜 권원장이 갑자기 사직한다고 그래" 하면서 두 번이나 반려했습니다. 세 번째 찾아가 더 이상 심리적으로 씩씩하게 원장을 하기는 어렵겠다고 말하자, 그때서야 아주 아쉬워하며 수리했죠. "원래 새는 좌우 날개로 날기 때문에 견제하며 비판적인 얘기를 해줄 수 있는 사람이 조직 내부에 있는 게 생명력이 있다고 보는데, 그런 측면에서 보면 상당히 아쉽다" 그렇게 말씀하더군요. 이렇게 해서 그만두게 되었습니다.

# 최장기 민변
# 노동위원장

**윤** 　지금까지 권변호사가 살아온 것을 보면 정파적인 것과는 담을 쌓고 본인이 생각하는 원칙대로 무소의 뿔처럼 가는 것 같아요.

**이** 　1인 정파라고도 할 수 있겠는데요.

**윤** 　그러다 보면 오해도 많이 받는 것 같아요. 나는 그런 면을 존경하지만, 그것을 곡해하거나 음해하는 사람은 권변호사가 주변 사람이나 같이하는 이들을 신경 쓰지 않는다거나, 아니면 단합해야 할 때 혼자 독단적으로 나간다고 비판할 수 있을 것 같거든요.

**권** 　다행스럽게 그러지는 않았던 것 같아요. 되도록 상대방의 말을 많이 들으려고 했던 편이고, 충분히 얘기를 듣고 나서 어떤 결론을 내리려고 했어요. 내가 누구의 편도 아니라는 것이 조금은 인정이 되었던 것 같아요. 민주노총 대전 본부에서 선거 과정 중 부정선거 시비가 붙었던 적이 있어요. 그때 진상조사단에 나를 투입시켰었어요. 또다른 곳에서도 비슷한 일이 벌어지면 법률원장이 와주길 바랐어요. 네편, 내 편 가르지 않고 객관적으로 사태를 파악해 결론을 내릴 사람이라는 믿음이 어느 정도 형성되었던 것 같아요. 법률원이 그런 점에서는 중심을 잘 잡지 않았나 생각합니다.

## 국민이 부르면 어디든 간다

**윤**　법률원을 나오고 나서는 노동사건은 더 이상 안 한다거나, 아니면 노동사건을 계속 맡더라도 뭔가 다른 방향으로 계획을 했을 것 같은데요.

**권**　법률원에 있었을 때가 긴장도가 높았던 시기였던 건 사실이에요. 어떤 사건이 하나 터지면 상당한 심리적 압박감을 받았던 거죠. 그래서 일단 나오고 나서는 조금 쉬어 보려는 생각을 했어요. 아마 8월 말쯤 그만둔 것 같은데 6개월 정도는 쉬려고 했죠. 그런데 그 와중에도 여러 곳에 불려 다녔습니다. 기자회견 자리에 여러 번 나갔죠. 그때도 민변 노동위원회 부위원장직을 맡고 있었거든요. 그래도 약간 쉬었던 기억이 납니다.

이듬해인 2006년 2월 1일 서초동에 해우법률사무소를 개업하게 됩니다. 이러한 경우도 전관예우라고 해야 할까요, 민주노총 법률원장을 4년 가까이 해서 그랬는지, 개업해서 노동사건을 많이 맡았어요.

3년 동안 노동사건만 150건 정도 했거든요. 개업하자마자 노동사건이 꽤 많이 들어왔어요. 한 해에 50건가량 맡았던 기억이 납니다. 초기에, 그러니까 한 2, 3년까지는 승률이 아주 좋았어요. 보통 변호사 개업을 하고 나서 가장 열심히 하는 시기가 3년 정도인 것 같아요. 그때가 지나면 약간 지치거든요. 아무튼 그때까지는 밤늦도록 서면을 작성했던 기억이 납니다. 굉장히 열심히 해서 그런지 몰라도 명예훼손 사건은 100퍼센트 전부 승소했어요. 노사가 대립한 상황에서 홍보물을 내거나 집회에서 발언하는 것을 트집 잡아 명예훼손으로 소송을 거는 게 있어요. 특히 홍보물에서 회사를 비판하고 공격하는 내용을 트집 잡아 소송을 걸죠. 내가 7, 8건 했는데 다 이겼죠.

**이**　쉽지 않은 사건들이었을 텐데요.

**권**　예. 그 후로 명예훼손 사건에 대해 굉장히 자신감이 생겼습니다. 그렇게 3년가량 일반 법률사무소 일을 하다가 2008년에 민변 노동위원장을 맡아달라는 요청을 받게 되었죠. 2008년 5월 23일로 기억합니다. 원래 위원회별로 내부에서 선출하거나 또는 내부 호선을 통해 정하면 회장이 임명하도록 되어 있어요. 그렇게 분과 위원장은 총회에서 위원장으로 임명을 받는 방식이죠. 그때 분과 위원장들이 단상 앞으로 나가 자기 소감을 말하는 시간이 있었어요. 당시 마이크를 잡고 했던 얘기가 지금도 기억이 납니다.

"나는 현장을 중심에 두고 노동자들과 같이 호흡하는 그런 노동위원장으로 일을 해나가겠다." 이렇게 굉장히 자신감 있게 얘기를 해서

박수를 꽤 많이 받았어요. 그러고 나서 실제로 현장에 나가기 시작한 거죠. 어떻게 보면 그때를 전후로 민변 노동위원회가 외부에서 어떤 요청이 오면 연대하던 구조에서 스스로 현장에 찾아가 연대하는 구조로 활동 방식이 전환된 것 같습니다.

**윤** 　나는 2014년 5월 권변호사의 민변 노동위원장 퇴임식 자리를 기억해요. 다들 민변 노동위원회가 이전과 다르게 현장 밀착형으로 활동을 참 잘했다고 평가를 했어요. 평가의 상당 부분은 퇴임하는 권변호사에게 하는 이야기였죠.

**권** 　하여튼 두 번 연임해 6년 동안 맡았어요. 연임하게 된 사연도 참 재미있어요. 2008년 이명박 정부가 들어서면서 나도 임기를 시작했던 거죠. 앞으로 위원장을 맡을 사람이 함께 경험을 쌓게 하면 좋을 것 같아서 한 번 연임하는 것에는 쉽게 동의를 했어요. 하지만 세 번째 맡게 될 때는 나도 부담이 컸어요. 그래서 그때는 그만하겠다고 했는데, 노동위원회 선배 그룹과 집행부가 그런 말을 했어요. 이명박 정권과 운명을 같이하는 게 어떻겠느냐고. 그래서 임기 2년 중 1년만 하고 1년 뒤에 다시 얘기하자고 해서 맡게 된 거예요. 그때는 정권이 바뀌리라는 기대감도 있고 해서 도리 없이 수락했는데, 또다시 박근혜 정부가 들어선 거죠. 그래서 그냥 뭐, 임기를 다 채우는 것이 어떻겠느냐고 해서 결국 세 번째 임기까지 다 채우게 되었습니다.

당시에 얻은 별명이 몇 가지 있어요. 언론에서 '기자회견 전문 변호사'에서부터 '거리의 변호사', '국민이 부르면 어디든 간다' 이러한 표현을 썼어요. 또 한 기자가 사마귀가 앞발을 들어 무모하게 수레바퀴를 멈추려 한다는 고사에 빗대어 '당랑거철 변호사'라는 표현을 썼죠. 나로서는 현장을 일터로 삼아 노동자들에게 문턱을 낮추려 한 것인데, 늘 사무실이나 법정에서만 보던 변호사를 싸움 현장에서 계속 보게 되니 낯설었던 모양입니다. 사실 그 무렵 변호사와 노동자 사이에 동지적 관계가 일정 부분 형성되는 것이 느껴졌어요. 한 집회를 정리하는 자리에서 갑자기 사회자가 "오늘 정말 치열하게 싸운 권영국 동지를 모셔 얘기를 듣겠습니다"라며 예정에 없던 발언을 시킨 적이 있어요. 그때 나온 표현이 '동지'였어요. 그 말을 듣고 '아, 변호사와 노동자 사이에, 적어도 운동을 하는 사람들 사이에는 벽이 없어질 수도 있겠구나'라는 생각을 했죠. 그나마 내가 애초에 공언한 말을 지키지 않았나 싶어 굉장히 기분이 좋았습니다.

### 괜찮은 족쇄, '사용자 대리를 하지 않겠다'

**이** 변호사와 노동자 사이에 동지적 관계가 가능했던 건 권변호사가 변호사가 되기까지 이력이 좀 남달랐기 때문일 겁니다. 현장 활동가로서의 자기 정체성을 가진 분으로 다른 변호사와는 결이 좀 달랐고, 그런 점이 자연스럽게 발현이 되었다고 봅니다. 그리고 주로 현장 노동자들과의 어떤 약속을 통해 자기 존재를 재정립하는 계기를 삼은 것 같은데요. 안강공장 때처럼 한국외국어대 노동조합 때도 그런 계기가 만들어졌죠?

**권**　2006년의 사건입니다. 내가 법률원을 나와 해우법률사무소를 개업하고 열심히 노동사건을 맡던 때죠. 당시 외대지부가 대학노조 중에서 가장 조직력이 탄탄한 노동조합이었어요.

**이**　대학노조 중에서요.

**권**　네. 그때 아마 거의 300명 가까이 되었죠, 조합원 수가. 280명쯤 되었던 걸로 기억합니다. 바로 직전에 안병만 선생이라고 상당히 개혁적인 분이 그곳 총장을 했어요. 그때만 해도 학교와 노동조합의 사이가 굉장히 좋았다고 해요. 그분이 훌륭한 다리를 만들어놓았던 거죠. 그것도 있고 해서 상당히 조직력이 좋은 상태였는데, 갑자기 외대 출신의 다른 총장이 들어오면서 상황이 급변합니다. 이 총장이 노동조합을 깰 작정을 하고 들어온 거죠. 그래서 내 기억으로는 2006년 4월에 파업을 시작해 이듬해 1월까지 파업을 해요. 실제로 전 조합원 파업은 거의 11월까지 가고.

**윤**　조합원은 어떤 분들이었나요? 경비, 청소 노동자?

**권**　아니요. 교직원. 교직원으로 구성된 노동조합이죠. 주로 행정이나 사무, 뭐, 이런 쪽이었어요. 모두 정직원들이죠. 그분들이 파업에 들어갔는데, 내가 기억하기로는 6개월쯤 파업을 했을까, 4월부터 해서 굉장히 더운 시기였어요. 임금이 안 나오는 상태에서 한 4, 5개월 파업을 하면 생활비가 바닥이 납니다. 적금도 깨고, 있는 돈 다 긁어모으고, 대출도 받으면서 간신히 버티는 거죠. 그러다가 한계에 부딪힌 거예요. 그때 노조 정책국장이 내게 전화를 했어요. 자기들이 내부적으로 큰 위기를 맞은 상황에서 생활고 등을 겪으며 많이 흔들리고 있다면서, 와서 힘 되는 얘기를 좀 해달라는 요청이었어요. 당시 내가 민변 노동위원회 부위원장을 맡고 있었을 때라 급하게 갔죠. 조합원들이 건물 뒤쪽 공터의 시멘트 바닥에 쭉 둘러 앉아 있더군요. 막상 그 앞에 서고 보니 무슨 얘기를 해야 할지 모르겠더라고요.

**이**     분위기가 쫙 가라앉아 있었겠어요.

**권**     가라앉아 있었죠. 게다가 더운 여름이었고, 누가 되었든 입을 열기가 상당히 버거운 상황이었어요. 앞에 나가 마이크를 잡고 섰죠. 주위를 한 번 쭉 훑어봤어요. 그리고 얘기를 시작했어요. "여러분, 옆에 있는 동료의 손을 잡으십시오." 그런데 뭐, 잡고 싶겠어요? 마지못해 잡더라고요. 왜 잡으라고 했냐면 지난날의 기억이 언뜻 났어요. 풍산 안강공장에서 처음 해고된 다음 맞닥뜨린 현실에서 어떻게 해야 할지를 몰랐잖아요. 그때 일단 손부터 잡았거든요. 손을 잡는다는 게 그냥 아무 의미 없는 게 아니거든요. 그래서 서로 손을 잡게 한 다음에 물었죠. "여러분, 힘드시죠?" 아무런 대답이 없죠. 그래서 이렇게 얘기했어요. "여러분이 얼마나 힘든지 나는 사실 상상하기 어렵습니다. 생활고의 압박이라는 것을 나로서는 감히 짐작도 할 수 없습니다. 다만 여러분이 지금 잡고 있는 동료에 대한 믿음을 웬만큼 보여준다면, 좀 더 동료를 믿고 힘을 내준다면, 내가 여러분에게 약속을 하나 하겠습니다." 그러면서 끄집어낸 말이 "여러분이 동료에 대한 믿음을 놓지 않는다면 나는 지금부터 변호사를 그만둘 때까지 사용자 대리를 하지 않겠습니다"였습니다. 그제서야 사람들의 눈빛이 움직이더라고요. 그러고 나서 한마디 덧붙였죠. "아, 이 얘기를 하는 게 아닌데…." (웃음) 거기서 웃음이 터지더군요. 그런 기억이 납니다.

정말 나는 그때 뭔가를 해주고 싶었던 마음이 참 절실했거든요. 그리고 일방적으로 노동조합을 깨기 위해 덤비는 사람들과 싸우는 게 얼마나 힘든지 피부에 직접 와 닿는 느낌이었어요. 당장 바닥에까지 내려간 그분들에게 좀 위로가 되고 믿음을 주는 말을 해주고 싶었죠. 나로서도 충분히 그런 약속은 지킬 수 있지 않을까 싶기도 했고요. 그 약속 때문에 지금까지도 사용자 대리를 못 하고 있습니다.

**윤**　권변호사는 그때 거기 안 갔어도 사용자 대리를 안 했을 것 같은데요.

**이**　거의 당연한 약속이었다는 생각이 드는데요. (웃음)

**권**　그런데 스스로가 알아서 안 하는 것과, 대외적, 공개적으로 한 약속을 지켜려고 안 하는 것과는 느낌이나 확률이 완전히 달라진다고 봐요. 스스로 족쇄를 하나 더 묶은 셈이죠. 풍산 안강공장에서 노동조합 할 때는 '여러분이 내게 가라고 하지 않는 한, 내가 먼저 떠나지 않겠다'고 했고. 그게 또 보면 끝까지 붙어 있으려고 안간힘을 쓰게 만드는 하나의 족쇄가 되었죠. 이번에는 '그래, 너, 절대 그거 하지 마'라는 약속을, 남이 시키지도 않은 약속을 해 결국 스스로의 발목을 묶어버린 것이죠. 지금 생각해도 괜찮은 족쇄가 아니었나 싶습니다.

**윤**　말씀한 것처럼 직접 본인이 파업을 하면서 힘들었던 경험이 있으니까, 그런 상황에 처한 사람들에게 지금 무슨 말이 필요한지 잘 알지 않았을까요. 그래서 정말 진심에서 우러나오는 말을 할 수 있었겠죠. 보통 변호사들은 그런 자리에 서면 법리적인 얘기만 하고 돌아오기 일쑤거든요. 그것 못지않게 자신을 지지하고, 응원하고, 지원하는 사람이 곁에 있음을 알게 해주는 것도 중요한 것 같아요. 예전에 내가 사법연수원에 다닐 때 노동법학회 학회원이었는데, 1년차 여름에 민주노총 법률원 주최로 몇 박 일정으로 다녀온 적이 있었어요. 파견 나간 게 아니라 지방 연수였어요.

**권**　그걸 지방투어라고 하죠.

**윤**　맞아요. 그때도 권변호사가 발언을 했는데, 정확한 내용은 기억나지 않아요. 아주 세게 발언하기에 '저분, 변호사 맞아' 하며 속으로 놀랐던 적이 있어요. 주위에 앉아 있던 노동자들도 굉장히 감동하면서 듣더라고요. 정말 감동 깊었던 기억이 나요. 10, 11년 전 일인데도.

**이**　그때부터 정치하려고 한 거 아닌가요? (웃음)

**권**　아뇨. 전혀 아니에요. 여름에 각 단체에서 변호사들이 연수를 오면, 프로그램에 꼭 넣었던 코스가 있었어요. 노동조합을 직접 방문해 노동자들과 만나 얘기도 하고 현장을 체험하게 해주고 싶었어요.

**윤**　맞아요. 그때 공장에서 용접했던 기억이 나요.

**권**　아, 대우조선에 같이 갔었죠. 실제로 변호사들이 직접 노동

"지금부터 변호사를 그만둘 때까지
사용자 대리를 하지 않겠습니다."

현장을 찾아가는 그런 프로그램을 만들었었죠.

**이**　체험이군요, 간접 체험.

**권**　그런 현장 체험이 법률원에 들어오고 싶어 하는 변호사에게 동기부여가 되었던 것 같아요.

## 현장접견을 위해 명박산성을 넘다

**권**　2008년은 알다시피 공권력과의 충돌이 잦던 해입니다. 그때 내가 노동위원장으로 임명되어 맞닥뜨린 의제가 미국 광우병 쇠고기 수입 반대였어요. 촛불집회가 들불처럼 일어났던 시기였죠. 이명박 정부가 들어서면서 갑자기 미국산 광우병 쇠고기를 수입하기로 합의하고 그랬었잖아요. 고등학생들로부터 시작된 촛불집회가 전국으로 번져 갔습니다. 많은 분들이 아마 '명박산성'을 기억할 거예요. 성난 민중을 막기 위해 광화문 앞에 처음에는 차벽을 쳐놓다가 그것도 안 되니까 컨테이너를 2단으로 쌓고, 컨테이너 옆면에는 그리스를 뿌려놓아 못 올라오게 만들었죠.

**이**　해외 토픽이 될 정도로 엄청 조롱을 받았죠.

**권**　바로 그다음 날 치워버렸잖아요. 자기들도 하도 창피하니까. 그러고 나서 차벽이 그걸 대체했죠. 경찰버스들을 길게 설치해놨잖아요. 사람이 모로 서 틈새로 들어가려 해도 몸통이 낄 정도로 빈틈이 없었습니다. 그때 민변에서는 인권침해 감시단을 운영하고 있었습니다. 나도 거의 매일 거리에 나가 인권 침해 감시 활동에 참여했어요. 그런데 경찰과 촛불집회에 나온 참가자들이 충돌하게 되면 매번 연행자가 발생해요. 대열 앞쪽에서 충돌하는 사람을 경찰이 한순간 낚아채듯이 연행해 갔죠. 민변 변호사들은 간단한 연락처와 매뉴얼 같은 것을 참가자들에게 나눠주기도 했어요. '만약 연행되면 변호사 누구에게 전화하거나, 아니면 사무실로 전화하세요, 그러면 우리가 접견을 가겠다' 이렇게 쓰여 있었던 거죠. 그러다가 무슨 일이 일어났는가 하면, 연행되어 경찰버스 안에 있는 사람들에게서 막 전화가 오는 거예요. "저, 버스 안에 있어요. 접견해주세요" 이러는 사람도 있고, "나를 구출해주세요" 이러는 사람도 있었어요. (웃음)

**이**　　그분들에게는 접견이 중요한 게 아니죠. (웃음)

**권**　　사실 아무리 집회에 열심히 나오더라도 일단 경찰에게 체포되면 그때는 두려워요. 그것은 어쩔 수 없어요. 한번은 촛불집회 참가자들이 모래주머니를 엄청나게 실어 왔어요. 모래주머니를 쌓아 차벽 앞에 계단을 만든 거예요. 그렇게 해서 차벽 위에 올라가 깃발을 흔들기도 했어요. 그때 나와 이준형 변호사, 둘이 한 조가 되어 인권 침해 감시 활동을 하던 중이었는데, 갑자기 이변호사의 전화로 연락이 왔습니다. 자기가 지금 이순신 동상 뒤쪽의 호송버스 안에 체포되어 있으니 구출해달라는 전화였어요. 하지만 이순신 동상 훨씬 앞쪽에서부터 차벽이 쳐져 있어서 그 안으로 들어가보려 해도 어떻게 할 도리가 없었어요. 물샐틈없는 차벽을 뚫고 들어갈 수가 없는 거예요. 그런데 경찰들이 자신들의 편의를 위해 한쪽에 간격을 벌려놓은 곳이 있어요. 보통 기동대가 그 앞을 막아서 있습니다. 거기 가서, 우리끼리는 마패라고 부르는데, 변호사증을 꺼내 들고 "나는 변호사다. 지금 안쪽에 연행되어 있는 사람이 자기를 접견해달라고 전화가 왔다. 그러니 지금 접견하러 들어갈 수 있게 안내를 하라"고 요구를 했습니다. 그래 봤자 기동대는 거의 벙어리거든요. 누가 무슨 말을 하든 로봇처럼 행동해요. 입도 벙긋하지 않습니다.

그런데 그때 이변호사가 모래주머니 계단을 뛰어올라간 거예요. 어, 하는 사이에 올라가버리더라고요. 나도 따라 올라갔죠. 지붕 위에서 아래를 내려다보니까 새까만 거예요. 차벽 뒤쪽이 꽉 찰 만큼 병력이 대기를 하고 있던 거예요. 또 이변호사가 훌쩍 버스에서 뛰어내리더라고요. 어떻게 해요. 나도 같이 내려갔죠. 그러자 떼 지어 있던 병력이 우리를 확 둘러싸며 "이것들은 뭐야. 체포해" 하면서 굉장한 소란이 났습니다. 팔을 낚아채인 상태로 둘이 잡혀 있었죠. 그런 상황에서 할 수 있는 일은 고래고래 소리 지르는 것밖에 없었습니다. "야! 우리는 변호사야!" 소리를 버럭버럭 질렀죠. 내가 목소리가 크거든요. "우리는 변호사야! 접견하러 온 거야!" 소리를 막 질렀죠. 그리고 다시 변호사증을 꺼내 "봐! 지금 접견을 해달라고 해서 들어온 거야!" 소리 질렀지만 말이 안 통하는 거예요. 그렇게 소리 지르고 있는데 조금 떨어져 있던 곳을 지나던 사람이, 아마 계장쯤 되었을 거예요, 작은 무궁화 세 개짜리, 소란스러운 걸 보고 "야, 그거 뭐야" 하면서 다가오더라고요. "아, 뭐, 변호사라고 하는데, 사실인지 아닌지도 모르겠고" 이러니까, 이 양반이 가다가 "뭐? 잠깐 와봐라" 이렇게 해요. "뭡니까?" 이렇게 묻더라고요. 우리도 화가 나서 "이거 보면 몰라? 나, 변호사요" 이랬더니, "변호사예요? 야, 야, 잠깐 비켜봐" 이러더니 "어떻게 여기 들어오셨어요?"라고 묻더라고요. 그래서 "이 안의 버스에서 누가 접견해달라고 요청해 불가피하게 들어왔습니다" 그랬더니 "아, 그렇습니까. 야, 비켜, 다. 그럼, 저와 함께 가시죠" 이렇게 그 양반이 안내를 해주는 거예요. 그전까지는 사실 완전히 적진에 들어온 그런 기분이었어요. 그렇게 해서 버스를 찾아갔어요. 그 안에 한 분이 딱 타 있는 거예요.

**이**　　그분이 정말 반가워했겠어요.

**권**　　앉아 있다가 어, 어, 이러면서 굉장히 반가워하더라고요. 완전히 구세주 만난 기분이었겠죠. (웃음) 그 안에서 우리가 접견하겠다고 하니까, 버스 안에 사복이 4명 정도 있었는데, "하세요" 이러면서 안 나가고 버티는 거예요. 그런 건 '얄짤없죠.' 일단 들어왔는데 다시 밀릴 이유가 없죠. "접견해야 하니까 나가주시죠" 그랬죠. 그러니까 "여기서 나가라고요? 여기서 어떻게 나갑니까? 그냥 하세요" 이러는 거예요. "아니, 접견권은 가시可視는 아니더라도 가청 거리 밖에 있어야 합니다. 나가세요" 이랬죠. 그러니까 "아니, 여기는 구치소도 아니고 유치장도 아닌데 그런 게 어디 있습니까?" 이러자 "그런 게 어디 있다니? 나가! 나가세요. 정중하게 얘기하겠습니다. 나가세요." "지금 못 나가겠습니다." 다시 "나가!" 하고 소리를 빽 질렀죠. "아니, 지금 변호사 접견을 하는데, 못 나가? 나가!" 하도 이렇게 소리 질렀더니 "아니, 나가면 될 것 아니에요" 하고 돌아서 나가더라고요. 그렇게 쫓아냈죠.

**이** 듣고만 있어도 통쾌합니다.

**권** 나는 그것은 절대 양보 못 합니다. 이 룰은 절대 깨지면 안 된다고 생각합니다. '내가 잘못해 오히려 변호인의 권리를 스스로 축소하는 일이 있어서는 안 된다'는 생각이 강해요. 그것이 지켜질 때까지 버티는 거죠. '나가!'라고 큰 소리를 하면 말에 기가 있잖아요, 기가. 어쩔 수 없이 나가더라고요. 그래서 문 닫아버리고 접견을 했죠. 이분이 하는 말씀이, 지방에서 올라왔는데 내려가야 하니까 자기를 어떻게 좀 구출해달라고. (웃음) 아, 그래서 참 난감하더라고요. 그냥 조사받고 가면 될 텐데.

그런데 이분이 자꾸 어디가 아프다고 그래요. 원래 경찰에게 잡히는 과정에서 팔도 비틀리고 하니까 자고 나면 아픈 곳도 있고, 삔 곳도 나오고 그래요. 계속 통증을 호소하기에, 내가 버스에서 내려 경찰들에게 앰뷸런스를 불러오라고 했죠. 119에 전화하라고. 그러니까 "아니, 일단 경찰서로 가야죠"라고 하는 거예요. 내가 "지금 구호가 먼저 아닙니까. 그럼, 앰뷸런스가 오면 같이 타고 가세요. 사람이 아프면 일단 조사하기 전에 구호하는 게 먼저죠. 아니, 그것도 모릅니까? 빨리 조치하세요" 그랬죠. 그러던 와중에 뒤쪽에 간부 같아 보이는 사람이 보였어요. 과장급 정도 되는. 그럴 때는 지위가 높은 사람을 찾아야 해요. 경찰과 얘기할 때는 항상 책임자를 찾아야 한다는 것을 그때 실감했죠.

"아, 변호사님, 지금 곤란한데요" 이러기에 내가 "곤란한 게 아니라 사람이 다쳤으면 구호를 하는 게 선작업 아닙니까. 내 말이 맞지 않습니까?"라고 물었죠. 그러자 그 경찰 간부가 "맞겠죠" 이러는 거예요. "맞으면 그렇게 해야죠"라고 따지니까, "야, 119에 연락해"라고 지시하더라고요. 그래서 실제로 앰뷸런스가 그 안으로 들어왔어요. 그분을 태우고 병원으로 가려는 참에 경찰에게 타라고 하니까 안 타는 거예요. 그래서 우리끼리 그냥 가버렸어요. (웃음)

**이**　구출이 되었어요, 실제로.

**권**　구출한 거죠. (웃음) 경찰을 피하려는 의도는 없었어요. 분명히 경찰에게 같이 타고 가자고 했거든요. "우리는 탈 사람이 없는데요. 연락처만 적어주고 가세요" 그러더라고요. 이렇게 되어 그분은 병원에 가 진료받고 지방으로 내려가게 되었죠. 그 일이 무척 기억에 남습니다. 접견을 그렇게 공격적으로 하기는 처음이었으니까. 현장접견이 제대로 이뤄진 거죠. 소중한 경험이었습니다.

**이**　굉장히 극적인 경험이군요.

**권**　만약 이 이야기를 글로 쓰면 제목을 '명박산성을 넘다'라고 하려고요.

**이**　이변호사를 따라 넘은 거죠.

**권**　그렇죠. 그래도 명색이 선배라 망설일 수 없던 차에 이변호사를 따라 같이 넘은 거죠.

**윤**　이 경험이 중요해 보입니다. 어쨌든 법리가 있고, 원칙이 있고, 제도가 있는데, 이러한 것들이 일방적으로 힘의 논리에 의해 무시되는 상황에 처하면, 보통 사람들은 그것을 자기 개인의 문제로 한정하고 그냥 넘어가버리잖아요. 지레 포기하는 경우가 많은데….

**권**　사실 현장에서 공권력과 부딪치면 상당한 위협감을 느껴요. 수십, 수백 명이나 되는 경찰 병력에 한 개인이 몸으로 맞선다는 것은 결코 쉬운 일이 아니죠.

**윤**　어쨌든 부딪쳐야만 문제를 해결할 수 있는 거잖아요. 실제로 그렇게 문제의 내부로 들어가보면 실마리가 보이기도 하고요.

**권**　그렇죠. 길이 있죠. 변호인 접견권이라는 것을 어떻게 제대로 행사할지는 우리의 태도에 달려 있어요. 적극적으로 임하지 않으면 그 권리는 사문화될 수밖에 없는 거죠. 그때 그 사실을 실감했습니다.

**윤**　접견권만 그런 게 아니라 현실의 모든 사안에 그런 원칙이 필요할 듯해요.

**이**　진짜 변호사는 어떠해야 하는지를 보여주는 의미 있는 사례예요.

**권**　경찰들은 나를 싫어하는 한편으로 조금 조심스러워하는 면도 있죠. 왜냐하면 내가 한 말을 뒤돌아 생각해보면 틀린 얘기가 아니거든요. 거추장스럽기는 해도 틀린 얘기가 아니니까요. 그런 대립적인 상황이 아니라면 길에서 만났을 때 인사하는 경찰도 꽤 있습니다.

**이**　잘못 걸리면 다치니까. (웃음)

# 용산의
# 망루

윤　촛불집회 당시 나도 관련된 소송에 참여하기도 했고, 그때는 정말 민변 변호사들이 많이 참여했었잖아요. 그런데 사실 권변호사는 노동 분야에서 주로 활동을 해왔기에, 물론 그 분야에서만 일한 것은 아니지만, 그때 인권침해 감시단으로 참여한 것은 성격이 좀 달라 보입니다. 뭔가 특별한 계기가 있었나요?

권　노동사건에서 보면 노동권 침해는 보통 사용자와의 관계에서 일어나지만, 다른 한편으로는 집회, 시위와 긴밀히 연결되어 있어요. 부당한 처사를 바로잡으려다 보면 집회와 시위를 해야 할 때가 생기거든요. 그런 와중에 경찰력과 충돌하는 일이 빈번해지게 됩니다. 이게 결국 인권 침해 문제와 직접 연결이 돼요. 대립 관계가 심각해지면 언제나 폭력, 인권 침해, 직권남용 등으로 귀결되기 마련이에요. 그때 노동과 인권의 문제는 완전히 나눠지지 않습니다. 노동사건에는 그렇게 인권 침해가 늘 수반되기 때문에 자연스럽게 인권 문제에 큰 관심을 가지고 참여하게 된 거죠.

## 국가의 폭력이 용산 남일당 옥상을 덮치다

**윤**　용산 참사 사건에서 진상조사단을 꾸리고, 나중에는 변호인단으로 참여한 일도 같은 맥락에서 볼 수 있나요?

**권**　맞습니다. 2009년 1월 20일로 기억해요. 새벽 5, 6시쯤이죠. 많은 이들이 출근하다가 라디오 방송으로 그 소식을 듣게 되었습니다. 남일당 건물에 큰 화재가 나 철거민 몇 명이 사망했다는 뉴스였습니다. 철거민들이 농성에 들어갔다는 것은 그 전날 들어 알고 있었는데… 아프리카TV 등이 계속 생중계했잖아요.

**이**　칼라TV도 중계했죠.

**권**　철거민들이 남일당 건물의 옥상에 올라간 지 하루밖에 안 된 시점이었어요. 속보를 듣는 순간, 그때 굉장한 충격을 받았어요. 망루에 큰 불이 나고 몇 사람이 사망했다니…. 아마 세월호 참사 이전에서 보면 가장 처참한 사건으로 기억될 겁니다. 많은 시민들이 그때 충격을 받았죠. '이것은 그냥 넘어가서는 안 될 문제이구나. 국가의 폭력이 국민을 죽음에 이르게 한 매우 심각한 문제일 수 있겠구나.' 많은 이들이 직감했죠. 바로 22일 진상조사단을 만들자고 내가 제안했어요. 그렇게 진상조사단이 꾸려졌죠. 용산철거민 사망사건 진상조사단. 그때 장주영 변호사가 단장을, 내가 조사팀장을 맡았습니다. 조를 짜 직접 현장에 가서 주변 주민들을 탐문했어요. 실제로 본 목격담을 직접 청취하고 기록하는 작업을 같이 했어요. 그때 처음 본 활동가 랑희와 한 조가 되었죠. 우리가 여러 자료 중 특히 중요하게 여긴 것은 주변에 살고 있는 주민, 상인 분들의 목격담이었어요. 조를 나눠 일일이 목격담과 진술을 받고, 녹음하고 기록했습니다. 그렇게 진상 조사를 진행했어요.

초기부터 말썽이 되었던 게 유가족의 참여도 없이 검찰이 일방적으로 시신을 부검한 일이에요. 이게 큰 논란거리가 되었죠. 뭘 숨기려고 하는 게 아닌가 하는 의혹을 불러일으켰습니다. 최소한 유가족의 동의와 참여하에 부검하는 것이 적법한 절차죠. 긴급한 경우에는 그냥 일방적으로 할 수 있다고 하지만, 긴급한 사유가 사실 없었죠. 이미 시신은 보관되어 있는 상태였으니까요. 어쨌든 처음부터 검찰의 일방적인 행동이 나오면서 책임 공방이 벌어졌죠. 초기에는 경찰특공대가 가혹 행위를 한 다음에 불이 난 게 아닌가 하는 이상한 의혹도 제기되었습니다. 가혹 행위를 저지르고 그걸 없애려 불을 지른 게 아닌가 하는 루머도 돌았죠. 일방적으로 자기들이 몰래 부검하고 처리해버리니까 그런 과정이 오히려 의혹을 산 거죠.

그래서 우리는 진상 조사를 발표할 때 이 사건은 단순히 화염병에 의해 발생한 사건이라고 결론지을 수 없다고 했어요. 공권력이 극단적인 위험 상태로 몰고 간 것이 화재의 가장 직접적인 동기이자 원인일 수 있겠다고 봤어요. 진압을 그렇게 서둘러 무리하게 한 원인, 극단적인 대립 관계로 몰고 가게 만든 원인을 찾는 것, 이것이 우리에게는 중요한 사안이 되었습니다. 조사해보니 경찰이 안전 조치도 없이 무리하게 진압을 지휘하고 서둘렀다는 것을 알게 되었어요. 소화기에 내용물이 다 떨어졌는데도 채우지 않은 채 그냥 다시 건물로 들어갔을 정도예요. 가장 기억에 남는 사실은 이미 건물 안에서 불이 한 번 나 겨우 끈 적이 있었다는 것입니다. 그 안에 인화 물질이 기화가 되어 유증기가 떠 있는 상태라는 것을 전문가들은 알고 있었다는 말입니다. 그렇게 불을 겨우 끈 상태에서 조금 있다가 다시 경찰 병력을 밀어 넣어버린 거예요. 자칫하면 유증기가 다시 발화가 될지도 모르는 상황인데 그냥 밀어 넣은 거죠. 이것은 사실 사람을 죽음으로 몰아넣은 거나 똑같은 거예요.

**이** 경찰도 한 사람 죽었잖아요.

**권** 네. 경찰특공대들도 건물의 구조에 대해 아무것도 파악하지 못한 상태에서 그냥 무조건 들어가 진압하라는 명령을 따른 거예요. 나는 굉장히 놀랐습니다. 어쨌든 농성하던 철거민들도 국가가 보호해야 할 의무가 있는 구성원이잖아요. 국민이잖아요. 경찰들이 어떤 위험이 닥칠지 고려하지 않고, 무조건 병력을 투입해 진압한 것은 다시 진상 규명이 되어야 할 대목이라고 나는 봅니다. 지금 재판이 끝났다 하더라도 말이죠. 그때 진상을 좀 더 확실히 밝혀야겠다는 생각에서 변호인단에 합류했어요. 초기에 아마 변호인단이 14, 15명 이렇게 구성이 되었습니다.

**윤**　　진상 조사 말씀하니까 기억이 나는데, 나 같은 경우는 나중에 용산 참사 모의법정 할 때 검사 측으로 나와 경찰들을 기소하는 역할을 했었어요. 그때 어떤 자료인지는 정확히 생각나지는 않는데 민변이 제공한 자료가 큰 도움이 되었어요. 초기 조사가 굉장히 중요하다는 생각이 들었어요. 어쨌든 공권력이 투입되는 과정에서 민간인들이 죽은 것인데, 오히려 고양이에게 생선을 맡기는 격으로 애초에 경찰을 감싸는 수사기관에 맡기면 안 되는 일이었죠. 민간인들만 조사를 해 결과는 이미 다 만들어놓은 상태에서 그들에게 책임을 물을 수 있는 증거를 찾아내는 일에만 집중했잖아요. 그런 의미에서 민간 차원의 진상조사단을 꾸리고 법률가들이 진상 조사에 참여한 것은 의미가 있었다고 봐요. 세월호 참사 때도 마찬가지였고요.

**권**　　그때 조를 이렇게 짰어요. 변호사 한 사람과 인권활동가 한 사람. 경험이 있는 인권활동가였죠. 이러한 조 편성은 지금 생각해도 매우 적절했다고 봅니다. 당시 검찰이 합동수사본부를 차려놓고 조사에 들어갔는데, 거의 철거민들 위주로 굉장히 무리한 조사를 진행했어요. 용역이나 경찰에 대해 조사할 의지가 보이지 않았어요. 조사 자체가 왜곡될 가능성이 높아 보였죠. 진상조사단은 스스로 조사한 내용에 비춰 합동수사본부의 조사 내용이 편파적이라고 여러 차례 지적했습니다. 그러한 지적 때문에 검찰도 경찰특공대를 조사하지 않을 수 없게 되었어요. 어쨌든 합동수사본부를 견제하고 수사를 촉구함으로써 상당히 영향을 끼쳤다고 봅니다.

**이**    나중에는 변호인 사임을 하게 되는데요.

**권**    진상조사단 보고서를 낸 뒤 재판 과정에 뛰어들면서 진상 조사에 참여한 변호사들이 꽤 사임을 했죠. 왜냐하면 그 사정들이 너무나 참혹하기도 했고….

**윤**    기소된 사람들은 망루에 올랐던 철거민들이었고, 그 철거민들의 변호를 맡아 진행을 한 거죠?

**권**    그렇죠. 철거민들의 변호를 맡게 되었어요. 사실 이 사건이 굉장히 의문이 많은 사안이어서 진상 조사를 같이 했던 변호사들이 대부분 변호인단에 합류했어요. 당시 청와대가 매우 주시하는 사건이었고, 그래서 공판검사도 공안검사 위주로 구성이 되었습니다.

**이**    당시 유가족들도 경찰을 고소하지 않았나요?

**권**    했죠. 그때 유가족과 변호인단이 서울경찰청장을 업무상 과실치사죄와 직권남용으로 고소했어요. 결국 뭐, 팔이 안으로 굽는다는 식으로 무혐의 처리되어버렸습니다.

**이**    그렇다면 양방의 혐의를 조사해 책임을 묻지 못한 채 한쪽의 이야기만 듣고 판단하는 일방적인 재판이 진행되었을 것 같은데요.

**권**    누가 봐도 공정하지 못한 재판이었죠.

## 변호사로서 처음 연행되다

**권**　　용산 철거민 재판은 내가 볼 때 정말 문제가 많은 재판이었
습니다. 당시 집권층이 사건에 직접 관련되어 있었고, 실제로 청와대
의 지시에 의해 하루 만에 경찰이 무리한 진압에 들어갔던 것이죠. 진
상이 제대로 밝혀지면 청와대나 대통령까지도 국민들로부터 상당한
비판을 면치 못할 사건이라 엄청난 관심을 불러일으켰습니다. 재판부
가 받는 중압감도 클 수밖에 없었습니다. 그럴수록 더욱 역사적인 책
임감을 갖고 사건에 임했어야 했죠. 섣불리 한쪽 편을 들 게 아니라 정
말 객관적이고 공정하게, 그것도 최대한의 양심을 가지고 재판에 임했
어야 했는데…. 최후의 상황에서 망루에 올라가 자신들의 생존을 걸고
싸우다가 5명이나 죽은 것 아니에요. 그러니 이게 얼마나 엄중한 사건
이었겠어요. 진실을 파헤치기 위해 최선의 노력을 하는 것이 재판부의
책무였어요. 그런데 그걸 회피한 거죠. 또 당시 검찰은 청와대의 직접
적인 지시를 받고 있다고 보였는데, 이 사건을 일방적으로 철거민에게
책임을 떠넘기는 방향으로 수사를 진행했어요. 이미 기소 자체가 편파
적으로 이루어질 수밖에 없었습니다. 이를 마땅히 통제해야 하는 것도
재판부의 몫이었죠.

　두 가지 점에서 재판이 처음부터 단추가 잘못 끼워졌어요. 첫째, 처
음에는 국민참여재판을 받는 쪽으로 진행하려 했거든요. 재판부로서
는 정치적 부담이 큰 사건이었기에 건전한 소신을 가진 일반 시민들

의 입장에서 재판을 하면 부담을 덜지 않을까 하는 판단이었겠죠. 그런데 검찰이 철거민 때문에 불이 났다는 식의 거의 비슷한 유의 경찰 증인들을, 거의 비슷한 내용의 엄청난 양의 진술서를 증거로 제출했어요. 그러다 보니까 당연히 부동의하는 증거가 많아지겠죠. 검찰이 신청한 증인이 62명인가 그랬는데, 계산해보면 하루에 8~10명을 신문한다 해도 최소한 일주일은 잡아야 한다는 결론이 나와요. 생업에 종사하는 일반 시민을 배심원으로 앉혀놓고 어떻게 일주일 동안이나 진행할 수 있겠어요. 증인신문만 하는 데도 시간이 그렇게 걸리는데, 앞뒤에 절차를 더하면 거의 10일 정도 되겠죠. 생업에 종사하는 사람을 갑자기 불러들여 10일 동안 가둬놓고 재판을 하라고 하는 것은 불가능한 일이죠. 그래서 최소한 4, 5일 정도는 단축을 해야 재판이 가능하다는 판단하에 검찰에 증인 수를 줄이라고 요구했죠. 하지만 끝까지 한 명도 줄이지 않았어요.

**이**　　재판을 방해하려고 그런 것이죠.

**권**　　예. 62명을 그대로 고수한 거예요. 검찰이 뭐가 켕겼는지 모르지만 국민참여재판을 스스로 거부한 것이나 마찬가지죠. 우리로서는 재판 진행이 방해받는 듯한 느낌을 받았어요. 재판장도 그 이상으로 검찰을 압박하지 못했고요.

**윤**　　증인 채택 여부는 사실 법원 판사가 결정하는 건데 그걸 결정 못 하고….

**권**　　처음에 몇 번 줄여보라고만 얘기했지, 실제로 어떻게 줄이라는 식으로 의지를 나타내지는 않았죠. 재판부에게 정치적인 부담이 있는 사건이기는 했지만 이건 아니다 싶었습니다. 그때부터 재판부가 매우 소극적으로 임하고 있다는 느낌을 나는 받았어요. 결국 검찰이 증인을 한 명도 줄이지 않는다고 하는 바람에 국민참여재판이 불가능하게 되었습니다. 국민참여재판이 기각되었죠. 그렇게 장기간 시민을 잡아둘 수는 없잖아요. 우리도 국민참여재판을 포기하게 되었고요.

그다음 두 번째가 수사 기록 3000쪽 분량이 누락된 사태예요. 그것도 우연히 서류를 정리하다가 발견하게 되었습니다. 전체 수사 서류를 보면 1만쪽 가까이 되는데, 그중 증거 목록과 수사 목록을 복사해 대조를 하는 중이었어요. 같은 법률사무실에 있는 변호사가 그 둘을 쭉 대조해 내려가는데 갑자기 서류가 안 보이는 거예요, 증거 목록에. 수사 목록에는 있는데 증거 목록에는 빠져 있는 거예요. 나중에 빠진 부분을 정리해보니까 분량이 3000쪽 정도 돼요. 주로 경찰특공대의 진술이 담긴 진술조서나 진술서가 빠져 있었죠. '아, 이것, 문제 있다.'

**윤**　　그렇죠. 다른 것도 아니고 진술조서인데.

**권**　　네. 검사에게 그 3000쪽 분량에 대한 열람·등사를 겨우 신청했는데, 아니나 다를까 다 비공개 결정을 내리더라고요. 그래서 재판부에 열람·등사 허용 결정 신청을 했는데, 처음에 재판부는 별생각 없이 당연히 그래야 한다는 듯이 허용 결정을 했어요. 문제는 그 후였죠. 검찰이 그걸 거부한 거예요. 아니, 법원이 공개하라고 결정해 명령한 건데, 검찰이 내부 검토한 결과 여러 기밀 사항 때문에 공개할 수 없다

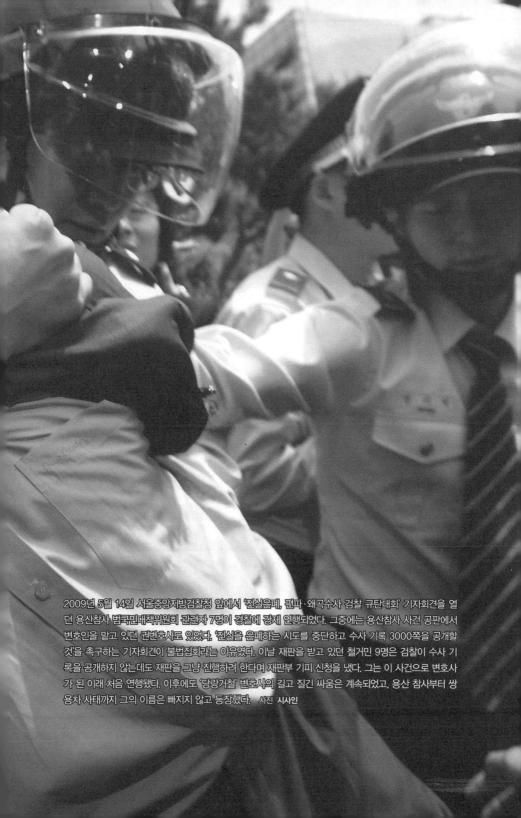

2009년 5월 14일 서울중앙지방검찰청 앞에서 '진실은폐, 편파·왜곡수사 검찰 규탄대회' 기자회견을 열
던 용산참사 범국민대책위원회 관련자 7명이 경찰에 강제 연행되었다. 그중에는 용산참사 사건 공판에서
변호인을 맡고 있던 권변호사도 있었다. '진실을 은폐하는 시도를 중단하고 수사 기록 3000쪽을 공개할
것을 촉구하는 기자회견이 불법집회라는 이유였다. 이날 재판을 받고 있던 철거민 9명은 검찰이 수사 기
록을 공개하지 않는데도 재판을 그냥 진행하려 한다며 재판부 기피 신청을 냈다. 그는 이 사건으로 변호사
가 된 이래 처음 연행됐다. 이후에도 '당랑거철' 변호사의 길고 질긴 싸움은 계속되었고, 용산 참사부터 쌍
용차 사태까지 그의 이름은 빠지지 않고 등장했다.  사진 시사인

며 공개적으로 반란을 일으킨 거예요. 우리로서는 정말 어이없었어요. 재판부는 제출하면 안 되냐는 식으로 몇 번 권유하다가 말더라고요.

내가 변호사가 된 이래 처음으로 연행된 게 바로 그때였습니다. 5월 14일 검찰청 앞에서 유가족과 전철연(전국철거민연합) 그리고 시민단체와 함께 검찰의 수사 기록 비공개를 규탄하는 기자회견을 했어요. 경찰이 그것을 집회로 몰아 연행하는 바람에 같이 끌려간 거죠. 결국 검찰은 수사 기록을 끝까지 공개하지 않고 거부를 했습니다. 이게 변호인 사임을 하게 되는 결정적인 동기를 제공했습니다. 적어도 양 당사자가 충돌한 사건인데, 한쪽 편에 대한 일방적인 수사와 조사 내용만 가지고 재판하게 된 셈이죠. 경찰에 대한 정보는 차단한 채, 수사 기록 3000쪽이 빠진 채 재판을 하면 사실 반쪽짜리 재판밖에 안 되는 거잖아요. 양쪽의 상황을 제대로 다 검토를 해야 입체적으로, 그나마 조금이라도 진실 규명에 접근할 수 있을 텐데 그러지 않았죠. 완전히 철거민에게 책임을 지울 작정을 하고 진행하는 재판이었습니다. 사실상 사건 자체가 왜곡될 가능성이 대단히 높았던 거죠. 나는 법정에서 몇 번이나 공방을 벌였어요. 내가 주심 변호사 중 한 사람이었으니까. 대놓고 얘기를 했죠.

"지금 이 상태로 재판이 진행되면 실체적 진실을 발견해야 한다는 형사소송의 이념에 정면으로 반한다. 피고인 스스로가 자기 방어권을 행사해야 하는데 지금 자기에게 유리할지도 모르는 3000쪽에 달하는 증거에 접근할 수 없다. 자기에게 오로지 불리한 증거만 가지고 재판을 하는 이상 이것은 헌법이 정하고 있는 피고인의 방어권 행사에 있어 치명적인 문제를 가져온다. 이러한 재판을 그대로 진행하는 것은 정의롭지 않은 일이다. 우리가 계속 변론하는 것은 결국 불의한 재판에 스스로 협력하는 것이나 마찬가지이다. 우리로서는 더 이상 이 변론에 임할 수 없다."

이렇게 입장을 밝히고 법정에서 퇴장해버렸어요. 그러고 나서 재판부에 두 가지 방식으로, 구두와 서면으로 요구했어요. "지금 수사 기록은 사건의 실체에 접근하는 데 있어 매우 중요하다는 판단이 날이 갈수록 중해지고 있다. 이를 공개하지 않는 검찰, 특히 법원의 명령을 거부하는 검찰에게는 그에 따른 제재가 필요하다. 그 법정 지휘권을 행사해주기 바란다." 그렇게 공개적으로 요구를 했어요. 그러면서 두 가지 요구를 더 했죠. 검찰이 수사 기록을 공개할 때까지 일단 추정해달라, 그러니까 재판 기일을 정하지 말고 그때까지 그냥 보류해달라는 것. 그리고 구속된 사람들을 일단 보석해 재판에 공정을 기해달라는 것.

더 나아가 애초에 철거민들에게 불리한 서류에만 근거해 기소한 이상 이것은 잘못된 기소이고 공소권을 남용한 것이니, 아예 절차적인 이유를 들어 공소기각 판결을 결단해달라고 요구했습니다. 그런데 재판부는 '그건 우리가 판단한다'는 식으로 나왔어요. 수사 기록을 내지 않은 것에 대해선 어떻게 할지 한마디도 없이 "검찰의 행위에 대해선 우리가 판단한다"고 말하고 더 이상 검찰을 압박하지 않았죠. 그래서 앞서 말했듯이 "그렇다면 우리는 이 재판은 적어도 공정하지 않고 불의한 재판이라고 본다. 정의롭지 않은 재판이다. 여기에 협력하는 것은 스스로에게 용납되지 않는다"고 밝히고 사임했죠. 변호사가 되고 난 뒤 지금까지 사임계를 던진 처음이자 마지막 사건입니다.

**윤**　피고인의 입장에서는 변호사가 누구인지는 정말 중요한 일일 텐데요. 믿고 맡길 수 있는 변호사들이 사임계를 내는 모습을 보며 어떤 의미에서는 무책임하다고 생각할 수도 있지 않을까요. 사임계를 내기 전에 법원 판사 기피 신청을 한다든지 재판부를 교체할 수 있는 방법을 검토했나요?

**권**　재판부 기피 신청을 냈다가 각하되었죠.

**윤**　변호인단이 절차와 관련해 계속 문제 제기를 했는데도 안 받아들여진 건가요?

**권**　그런 것들이 다 무망하게 되었어요. 그리고 피고인 당사자들에게 접견을 가 설명을 했죠. 이러한 재판은 피고인에게 책임을 지우기 위한 재판일 수밖에 없다, 우리가 계속 변론하는 것은 바람직하지 않다고 생각한다고. 그러면서 당사자들에게 그에 대해 동의를 구했어요. 본인들도 동의한다고 그랬어요. 가장 우려했던 이들은 유가족이었습니다. 우리가 사임한다는 것은 변호인 없이 재판이 진행될 수도 있다는 뜻이니까요. 그래도 나는 여전히 회의감이 들었습니다. 어차피 철거민들에게 책임을 지우려고 진행한 재판이니 우리가 계속 변론하더라도 결론이 크게 달라지지 않으리라고 봤습니다. 우리 내부에서도 치열한 격론이 벌어졌지요. 정말 크게 한 번 경종을 울릴 필요가 있어 보였습니다. 재판의 결과가 자꾸 예상이 되는 거예요. 수사 기록이 공개되지 않은 채 그냥 재판이 진행되면, 어떤 변론을 벌이더라도 형량에 약간의 차이가 있을지 몰라도, 결론은 우리가 예상한 바와 크게 다르지 않을 것이라고. 이러한 재판이 진행되면 안 된다는 경종을 울리는 게 지금은 훨씬 더 올바른 선택이라고 판단했어요.

난 지금도 후회는 안 합니다. 여전히 옳은 결정이었다고 생각해요. 당사자들은 굉장히 불안해했지만…. 물론 유가족과 대책위와의 협의를 통해 2차 변호인단이 다시 꾸려졌죠. 그리고 결과는 예상했던 유죄 여부와 형량에서 거의 벗어나지 않았습니다. 그 후 유가족들을 찾아갔는데 굉장히 반갑게 맞아주더군요. 사임계를 내고 나서 찾아갔을 때에도 마찬가지였죠. 그것 때문에 앙금이 남아 있지는 않아요. 나로선 혼신의 힘을 다해 법정에서, 정말 이 사건이 갖는 의미가 무엇이고, 왜 실체적 진실을 밝히는 것이 중요한지 피력했어요. 지금도 그때의 기억이 생생합니다. 아마 유가족들도 우리의 뜻에 공감했기에 그 후에 만났을 때도 반가워하고 그랬죠.

＊＊

**윤** 용산 참사 사건은 정말 허망하게 결론이 났습니다. 재개발 사업이 지금은 좌초되지 않았나요? 결국 힘없는 철거민들만 희생된 꼴이죠. 공권력의 무리한 투입이나 남용도 문제이지만, 상가 임차인을 돈이 없다는 이유만으로 내쫓으며 대책을 마련하지 않는 정부의 정책에서부터 잘못이 있어요.

**권**　그렇죠. 남일당 사건을 통해 재개발 또는 도시정비사업의 실체가 드러난 거죠. 당시 뉴타운 같은 도시 설계를 너무 쉽게 생각했잖아요. 그런 바람이 불려고 하던 시기였죠. 그런 사업이 얼마나 반인간적이고 폭력적으로 이루어지는지 시민들에게 비로소 알려지는 계기가 되었습니다. 그전에는 재개발 한다, 도시정비사업 한다고 하면 뭐, 아파트 가격이 쭉쭉 오르고 마치 황금알을 낳는 거위처럼 여겨지던 경향이 있었어요. 그런데 그 사건을 보면서 자기 삶터에서 쫓겨나는 일이 얼마나 비참한지, 쫓겨나는 과정에서 어떻게 폭력이 행사되는지 사람들은 알게 되었어요. 철거 과정의 잔혹함이라든가, 이해관계에 의해 주민들이 쫓겨나면서 피해를 입고 고통을 받는 모습을 역력히 보게 되었죠.

나는 민주적인 정권이 들어서면 다시 이 사건의 진상을 제대로 훑어봐야 한다고 봐요. 지금도 참사 현장에 가면 공터가 그대로 남아 있어요. 공사가 지금 안 되고 있잖아요. 사실 그렇게 화급을 다툴 사업이 아니었던 거죠. 삼성, 대림, 포스코 같은 토건 재벌들이 배후에서 작용하고 있었던 거예요. 토건 재벌들의 이해관계를 관철시키려고 국가가 공권력을 동원해 도시 영세민들을 무참하게 죽음으로 몰아간 사건이라고 나는 봐요. 지금까지도 건물은 안 올라가고 있습니다.

# 쌍용차
# 사건

## 쌍용차 평택공장 앞에서 다시 연행되다

윤　　 용산 참사 모의재판을 준비하는 중에 〈두 개의 문〉이라는 다큐를 봤는데, 그런 장면이 나와요. 동원된 용역들이 밑에서 계속 위협하고, 불을 지르는 상황에서 경찰이 오히려 여기에 동조합니다. 용역들을 도와줌으로써 철거민, 망루에 있던 사람들을 고립시켜요. 그런 측면에서 봐도 공권력 남용이에요. 그런데 그것만으로는 설명할 수 없는 것이 있잖아요. 사건 전반이 기업과 재벌에게 유리한 방향으로 진행했다는 느낌을 많이 받았어요. 그런 맥락에서 같은 해인 2009년 쌍용자동차 옥쇄 파업과도 연결되는 듯해요.

권　　 그 사건과도 맞닿아 있죠. 가진 자와 못 가진 자, 기득권 세력과 사회적 약자가 충돌할 때 공권력이 어떻게 움직이고 작용하는가를 이 두 사건은 극명하게 보여줍니다. 가진 자와 기득권 세력은 결국 한몸으로 움직여요, 나중에 보면. 용산 참사 사건에서 용역과 경찰이 힘을 합쳐 한쪽은 방패로 막아주고, 다른 한쪽은 소화전을 들고 물대포를 쏘는 모습이 사진에 잡혔거든요. 경찰이 국민의 봉사자로서 중립을 유지하는 게 아니라 결국 가진 자들과 한몸처럼 같이 움직이고 있는 거예요. 이게 쌍용차 사건에서 그대로 되풀이됩니다. 용역이 공장 안 노동자들을 향해 새총으로 볼트와 너트를 쏠 때 옆에서 경찰이 방패로 막아주는 짓을 했거든요.

**윤**　　사건을 자세히 좀 설명해주세요.

**권**　　쌍용차 사건을 한번 봅시다. 쌍용차 정리해고 문제는 결국 2015년 12월 30일에 노사 간에 합의를 했죠. 7년간의 싸움이었습니다. '해고자 중 복직 희망자를 2017년 상반기까지 순차적으로 복직시키기 위해 노력한다'는 합의 조항으로 서명을 했죠. 복직 시점이 명시되지 않은 채 '노력한다'는 말만 있어 마음이 참 걸리지만, 수사적인 의미로 한 말은 아닌 것 같아요. 실제로 여건이 되면 채용을 하겠다는 의지를 담은 합의서인 것으로 보입니다. 지금까지 쭉 싸워온 모습과 합의가 이뤄지던 과정을 보면 그래요. 다른 곳의 합의문에 나오는 '노력한다'의 의미와는 조금 다르게 보이기는 합니다. 법적인 의무가 주어진다고 볼 수 없기 때문에 여전히 불안하기는 하지만, 회사가 이를 어기면 국민이 가만두지 않을 겁니다. (웃음)

쌍용차 평택공장 점거 농성은 2009년 5~8월 76일 동안 진행이 되었어요. 이 사건은 해외 자본이 한 나라의 주요 산업을 장악했을 때 어떤 사태가 벌어지는가를 잘 보여줍니다. 해외 자본은 사실상 경영을 목적으로 들어오는 경우는 소수이고, 대개는 기술을 빼 가거나 인수·합병을 통해 단기간에 이익을 뽑아내려는 목적으로 들어오는 경우가 많아요. 일테면 쌍용차의 해외 자본은 기술을 빼 가는 게 주요 목적이었다면, 사모펀드는 짧은 기간에 엄청난 이윤을 붙여 팔고 나가는 식이었죠. 이러한 행태를 '먹튀'라고 하죠. 하나는 기술 먹튀, 또 하나는 뭐, 돈 먹튀라고 할 수 있겠죠.

당시 쌍용차가 2646명을 구조조정으로 잘라낸다고 했으니 3분의 1 정도를 해고하는 거였어요. 적지 않은 숫자였죠. 초반부터 회계 조작 문제가 불거졌고, 이어서 회생 절차 신청을 하는 과정에서 여러 의혹을 자아낸 사건이었습니다. 그때 노동조합이 아주 강한 자세로 파업에 들어갔어요. 여기서 짚고 넘어가야 할 점은 정리해고 자체를 반대하는 파업을 법원 등은 불법으로 보고 있다는 것입니다.

**윤**　맞아요.

**권**　이것은 정말로 문제가 있어요. 법원은 정리해고의 실시 여부는 경영권의 고유한 사항이지 근로조건에 관한 사항이 아니라고 취급을 하고 있어요. 정리해고에 대한 교섭이나 파업은 허용되지 않는다는 판단이죠. 그런데 한 노동자에게 근로관계가 종료되느냐 안 되느냐보다 더 중요한 근로조건이 어디에 있습니까. 가장 중요한 근로조건 사항을 근로조건과 무관하다는 식으로 취급해버리는 거죠. 그럼, 뭐, 경영권에 안 걸리는 게 어디에 있어요. 임금 문제도 다 경영권 사항이게요. 그렇게 얘기하면 근로시간도 그렇고 다 그렇죠. 왜 고용 관계를 종료하는 것이 근로조건이 아닙니까. 임금이나 근로시간은 뭐, 노동자 혼자 정합니까. 다 경영자가 개입해 정하는 건데…. 세상에 이렇게 편의적인 구분이 어디에 있어요. 그래 놓고 우리 법원은 정리해고 자체를 반대하는 것은 교섭 대상이 아니기 때문에 이를 두고 파업하는 것은 불법 파업이다, 이렇게 밀어붙였습니다. 이 자의적인 법해석 때문에 정리해고에 대한 반대 파업에 들어가자마자 바로 불법 파업으로 봉쇄된 겁니다.

**윤**　그때 권변호사는 평택공장에 무슨 일로 내려갔나요?

**권**　2009년 6월경 쌍용차 파업 과정에서 관제 데모가 있었습니다. 내가 평택공장에 내려갈 무렵에는 회사가 '산 자'와 '죽은 자'로 구분되어 있었죠. 죽은 자는 정리 해고된 사람, 산 자는 정리해고를 겨우 비껴간 직원을 말해요. 회사는 정리해고를 겨우 비껴간 '산 자'와 관리직을 동원해 노동자들끼리 서로 대립하게 만듭니다. 당시 나는 관제 데모의 문제점을 규탄해달라는 요청을 받고 내려갔죠. 기자회견이 아침 11시인데 30분 일찍 도착했어요. 보니까 공장 정문부터 담벼락을 따라 무장한 경찰들이 쫙 깔려 있었어요. 주차장 쪽으로 올라가는데 경찰 병력이 조합원으로 보이는 대여섯 명을 둘러싸고 있는 광경을 목격했어요. 둘러싸인 노동자들이 왜 가두고 못 가게 하느냐고 항의를 하는 것 같더라고요. 경찰이 세 겹으로 조합원들을 둘러싸 포위한 모습이 고립시켜 감금하는 것이나 마찬가지였어요. 그걸 보면서 변호사로서 직업의식이 발동한 거죠. '저것들이 왜 저래?' 이러면서.

**윤**　왜 노동자들을 고립시킨 거죠? 이동을 못 하게 막은 건가요?

**권**　나도 처음엔 이유를 몰랐어요. 가서 보니까 인도가 분명한데 거기서 경찰들이 둘러싸고 있었어요. 자기들 말로는 '고착시키고 있다'고 했어요. 그래서 역시 변호사증을 끄집어내 신분을 밝혔어요. "나는 권영국 변호사입니다." 그리고 "그 안에서 항의도 있는데 왜 둘러싸고 있습니까? 이유가 뭡니까?" 하고 물었어요. 원래 기동대원들은 항상 침묵을 지키거든요. 아무런 대답도 안 합니다. 그래서 책임자가 어디 있는지 물었어요. 옆에 중대장으로 보이는 분이 있더라고요. 가서 "이게 뭡니까?"라고 물었더니 계속 피해요. 앞으로 가 가로막고 다시 물어봤죠. "권영국 변호사입니다. 이 사람들을 왜 이렇게 둘러싸고 있습니까?" 물었더니, 그때서야 "아, 수배자인지 체포영장 발부자인지 확인하고 있습니다. 확인하는 대로 바로 알려드리겠습니다"라고 하더군요.

그런데 10분이 지나도 아무 말이 없는 거예요. 다시 이렇게 요구했죠. "이 사람들을 체포 사유 없이 체포하고 있는 것은 미란다 원칙에 반합니다. 체포 사유가 없으면 체포할 이유가 없으니까, 당장 석방하세요. 풀어주세요. 만약 풀어주지 않으면 내가 변호인 접견권을 행사해 지금 접견을 하든지, 아니면 이들의 부당한 침해에 대해 내가 정당

방위를 행사할 수 있습니다." 그렇게 말한 다음 병력들 사이의 틈을 비집고 들어가려 했죠, 감금 상태를 풀기 위해. 다시 한 번 경찰들을 향해 "내가 여러분에게 풀어주든지 아니면 체포 사유 고지를 똑바로 하든지 둘 중 하나를 하라고 계속 말했는데, 아무 소리를 안 했어요. 그럼, 좋습니다. 나 스스로 정당방위를 행사하겠습니다"라고 말한 뒤 방패를 뜯어내기 시작했죠. 그런데 바로 그때 '퇴거불응죄 현행범'이라고 연락이 왔나 봐요. 그때서야 중대장이 마이크에 대고 "퇴거불응죄 현행범으로 체포합니다. 변호사를 선임할 수 있고…" 하더군요.

**윤**  이해가 안 되는데요. 노동자들이 인도에 있었는데 어떻게 퇴거 불응이 될 수 있죠?

**권**  중대장 옆에, 3개 중대를 합해 격대라고 해요, 격대장이 있더라고요. 그 사람한테 가서 "여기가 지휘부 맞습니까? 책임자인가요?"라고 말을 건네니까, "저 사람들, 퇴거불응죄 현행범입니다"라고 하는 거예요. "아니, 이 사람들은 지금 인도에 있잖소. 인도에 있는 사람들에게 어디로 퇴거를 하라는 얘기요? 인도에 있는 사람들이 어떻게 퇴거불응죄가 됩니까?"라고 하니까, "아, 맞네" 이러는 거예요. 격대장의 입에서 엉겁결에 그런 말이 튀어나온 거예요. (웃음) 말을 들어보니 그 사람들이 공장 안에서 퇴거 불응을 했다는 거예요. 그러다가 밖으로 나오니까, 그걸 두고 연속선상에서 이야기한 거죠. 상황이 참 웃긴 거예요. 체포하려 둘러싸고 있었는데 30~40분 지나 내가 항의하니까 그때서야 "퇴거불응죄 현행범으로 체포합니다. 변호사를 선임할 수 있습니다"라고 나온 거죠.

그렇게 노동자들을 경찰버스로 데려가더라고요. 약간 미묘한 점은 있지만 그때 내가 그랬어요. "여러분이 분명히 변호사를 선임할 수 있다고 고지했죠? 그럼, 그에 따라 내가 연행되는 조합원들을 위해 접견하겠습니다. 접견권 신청합니다." 그런데 중대장이 "밀어내!" 이러는 거예요. 그렇게 바로 밀치는데 밀릴 수밖에요. 와, 그때 엄청나게 화가 났어요. '이것들이 진짜 변호사 알기를…' 이런 경우 모욕감이라는 것은 정말 큽니다. 내가 정당한 권리를 요구했는데 그게 완전히 묵살되었을 때 생기는 모욕감이란 이루 말할 수 없이 큽니다. 그때는 정말 분노가 확 치솟았어요. 그래서 바로 막아서는 이들을 우회해 버스 앞으로 뛰어갔죠. 출발하려는 버스를 손을 들어 정면으로 막아섰어요. 그리고 다시 변호사증을 꺼내 들고 이렇게 얘기했죠. "나는 대한민국이 인정한 변호사입니다. 여러분은 조합원들을 연행할 때 변호사를 선임할 수 있다고 고지했습니다. 그에 따라 나는 정식으로 변호인 접견을 신청합니다. 접견을 안내해주기 바랍니다."

내가 말을 마치자마자 갑자기 뒤에서 중대장이 "권영국 변호사를 체포해!" 그러는 거예요. 그 사람이 내 이름을 어떻게 알았는지는 모르겠어요. "권영국 변호사를 공무집행방해 현행범으로 체포합니다. 변호사를 선임할 수 있습니다." 그 말을 듣는 순간 한편으로는 참 어이없었죠. '도대체 저 양반이 저 얘기를 왜 할까? 변호사를 선임할 수 있다니? 도대체 저 고지를 왜 하지?' 변호사를 선임할 수 있다고 고지하기

2009년 6월 평택 쌍용차 공장에선 정리해고 위기에 놓인 노동자들이 공장을 점거한 채 싸우고 있었다.
6월 26일 민변 등은 공장 정문 앞에서 '정리해고 문제의 올바른 해결을 위한 법률가 공동 기자회견'을 열
계획이었다. 경찰은 기자회견에 참석하러 밖으로 나온 노동자 6명을 정문 근처에서 에워쌌다. 권변호사가
이를 목격하고 경찰 쪽으로 다가가 통행 방해를 따졌지만, 경찰은 그를 밀어붙이고 그사이에 노동자들을
체포해 호송버스에 태웠다. 그러자 그가 차 앞으로 뛰어가 가로막았고, 경찰은 그를 공무집행방해 현행범
으로 체포했다. 미란다원칙은 단순히 변호인을 선임할 수 있다고 고지한다고 끝나는 것이 아니라 체포 현
장에서 변호인 접견권을 보장하는 것에서 출발한다.   사진 **선대식**

에 내가 접견을 신청했더니, 이제는 나를 공무집행방해 현행범으로 체포하려는 것 아니에요. 너무 어처구니가 없었죠.

**윤**　　오히려 경찰이 변호사의 업무를 방해한 것 아닌가요?

**권**　　말뜻도 모르면서 그냥 앵무새처럼 따라하는 거예요. 그냥 말로 앵무새같이 떠들고 나면 그것으로 미란다 원칙을 다 수행한 줄 알아요. 내가 보기에 경찰은 하나같이 다 그렇습니다. 이거, 진짜 문제 있더라고요. 그때 같이 연행되어 호송버스에 탔고, 수원서부경찰서의 유치장에 들어가게 되었습니다. 그 상황을 보면 가해자와 피해자가 완전히 뒤집어진 거잖아요. 분을 삭일 수가 없었어요. 하나는 이러한 상황이 납득이 안 되는 거였고, 또 하나는 이러한 잘못된 상황에서 내가 그들을 어떻게 할 수 없다는 것 자체가 너무 화가 난 거죠. 그래서 유치장에서 나올 때까지 밥을 안 먹었어습니다. '나는 절대로 검찰의 선처에 의해 석방되는 일은 없을 거다. 그건 내게 모욕이다. 너희가 집어넣고 싶으면 마음대로 집어넣고, 또 마음대로 풀어주는데, 그것은 도저히 용납이 안 된다.'

그래서 우리 사무실의 변호사가 도착했을 때 바로 체포적부심을 신청해달라고 했어요. 그런데 알고 봤더니 내가 체포적부심사를 받으러 가기 전에, 함께 들어갔던 조합원 7명은 검사가 다 이미 석방 지휘를 해버렸더군요. 나만 30분 더 있다가 체포적부심사를 받으러 간 거예요. 그러니까 체포적부심사 때문에 나를 석방을 못 시킨 거죠. 판사 앞에 가 상황을 설명했습니다. 그랬더니 판사가 경찰서 유치장으로 다시 가지 말고 조금만 대기하라고 하더군요. 1시간쯤 지나 석방 결정이 났습니다. 판사의 결정에 의해 나오게 된 거죠. 만일 그때 검사의 석방 지휘를 받고 나왔으면 나는 지독한 모욕감으로 굉장히 고생했을 거예요. 하지만 체포가 잘못되었다는 것을 어쨌든 법원으로부터 우회적으로나마 인정을 받고 나왔기에 그나마 좀 위안이 되었습니다. 요즘 체포적부심사는 거의 사문화되어 있어요. 내 사건이 체포적부심사가 인정된 아주 희귀한 사안이에요.

**윤**　아, 그렇군요. 체포가 위법하다는 판단이 일단 들면 이후 경찰을 고소할 수도 있고, 손해배상 청구를 할 수도 있겠어요. 어쨌든 법리상 굉장히 중요한 카드라는 생각이 들어요.

**권**　체포나 석방을 심사할 때 보통 판사들은 그 이유에 대해 정확한 판단이 안 서기 때문에 체포를 계속할 이유가 있다, 없다라는 식으로 쓰는 경우가 많거든요. 판사로서는 그 짧은 기간에 체포 자체의 적법 여부를 판단하기가 굉장히 힘들어요. 그래서 '체포를 계속할 이유가 없다'라는 정도에서 판단하는 데 그칩니다. 물론 그 말에는 체포가 문제가 있다는 뜻이 담겨 있기는 해요. 사실 이 체포적부심사는 내게는 의미가 컸습니다. 거의 이용하지 않던 사안인데 그때 경험을 통해 쓰임새를 발견한 거니까요. 특히 제주 강정마을 해군기지 건설을 반대하는 싸움에서 여러 사람이 체포되었을 때 유용하게 쓰입니다. 같은 사무실에 있는 변호사가 1년가량 제주에 내려가 머물며 그 사건을 대리했는데, 그때 체포적부심사를 적극 활용해 실제로 성과를 봤습니

216

다. 체포적부심사를 많이 활용하는 계기가 되었죠.

**

**권**　그런데 이 사건으로 나는 공무집행방해와 폭행죄로 기소가 됩니다. 나도 경찰 책임자를 직권남용과 불법체포로 맞고소를 하면서 두 사안이 서로 부딪치게 됩니다. 사건이 모두 본안 소송으로 들어갔어요. 그런데 아, 검경은 한몸인 것이, 계속 무혐의 처분을 하는 거예요. 그러다가 마침 서울고등법원에서 재정신청(검사가 불기소 결정을 내렸을 때 그 결정에 불복해 내는 고소)을 검토하는 과정에서 결국 그 중대장에게 기소명령이 떨어졌어요. 직권남용과 불법체포에 대한 공소제기를 명령한 거죠. 그 결과 중대장도 피고인으로 법정에 서게 되었어요. 그렇게 두 가지 사안이 붙었는데 결국 중대장은 유죄가 나오고 나는 무죄판결이 나왔습니다.

그 후 중대장에게 손해배상 청구를 해 배상금을 받아내게 되었죠. 1000만 원을 받아냈습니다. 형사사건은 아직 안 끝났어요. 민사사건은 항소심까지 갔다가 경찰이 포기해버리면서 그때 끝나게 되었죠. 형사사건은 양쪽 다 항소심이 끝나 올라갔는데 대법원에서 아직 판단을 안 하고 있습니다. 그런데 이 판결에서 중요한 지적이 하나 나왔습니다. 경찰은 "현장이 매우 소란하고 충돌이 심할 때는 접견을 시켜주기가 마땅치 않다. 그럴 때는 경찰서에 가 접견하라고 안내한다"고 주장했어요. 이에 대해 재판부는 '현장 접견권이 인정된다'며 다른 예외를 인정하지 않았어요. "최대한 현장에서 접견할 수 있게 하고, 그것조차 불가능하면 호송버스에 같이 동석하는 형태로라도 접견이 가능하게 해야 한다. 실제로 피의자에 대한 조력권을 다 행사할 수 있도록 보장해야 된다." 이렇게 현장 접견권의 정의에 가까울 정도로 판결문에 분명하게 명시를 합니다. 그동안 없었던 판례가 하나 만들어진 겁니다.

**윤**　사람들은 체포되더라도 48시간 있으면 나온다고 생각을 하니까, 체포에 문제가 있다고 하더라도 그냥 귀찮아하며 받아들이는 경향이 있어요. 그러다 보니까 경찰은 자연스레 자기들이 마치 48시간 동안 당연히 묶어둘 수 있는 권한을 가진 것으로 착각하게 되고요. 그런 의미에서 체포적부심은 정말 의미가 있다고 생각해요. 공권력의 남용으로 저쪽이 분명히 잘못한 상황에 처해도 그것에 대해 이의 제기를 하기가 쉽진 않은 게 현실이잖아요. 그런데 이의 제기를 해 법리적인 판단을 받은 것은 굉장히 의미가 있습니다.

**권**　내가 민변 노동위원장을 처음 맡으면서 현장 중심으로 활동하겠다고 밝혔잖아요. 사실 변호사가 현장에 나갔을 때 자신의 활동 영역을 제대로 확보해내지 못하면 결국 현장 활동이라는 게 유명무실해집니다. 그래서 명확하게 주어진 권리임에도 그것을 어떻게 확보하느냐가 관건이에요. 이 사건에서 생긴 경찰과의 충돌과 그 후의 판결은 내게 의미하는 바가 큽니다. 당시 현장에 배치되었던 경찰이 경기지방경찰청 소속의 기동대였어요. 재판 과정에서 경기지방경찰청이 이 사건 이후 자기들이 각 관할 경찰서에 내려보낸 공문을 증거 서류로 제출했어요. 그 내용을 보면 변호사가 현장에서 접견을 요청할 때는 적절히 조치하라고 되어 있어요. 그렇게 명시적인 지시를 내리는 공문이 내려간 거죠. 나는 처음에 공문을 보면서 경찰이 법원의 선처를 구하려고 제출한 거라고 생각했어요. 그렇기는 해도 사실 경찰청이 그와 같은 내용의 공문을 내려보내기는 처음이었죠. 그래서 한편으로는 그 서류를 보면서 굉장히 놀랐어요. 실제로 그게 실행이 잘 안 되어 문제이기는 해도요.

### 대한문 앞에서 직접 부딪치다

**이**　쌍용차 정리해고 사건과 관련해 대한문 앞에서 또 한 번 경찰에 연행된 적이 있죠?

**권**　대한문 사건은 2013년에 벌어진 일입니다. 그 사건은 얘기하면 긴데….

**윤**　권변호사가 또 한 차례 집회 현장에서 연행되었죠.

**이**　집회 현장에서의 연행을 즐기는 게 아닌가요?

**권**　그런 일을 즐기는 사람이 어디 있겠습니까. 이때를 전후로 별명이 더 늘죠. 연행 전문 변호사, 연행당하기 전문 변호사, 피고인석에 자꾸 서는 변호사.

**윤**　대한문 사건은 앞에서 말한 쌍용차 해고 노동자들과 어떻게 연결되나요?

**권**　2009년 6월 평택공장 앞에서의 연행은 접견권이 문제가 되었다면, 이번에는 표현의 자유, 집회의 자유가 문제가 되었어요. 사실 변호사 신분으로 활동할 때의 입장과 사회의 한 시민으로서 느끼는 지점이 다를 수 있잖아요. 하나의 상황에서 변호사로서 대처해야 할지, 한 시민으로서 행동해야 할지 가끔 고민이 될 때가 있어요. 그때도 그랬습니다.

2013년 7월 대한문 앞에서 쌍용차 해고 노동자들이 농성을 하고 있었는데 경찰이 농성을 방해할 목적으로 그곳의 천막을 강제로 철거하고 그 자리에 화단을 설치했어요. 도로와 인도 위에다 모래를 쏟아 붓고는 마치 화단이라도 되는 양 그곳에 식물을 꽂아 두는 해괴망측한 일이 벌어진 거죠. 그때 쌍용차 범대위와 해고 노동자들이 화단 앞에 집회 신고를 하면 경찰은 다 금지 통보를 해버렸어요. 실제 경찰이 자의적으로 집회 금지 구역을 만든 꼴이나 마찬가지였습니다. 그때 그런 생각이 들었어요. '경찰이 저렇게 집회 금지 구역을 자기 맘대로 만들어도 되는가. 저걸 그냥 두고만 봐도 되는 걸까. 법률가로서 저렇게 심각한 권한 남용 행위는 모른 체하면서 만날 소송대리와 변론만 해야 할까.'

그때는 법률가로서가 아니라 시민의 한 사람으로서 직접 부딪쳐보고 싶었습니다. 경찰의 자의적인 집회 금지 구역 설정이 사실 위법행위이며 심각한 공권력 남용이라는 것을 드러내야 할 텐데, 현장에서 직접 부딪침으로써 실질적으로 그것을 입증할 필요가 있었어요. 그 결과가 크든 작든 간에 그것이 우리 사회의 정의를 다시 세우는 길이 아니겠느냐 하는 생각이 간절하게 들었습니다. 그래서 우리가 직접 집회의 주최자가 되어 집회를 진행해보자는 제안을 했어요. 다행스럽게도 민변 노동위원회에서 일하는 변호사들이 함께 용기를 내 참여했죠. 보통 민변이나 다른 법률가 단체는 자신들 스스로가 집회의 주체로 나가는 것을 좀 꺼려하는 측면이 있어요.

**이**　법률가 단체가 집회를 주최한 것이 그때가 처음인가요?

**권**　처음은 아니었을 것 같아요. 경찰과 꼭 부딪치지 않는 곳에서야 집회 신고를 내곤 했지만, 상당히 갈등을 빚는 공간에 법률가 단체가 직접 집회 신고를 낸 것은 좀 드문 일이었죠. 그렇게 경찰이 질서유지선 같은, 법률에 아무런 근거도 없는 이유를 대면서 집회 금지 장소를 인위적으로 만들어내는 것이 잘못되었다는 것을 드러낼 필요가 있었습니다. 그러자 저쪽에서도 집회 신고된 장소 안에 질서유지선을 치고 그것을 지킨다는 이유로 경찰 병력을 그 안에 배치를 하는 식으로 역시 집회를 제한해 들어오더라고요.

그 지점에서 사실 어떻게 대응해야 할지 굉장히 고민스러웠습니다. 적어도 사회 정의를 실현해야 한다는 게 변호사의 사명이자 임무 중 하나인데, 이에 준하면 과연 현장에서 어떻게 대처하는 게 옳은지 고민이 되었던 거죠. 나는 위법한 공권력을 절대 그냥 묵과해서는 안 된다는 원칙이 있었기에 정당방위에 대해 매우 적극적으로 임하려 했어요. 그러니까 경찰이 집회 장소에 들어와 질서유지선을 치는 건 매우 악의적으로 집회를 방해하기 위한 목적을 갖고 있다고 판단했어요.

당연히 정당방위를 행사해야 한다고 봤죠.

그럼으로써 또다시 공무집행방해와 특수공무집행방해치상 혐의로 연행이 되고, 유치장에 감금되고, 영장이 청구되는 사태가 일어난 거죠. 충돌 과정에서 '아, 경찰은 경우에 따라서는, 즉 권력의 성향에 따라 행동 방식을 고무줄처럼 바꿀 수 있겠구나'라고 느꼈어요. 경찰은 마치 자신들의 지시를 따르지 않는 것 자체가 집회를 해산시킬 수 있는 사유가 되는 것처럼 행동하기 시작합니다. 법에도 없는 명령을 하고, 그것을 지키지 않는 세력의 모든 행위를 불법화하는 셈이죠. 경찰의 직권남용 행위가 나타날 때 바로 견제되지 않으면, 그 후 한 번 용납된 위법행위는 일반화되고 맙니다. 그런 의미에서 경찰이 화단을 보호한다는 명목으로 질서유지선을 집회 장소 안에 치는 것을 실제로 맞닥뜨리면서 우리가 국가권력에 대항하는 것이 얼마나 중요한지 실감할 수 있었습니다. 법률가들이 좀 더 실증적이고 적극적인 활동을 해야 할 필요성을 그때 느끼게 된 거죠. 그전에는 경찰이 질서유지선을 치면 그에 대해 경찰이 그럴 수 있다고 인식하는 경향이 있었던 거예요. 역시 현장에서 직접 몸으로 부딪치지 않고는 어떻게 보면 답을 얻어낼 수 없는, 해결되지 않는 그런 문제가 있다는 걸 실감했죠.

**윤**　　나도 당시 현장에 있었는데 좀 고민스러웠던 건 이러한 지점이었어요. 어쨌든 충돌이 발생했잖아요. 저쪽이 위법하게 공권력을 행사한 것이기는 한데, 충돌이 생길 것 같으면 나 같은 사람은 고민하게 되거든요. 공권력 남용에 대해 문제 제기하는 건 분명히 필요한데

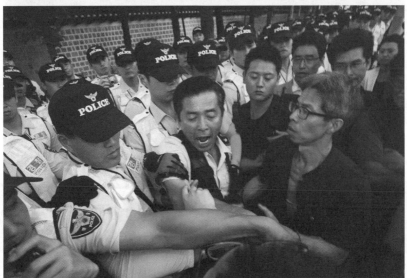

쌍용차 대책위는 2012년 4월부터 대한문 앞에 세상을 뜬 쌍용차 노동자와 그 가족들을 위해 분향소와 천막을 설치하고 해고자 복직 등을 요구해왔다. 서울 중구청은 화재 등으로 덕수궁 돌담이 훼손된다는 이유로 2013년 4월 천막을 철거하고 화단을 설치했다. 권변호사는 그해 7~8월 민변 명의로 집회의 자유가 침해되는 화단 설치를 규탄하는 집회를 열겠다고 신고했다. 경찰은 집회 장소와 화단 사이에 질서유지선을 설치하고 화단 주변에 경찰을 배치했다. 권변호사는 집회의 자유가 침해받는다고 판단해 질서유지선을 치우고 경찰들을 밀어내려 했고 이 과정에서 경찰과 몸싸움이 벌어졌다.   사진 **점좀빼**

막상 그 상황에 닥치고 보니 '문제 제기하는 것이, 기존의 뭔가 가만히 있어야 하고 질서를 유지해야 하는 상황에서 오히려 그런 방식이 분란을 일으키는 것이 아닌가'라는 고민이 살짝 생겼어요. 헌법재판소에 결정을 들으러 갈 때도 그렇잖아요. 당연히 사람들은 법정에서 조용히 있어야 할 것만 같고, 뭔가 소리를 낸다는 것은 그때까지의 평화나 질서 상태에 불필요한 파장을 일으키고 분란을 일으키는 것 같은 느낌이 들잖아요. 그러한 관성에 빠진 검찰이나 언론은 자꾸 권변호사를 폭력적인 사람, 상습적인 사람으로 몰아가는 것 같아요. 물론 나는 지금 완전히 생각이 바뀌었고, 내가 그때 잘못 판단했다고 생각하고 있어요. 권변호사는 그런 상황에서, 전혀 평화적인 상황에서 어떻게 그렇게 대응할 수 있었나요?

**권**　나는 그 생각이 참 강해요. 불의 앞에서 침묵하면 안 된다는 생각이 강합니다. 우리가 사후적인 판결을 통해 복권되고 정당성을 인정받는다 하더라도 실제로 권위적인 정권하에서는 그 의미가 퇴색하는 일이 허다하게 일어나거든요. 더욱이 현장에서 문제 제기되지 않은 일은 하나의 사안으로 그 이상 법정에 갈 확률도 떨어져요. 그런 일이 반복되면 모든 것이 관행처럼 굳어져버립니다. 이제 경찰은 집회 참가자들에게 언제든지 명령을 해도 된다는 듯이 굴 것입니다. 또 자기들 임의대로 사유를 만들어 집회를 언제든지 침해할 것입니다. 경찰의 직권남용을 한 번 방치하면 그렇게 됩니다.

　최소한 우리가 기본권에 대해 경찰이 자의적으로 판단하지 못하도록 기회를 주지 않는 것이 사실 민주주의의 영역을 확대해가는 길이라고 생각해요. 경찰의 행정이 자의적으로 행사되는 것에 대해 직접적으로, 불가피하게 문제 제기를 해야, 그게 실제로 법정에 갈 수 있는 계기가 만들어지는 거죠. 그것을 문제 삼지 않으면 그 후로는 괜찮은 것처럼 되어버립니다. 특히 대한문 앞에서는 경찰이 집회를 통제하고 관리하는 일이 이미 일상적으로 벌어지고 있었기 때문에 그것을 그냥 둔다는 것은 법률가의 양심으로서 도저히 용납이 안 되었던 거예요.

그래서 집회의 제목도 '집회의 자유 회복을 위한 시민 캠페인'이라고 들고 나왔습니다. 원래는 평화롭게 집회하려고 했던 거죠. 시민들에게 경찰의 화단 설치가 과연 정당한지, 왜 화단 앞에서 집회를 하는 것이 경찰의 얘기처럼 문제가 발생하는지 정말로 제대로 한 번 토론할 수 있는 공간을 만들려고 계획한 거죠. 그런데 경찰이 질서유지선을 치면서 먼저 도발을 했어요. 그 상태에서 내가 침묵하는 것은 결국 경찰의 집회 금지 구역 설정을 스스로 용인하는 것이고, 그렇게 되면 이 문제를 한 발짝도 진전시키지 못한다는 생각에 이르게 되었어요. 나 스스로 상황을 더 고착화시키는 꼴이 되면 안 되는 거였죠. 그런 일은 있어서는 안 되겠다는 생각에 그때는 정당방위 행사를 안 할 수가 없었어요. 그렇게 보는 게 맞을 거예요.

2015년 8월 법원은 경찰이 집회 장소를 마음대로 설정하고, 집회 장소 안에 질서유지선 등을 설치한 행동은 위법하며 정당한 공무 집행이 아니라고 판단을 내립니다. 상식이 있는 사람은 그 판단이 가능했어요. 내가 물러난다는 것은 결과적으로 경찰로 하여금 잘못된 판단을 하게 만드는 것이나 마찬가지였기에 그럴 수 없었던 거죠.

## 쌍용차 정리해고 대법원 판결

**이**　요즘에는 우리 사회의 구조적 불평등이 민간 부문의 대재벌뿐만 아니라 사법부마저 무너뜨리고 있다는 생각이 들어요. 그 전형적인 예가 2015년 2월 KTX 여승무원들 사건의 대법원 패소판결과 2014년 11월 쌍용차 정리해고 사건의 대법원 파기환송 판결이라고 봐요. 쌍용차 사건에 대한 장을 마무리하는 차원에서 그 재판의 변호인이었던 권변호사가 그 절절한 체험을 말씀해주시죠.

**권**　지금 노사관계에서 정리해고 사안에 대한 파업을 어떻게 보장할 것인가의 문제가 우리 사회에서는 여전히 어려운 문제로 남아 있습니다. 일단 행정기관 자체가 마치 사용자처럼 행동을 하고 있어요. 법원이 이를 일정 부분 구제해주면 좋겠지만 사실 법원이라는 곳은 재판부의 성향에 따라 그 결론이 같지자를 그리지 않습니까. 실제로 이명박, 박근혜 정부가 들어서면서 법원의 상층부, 특히 대법원의 대법관들은 보수 일색으로 일원화됩니다. 결국 노사관계에 대해 균형 잡힌 사고를 할 수 있는 구조 자체가 무너진 거죠. 다양한 사고를 가진 대법관 구성이 아니에요. 무엇보다 기존 질서유지를 매우 중요시하는 엘리트 법관 중심으로 획일화되면서 이제 노사관계에서 노동자들의 집단 행동을 불온시하는 경향을 띠게 됩니다.

쌍용차 사건도 정리해고 당시 회사 측의 회계 조작 문제가 쟁점이 된 사건이에요. 기획 부도와 회계 조작을 통해 정리해고 요건을 사실상 만든 게 아닌가, 그리고 정리 해고할 인원수도 그렇게 자의적으로 꾸민 게 아닌가 하는 의혹이 끊임없이 제기되었죠. 그러다가 항소심에서 사측의 회계 조작 여부가 매우 치열하게 다투어졌고, 증거를 조사하는 과정에서 그 실체가 상당히 드러났습니다. 그 결과 항소심 재판부는 회사의 행위가 의도적일 수 있다는 걸 공감하게 됩니다. 정리해고의 요건인 '긴박한 경영상의 필요'가 있다고 보기 어렵다고 판단함으로써 1심을 뒤집습니다. 근데 대법원이 사실상 실체 관계를 바꾸다시피 하면서 '긴박한 경영상의 필요'가 있었다고 보고, 회사는 해고 회피 노력을 다한 것으로 판단해요. 다시 판결을 뒤집어버린 거죠. 이는 결국 대법관들이 경영권 쪽으로 지나치게 기울어진 사고를 갖고 있음을 방증합니다. 다른 판례를 보더라도 경영권에 상당한 재량을 부여해 그 폭을 넓히고 있거든요.

이를 보면서 우리가 사법 정의라는 것을 어떻게 받아들여야 하는가에 대해 심각한 고민에 빠졌습니다. 대법원의 판단이 나오던 날 쌍용차 해고 노동자들은 재판부의 한마디, 주문 하나에 온 관심을 기울였어요. 항소심인 서울고등법원의 판결을 파기한다는 주문이 나오는 순간 그들이 겪었을 절망이라는 건 나도 사실 상상이 잘 안 됩니다. 내가 그런 표현을 썼어요. 이렇게 짜인 제도가 오히려 정의를 짓밟을 수 있겠다고. 사법제도를 어떻게 운영하느냐에 따라 그것이 권리를 보호하는 보루로서 작용할지, 오히려 권리를 침해하는 도구로 전락할지 결정된다는 깨달음이었습니다. 그리고 사법기관 구성을 제대로 하지 않으면 우리가 아무리 훌륭한 제도를 마련해둔다 한들 권리가 보장되지 않겠다는 생각이 들었어요. 결과적으로 사법제도가 제대로 운영되려면 사법부 구성이 제대로 되어야 하고, 사법부 구성이 제대로 되려면 대법관 임명부터 다양한 의견을 반영할 수 있어야 하죠.

**이** 　대법원 구성이 어떻게 되느냐는 참으로 중요한 문제 같습니다.

**권** 　왜냐하면 재판도 사람이 하는 일이니까요. 그동안 대법원장과 대법관 구성은 정치권력의 손에 휘둘려왔습니다. 이렇게 정치권력이 대법관을 자기 멋대로 편향적으로 임명하지 못하도록 견제하려면 어떻게 해야 할까요. 적어도 그것은 정치의 문제로 귀결되어 보입니다. 쌍용차 사건의 대법원 판결이 나온 뒤 사법 정의에 대한 환상과 미련을 버린다는 글을 쓰면서, 새로운 정치의 모색이 필요하다는 결론을 내린 것도 그런 생각 때문입니다. 쌍용차 판결 같은, 완전히 갈지자를 그리는 판결을 보면서 좋은 제도가 있더라도 그 제도를 수행할 인적 구성을 제대로 만들어내지 못하면 오히려 독이 될 수 있다는 걸 그때 확인했습니다. 정치가 필요합니다.

**윤** 　사법부의 인적 구성에도 결국 시민의 역할이 중요하다는 생각이 들어요. 사법부는 현장 경험의 의미를 되새겨 직접 당사자들의 목소리를 들으려 하고, 그들이 어떤 환경에 처해 있으며 왜 그럴 수밖에 없었는지 이해하려는 태도가 필요하고요. 사람, 현장, 이러한 것들의 중요성은 비단 변호사나 활동가뿐만 아니라 사법부에게도 부각되어야 합니다. 그 역할을 할 수 있는 이들이 시민, 노동자라는 거죠.

**권**    그러니까 우리가 사법부에 대해 고민을 많이 해야 합니다. 정말로 엘리트 코스를 밟아 판사가 된 이들을 보면 우리의 현실과 굉장히 멀리 떨어져 있는 존재들이에요. 노사관계 등 삶의 갈등이 벌어지는 현장에서 굉장히 멀리 떨어져 있어요. 어떻게 그런 사람들이 현실에서 어떤 게 정의이고 어떤 게 부정의인지 제대로 판단할 수 있겠습니까. 엘리트 코스를 밟았다는 건 그 사회의 수혜자라는 말이거든요. 수혜자는 기존 질서를 매우 긍정적으로 바라보는 사람이에요. 달리 말하면, 기존 질서에 대해 뭔가 반대한다거나 저항하는 태도를 불온시할 가능성이 높은 사람입니다.

그래서 사법부가 민주적 정당성을 얻으려면 결과적으로 시민들과 연계해야 합니다. 시민이 사법에 어떤 식으로 참여하고 견제할 수 있느냐가 사법 개혁의 중요한 축이 될 것입니다. 국민참여재판도 그 일환으로 도입된 바 있습니다. 하지만 그보다 더 실제적으로 시민이 사법부의 운영에 참여하고 견제할 수 있는 방안을 논의해야 합니다. 우리나라는 일반 시민들이 사법부에 접근하는 것 자체가 거의 차단되어 있지요. 그런 상황이라면 사법부가 내린 결론이라면 모든 걸 어쩔 수 없다는 식으로 받아들이기 쉽습니다. 지금의 사법부는 시민이 선출한 권력이 아니고, 시민이 참여해 같이 뭘 정한 것도 아니에요. 판사도 그냥 사람일 뿐이죠. 어쨌든 시민들이 사법에 적절히 참여해 견제할 수 있는 구조를 마련하는 게 시급한 숙제인 것 같아요. 이게 결국 정치의 몫으로 남아 있다고 생각해요. 시민이 어떻게 참여하고 견제할지를 사법부가 결정할 수 있는 게 아닌 이상 사법부 구성을 바꿔 정의를 바로잡는 일은 정치의 몫인 것입니다.

# 자본권력과의 싸움,
# 삼성과의 싸움

윤　　일단 이렇게 질문을 던져볼게요. 사실 한국에서 국가를 상대로 싸우는 것도 굉장히 용기를 필요로 하는 일이지만, 한편으로는 삼성을 상대로 싸우는 것은 그보다 더 큰 용기가 필요한 일일 수 있습니다. 단지 삼성이 우리나라 굴지의 기업이고 재벌이라서가 아니죠. 경제를 비롯한 사회의 모든 영역에서 삼성의 영향력이라는 걸 무시할 수 없고 연결 고리가 너무 많거든요. 권변호사는 삼성을 상대로 쉽지 않은 싸움을 쭉 이어왔는데 어떤 싸움을 했는지 이야기를 듣고 싶어요.

### 자본권력을 더 이상 규제할 수 없는 사회

권　　사실 내가 민변 노동위원장을 하는 동안 맞닥뜨린 큰 화두는 두 가지였습니다. 첫 번째 화두는 국가권력과의 싸움. 국가 공권력이 시민과 노동자의 권리를 침해할 때 그것을 어떻게 막아내느냐의 문제입니다. 여전히 우리 사회는 기본권을 보장하는 수준이 상당히 낮고, 경우에 따라서는 매우 억압적인 상황이 벌어지기도 하죠. 지배 권력의 성향에 따라 달라집니다. 두 번째 화두는 우리가 보통 재벌이라고 말하는 자본권력과의 싸움이었어요. 지금 시대는 자본권력이 오히려 정치권력 위에 있다, 시장이 정치권력 위에 군림한다는 얘기들이 공공연히 나옵니다. 정치권력도 이제 자본을 제대로 통제하지 못하는 상황이 되었다는 말이에요. 그만큼 재벌의 영향이 사회적으로 굉장히 크다는 인식이 퍼져 있습니다. 정치권력도 자본을 어떻게 할 수 없는 상황이라면 결국 모든 가치가 물질화되었다는 것, 이윤 추구에 의해 다른 소중한 가치가 희생될 수 있다는 것을 의미하는 거잖아요.

그럼, 자본권력을 어떻게 국민의 힘으로 통제하고 규제할지는 앞으로 우리 사회에서 굉장히 중요한 문제로 다가올 수밖에 없어요. 그 길 위에서 경제가 어떻게 국민 전체를 위한 경제로 갈 수 있는가, 또는 공공성과의 조화를 어떻게 이룰 것인가의 문제와 맞닥뜨리게 됩니다. 특히 삼성은 이미 우리 경제의 상당 부분을 실제로 차지함으로써 막강한 영향력을 발휘하고 있어요. 삼성 앞에서 무력해지는 상황이 사회 곳곳에서 벌어지고 있습니다. 심지어 노무현 정권 때도 그랬죠.

**이**　　참여정부 때부터 그 사실을 실감했죠.

**권**　　자본권력이나 시장권력이 확대됨에 따라 규제 가능한 선을 넘어서지 않았나 하는 징후가 이제 사회 도처에서 보입니다. 나로서는 삼성이 언론을 장악한 모습을 보면서 삼성이 우리 사회 전반을 실제로 어떻게 장악하고 있는지 유추해볼 수 있었습니다. 나는 〈한겨레〉의 사외이사를 3년 동안 맡은 적이 있어요. 그때 보니까 삼성이 주는 광고의 비중이 신문사 매출의 상당 부분을 차지하고 있더라고요. 삼성이 그동안 해오던 광고를 끊어버리면 어떤 신문사라도 적자 구조로 갈 수밖에 없는 거죠.

**이**　　신문사로선 타격이 클 테죠.

**권**　　일정한 규모가 있는 언론사라면 사실 기업일 수밖에 없잖아요. 한 기업에서 재정 구조 자체가 흑자에서 적자로 왔다 갔다 할 수 있는, 좌우될 수 있을 정도의 사안이라면 사실 굉장히 고민스럽거든요. 그렇게 삼성이 광고비를 가지고 실제로 언론을 조율하는 것은 이미 여러 차례 얘기가 나왔던 거죠. 그리고 2005년 삼성 엑스파일이 공개되었을 때 삼성이 검찰 조직을 어떻게 장악하고 있는지, 검찰에서 삼성 장학생이 어떻게 만들어지는지 그 구체적 내용이 나왔잖아요. 2007년에는 김용철 변호사가 삼성 비자금 사건을 폭로했죠. 삼성이 자신들의 세력을 만들기 위해 재력과 자본을 이용해 사회 곳곳에 손을 뻗치고 있는 정황이 확인된 겁니다.

**이**　　자본권력인 삼성이 노동자의 권리를 어떻게 바라보는지도 말씀해주시죠.

**권**　　삼성은 두 가지 문제가 있는데 그중 첫 번째는 무노조 경영입니다. 노동자의 권리를 철저하게 봉쇄하고 있어요. 그것이 얼마나 반인도주의적인가 하면 노동자의 권리를 봉쇄하기 위해 직원들끼리 서로 감시하게 되는 구조를 만들어놓고 있을 정도예요. 이러한 상태는 사실 인간관계를 그 내부에서부터 파괴하는 것 아닙니까. 두 번째는 사회 곳곳의 공공 영역을 자신들의 재력으로 매수하는 방식입니다. 국내 최대 규모의 대관팀을 운영함으로써 가장 공정해야 할 공적 영역을 자신들에게 유리하게 만들고 있습니다. 일종의 거래를 통해 부정을 유도하는 식입니다.

이 둘을 다시 이렇게 정의할 수 있어요. 첫 번째는 노동 인권을 유린하는 대표적 기업이 삼성이라는 말입니다. 두 번째는 삼성이 자신들의 재력으로 공정 사회를 파괴해나간다는 것입니다. 즉 공무원 사회를 부패시키는 가장 강력한 집단이라는 것입니다. 한쪽에서는 헌법에 있는 노동자의 권리뿐만 아니라 개인의 인권을 침해하며 노동조합의 활동을 끊임없이 고립시키고 사찰하고 있고, 다른 한쪽에서는 공정 사회를 주도적으로 방해하고 있는 셈이에요.

이를 보더라도 삼성은 반노조를 선도하는 기업이거든요. 이러한 행태가 우리 사회에 미치는 영향이라는 건 엄청납니다. 설령 국가권력을 일정하게 견제하고 절차적 민주주의에 대한 성과가 이뤄지더라도, 삼성을 견제해내지 못하면 결국 우리 사회는 자본에 인간적 가치가 잠식되는 현상을 막을 수 없을 겁니다. 그래서 삼성에 대해 문제 제기하는 일이 굉장히 시급하다는 생각을 어느 순간 갖게 되었습니다.

**이**　그러던 차에 권변호사는 삼성전자서비스 노동자들을 만나게 된 거죠?

**권**　그렇습니다. 사실 그보다 조금 앞서서 2011년 7월 삼성 에버랜드에서 노동조합이 만들어지죠. 그때 노동조합 설립신고를 할 때 나도 참여했습니다. 삼성 에버랜드 노동자 4명이 삼성노동조합이라는 이름으로 출발을 합니다. 자주적인 노동조합을 겨우 만들었죠. 어떻게 보면 그때부터 나는 삼성에 관여를 한 것이죠. 본격적으로 뛰어든 것은 2013년 삼성전자서비스 위장도급 문제를 맞닥뜨렸을 때입니다.

그동안 삼성전자서비스 노동자들이 삼성전자 제품에 대한 설치·수리 서비스를 해왔어요. 우리는 깔끔한 유니폼을 입은 그들을 보게 되잖아요. 삼성전자서비스라고 적힌 명찰을 단 채 수리 업무를 하는 수리 기사들을 보면서 우리는 당연히 그들이 삼성전자서비스의 직원일 거라고 생각하죠. 그런데 나중에 보니까 직원이 아니라 용역 업체 소속의 노동자였던 거예요. 용역 업체 사장을 사실 바지사장이라고 표현하죠. 아무런 실권도 없고 중간에서 수수료 따 먹기 하는 경향이 강했어요. 업무의 결정 권한은 삼성전자서비스에 있습니다. 그렇다면 삼성전자서비스가 기사들을 직접 고용해야 하는 거죠. 원래는 삼성전자서비스가 기사들을 직접 고용했는데, 외환 위기 전후로 중간에 용역업체를 끼워 넣어 더 이상 직접 고용하지 않으면서 실제로는 원청이 됩니다. 일은 다 시키면서 고용은 바지사장이 하는 행태가 발생하는 거죠.

간접고용의 가장 큰 문제는 노동자의 실제 사장이 누구인지 모호하다는 데 있어요. 용역 업체의 사장한테 얘기하면 원청회사에 물어보라고 하면서 거기서 결정하지 않으면 자기는 아무것도 결정할 수 없다고 대답해요. 근데 원청회사인 삼성전자서비스로서는 자신들이 기사를 직접 고용한 게 아닌 이상 그에 대해 아무런 책임이 없다는 식으로 나와요. 서로서로 발뺌하는 이상한 구조가 되어 있어요. 그러니까 법적 책임을 묻는 데 있어 원청이 완전히 뒤로 빠져 있다는 심각한 문제가 발생합니다. 이게 또 불법파견 문제와 연결되어 있습니다. 간접고용과 불법파견, 법적으로는 이러한 중간착취를 하지 못하도록 되어 있어요. 취업에 개입해 그것으로 이윤을 취하지 못하게 되어 있는 게 법 규정이잖아요. 어떻게 보면 중간착취는 인신매매와 비슷한 거예요. 그런 와중에 삼성전자서비스가 거의 일반적으로 기사들을 불법 파견하고 있다는 사실이 드디어 폭로됩니다.

그런데 알고 보니 설치·수리 기사들의 근로조건이 굉장히 열악한 상황이었어요. 급여도 뭐, 비수기에는 최저임금 좀 안 되는 수준이었고요. 비수기에는 마이너스통장으로 생활을 하다가 성수기가 되면 밤 12시 넘어서까지 일을 해야 겨우 보전을 할 수 있는 상황이었습니다. 정말 국내 초일류 기업이라는 곳의 실태가 이렇다는 것이 큰 논란이 되었죠. 그때 위장도급 문제를 따지면서 근로자 지위확인 소송에 들어갔고, 그 와중에 노동조합을 설립하게 된 것입니다. 그렇게 2013년 7월 민주노총 금속노조 삼성전자서비스지회가 출범합니다.

어떻게 보면 2011년 삼성 에버랜드 노동자들이 최초로 자주적인 노동조합을 만드는 데 일단 성공을 하기는 했어요. 근데 4명 이상으로 조합원 수가 좀체 늘어나지 않았어요. 물론 비공개 조합원은 좀 있지만 대중적인 노동조합으로 성장하지는 못했던 거죠. 기본적으로 삼성의 노무 관리나 통제를 넘어서기 어려웠어요. 그에 비해 삼성전자서비스지회는 기사들이 실제로 1000명 이상 조합원으로 가입하면서 대중적 노동조합으로서 자기 존재를 확보하게 됩니다. 이처럼 협력 업체 노동자들이 1000명 이상 가입된 노동조합으로서 자리를 확보한 것은 삼성의 무노조 경영에 파열음을 낸 상당히 의미 있는 첫 걸음이었다고 평가됩니다. 나도 이를 굉장히 중요하게 봤죠. 노동 인권이 유린되는 곳에서 노동조합을 확보함으로써 무노조 경영을 실질적으로 철회시키도록 하는 싸움에 매우 중요한 전기가 마련된 거죠. 그러면서 내가 '삼성전자서비스 불법고용근절 및 근로기준법 준수를 위한 국민대책위원회'를 만들었습니다. 내가 소집권자가 되었고요.

**이**      이때 안타깝지만 두 분의 열사가 생기잖아요. 최종범 열사를 떠나보낼 때의 조사는 권변호사가 직접 쓴 걸로 알고 있어요. 사실 비정규 노동자들이 장기 투쟁할 때 분신하거나 돌아가시는 경우는 흔치 않은데요. 짧은 기간에 두 분의 열사 투쟁을 겪은 건 처음이었어요. 삼성이 아니면 있을 수 없는 일이라 참 뼈아팠던 기억이 납니다.

**권**      맞습니다. 협력 업체의 노동자라는 지위에 있는 이상 그들을 해고하기는 굉장히 쉽죠. 원청은 협력 업체와 용역계약, 이른바 위탁계약을 맺고, 노동자는 협력 업체에 형식적으로 고용되어 있는 형태라, 원청이 협력 업체와의 계약 관계를 해지해버리면 노동자는 자동으로 해고됩니다. 이 경우는 근로기준법의 해고 제한 규정이 적용되지 않아 더욱 문제가 됩니다. 이러한 조건이 만들어져 있으니 협력 업체가, 삼성전자서비스 대리점이죠, 폐업하는 사태가 일어나는 거죠. 노동조합 조합원 가입률이 높고 노동조합 활동이 왕성한, 활동력 있는 센터를 중심으로 폐업을 하게 만듭니다. 또 노동조합 활동을 열심히 하는 조합원을 상대로 집중적인 감사를 통해 징계 사유를 철저히 찾아냅니다. 그런 다음 업무를 배정하지 않는 방식을 쓰는 거예요.

그러니까 생활고에 시달리게 하는 방식과 폐업이라는 두 무기를 사용해 사실상 노동조합을 와해시키려 합니다. 이러한 사 측의 강력한 시도에 맞서다가 우리는 두 명의 열사를 갖게 됩니다. 최종범과 염호석. 두 사람은 거의 연배가 비슷해요. 30대 초반이라는 아주 젊은 나이죠. 두 분은 노동조합을 하는 동료들의 힘든 사정을 걱정하면서 자신의 죽음이 노동조합에 대한 탄압을 막아내는 데 조금이라도 도움이 되었으면 좋겠다는 내용의 유서를 남기고 세상을 뜨고 맙니다. 어떻게 보면 두 사람의 죽음이 없었더라면 삼성전자서비스지회라는 노동조합은 유지되지 어려웠을 거예요. 그들의 희생이 없었으면 사실 무너졌을 거예요.

삼성의 무노조 경영 방침이라는 게 다른 게 아니에요. 완전 반노조 방침이면서 무노조라는 표현을 썼을 뿐이죠. 노조를 절대로 용납하지 않겠다는 겁니다. 일개 기업이 헌법에 보장되어 있는 국민의 기본권,

노동자의 기본권을 부정하는 경영 방침을 갖고 있다는 것, 그것도 당당하게 자신들의 경영 방침으로 내세운다는 것은 정말 경악스러운 일입니다. 근데 우리나라에서는 어찌 된 일인지 그걸 매우 당연하게 받아들이고 있어요. 그야말로 비정상적인 상태죠. 회사가 어떠한 부당노동행위를 자행해도, 감독하고 처벌해야 할 노동부와 검찰은 오히려 면죄부를 주고, 무혐의 처분을 내리고 있어요. 정말로 문제가 아닐 수 없어요. 이러한 지점에서 국가권력과 거대한 자본이 어떻게 협력하고 한 몸처럼 움직이는지 여실히 드러납니다. 그런 형국이니 두 젊은 노동자가 자신의 목숨을 버리면서까지 노동조합을 지켜달라고 마지막에 유서를 쓰고 세상을 뜨게 되는 거죠.

## 우리 삶을 바로잡을 삼성바로잡기 운동본부

**이**　현대자동차의 불법파견 문제는 10여 년이라는 고단한 세월을 거치며 대법원 판결에서 바로잡혔는데, 삼성전자서비스는 사실 서비스업이라는 이유로 고용노동부가 면죄부를 주기도 했잖아요. 삼성은 정말 우리가 넘어야 할 마지막 벽이라는 걸 그때 다들 실감한 바가 있습니다. 권변호사도 삼성을 바꿔야 세상이 바뀐다, 삼성을 바꿔야 한국 사회가 바뀐다는 취지로 '삼성바로잡기 운동본부'와 '삼성노동인권지킴이'에서 대표를 맡고 있죠. 그 활동도 같이 좀 아울러 얘기해주시죠.

"최종범 동지여, 55일 동안 차가운 냉동고 속에서
얼마나 추우셨습니까? 이제 배고픔은 좀 면하셨나요?
이제 동지들의 모습을 보기가 좀 편안해졌나요?
우리들이 열사에게 도움이 되었나요?
열사가 남긴 가족들의 가슴에 맺힌
한들이 조금이라도 풀어졌을까요?"

_최종범 동지여, 노동해방열사여!'

2013년 12월 24일 삼성전자 본관 앞에서 열린 삼성전자서비스지회 최종범 열사의 노제에서 조문을 읽는 권변호사. 최종범 열사는 노동조건 개선과 노동조합 활동 보장 등을 요구하며 스스로 목숨을 끊었고, 그 후 55일 만에 금속노조와 삼성전자서비스로부터 위임받은 한국경영자총연합회와의 협상이 타결되었다. 이날 전국민주노동자장으로 장례식이 치러졌다.  사진 **최용**

**권**    그동안 강남에 있는 삼성 본관의 앞쪽은 거의 동토의 구역이 었어요. 집회가 사실상 금지되고, 1인 시위도 하기 어려운 곳이었잖아요. 물론 삼성일반노조의 김성환위원장이 엄청난 싸움을 통해 집회 공간을 일정 부분 확보하기는 했죠. 근데 삼성 본관 앞 도로를 전면적인 집회 공간으로 확보하기 시작한 건 사실 삼성전자서비스지회 노동자들이 두 분의 열사 투쟁을 거쳐 자신들의 공간으로 주장하면서부터예요. 그렇게 삼성 본관 앞에서 집회 공간이 열리게 된 거죠. 사실 노동권을 탄압한다는 것은 그것만을 탄압하는 게 아니라 모든 관계에서 권리 자체를 자본의 이름으로 전부 통제해버리는 현상을 말하거든요. 일테면 본관 앞의 공적인 도로나 공간도 삼성 앞이라는 이유로 철저하게 경찰과의 협력을 통해 집회를 할 수 없는 공간으로 유지해온 것이죠. 이러한 집회 금지 구역이야말로 시장권력이 어떻게 국가권력을 포섭하고 장악하고 있는지를 잘 보여주는 증거입니다. 노동자와 시민들의 치열한 싸움이 없으면 이러한 공간마저 열리지 않는다는 걸 삼성을 통해 확인한 거죠.

정말 두 분의 희생을 치르면서까지, 어떻게 보면 동료의 죽음을 헛되게 해서는 안 된다는 의지 때문에 치열하게 싸우지 않을 수 없었어요. 그 결과 삼성에서 대중적인 형태의 노동조합이 그나마 버티고 있는 형국이 되었습니다. 삼성은 조합원들을 보고 자신들의 노동자가 아니라고 여전히 발뺌을 하고 있죠. '진짜사장나와라 운동본부'를 만들어야 한다는 얘기도 그 무렵 나온 거죠. 앞에서 얘기했듯이 시장이 국가를 어떻게 부패시키고 일반 국민의 삶을 어떻게 파괴해나가는지를 보려면 삼성의 무노조 경영이 정부기관이나 공적 기관을 매수해가는 구조를 보면 됩니다. 삼성을 그대로 둔 채 우리 사회의 부패한 구조, 비정상적인 구조를 바로잡을 수는 없습니다. 공정 사회 파괴와 노동 인권 유린, 이 두 문제를 바로잡아야죠. 그러한 삼성을 바로 세워야 한다는 게 삼성전자서비스지회 투쟁을 통해 사회적으로 이슈화되었습니다.

여기서 또 빼놓을 수 없는 것이 이른바 삼성 백혈병입니다. 삼성 반도체 공장에서 생긴 직업병의 피해자들이에요. 반도체를 만드는 공정과 환경으로 인해 노동자들이 혈액암 등으로 목숨을 잃었는데, 산재 처리와 보상 과정에서 회사는 계속 책임을 회피해왔어요. 삼성 반도체 측은 자신들의 업무와 무관하다고 발뺌을 해왔잖아요. 정말 부도덕한 처사죠. 그래서 삼성을 바로잡는 것이 우리 사회를 바로잡고, 우리 삶도 바로잡을 수 있는 매우 중요한 하나의 축이 되리라는 믿음에서 삼성바로잡기 운동본부를 만들게 되었고 공동대표를 맡게 되었죠.

**윤**　구체적으로 운동본부는 어떤 활동을 했나요?

**권**　무엇보다도 삼성의 여러 부당노동행위를 폭로했죠. 2013년 10월 심상정 의원실이 '2012년 S그룹 노사전략' 문건을 공개합니다. 그 내용을 보면 삼성 에버랜드 노동자들이 노동조합을 만들기 전부터 이미 철저하게 감시 체제에 들어간 사실이, 그리고 노동조합을 와해시키려던 구체적 경과가 자세히 나와요. 이런 표현이 있었어요. '노조가 만들어지기 전에 와해시켜라. 그리고 노조가 만들어지면 고사시켜라.' 아주 노골적으로 표현했어요. 사장단을 모아놓고 매년 교육을 할 때 쓰는 문건이었던 거죠. 그러니까 노조 파괴를 사장들에게 교육시키고 그걸 무노조 경영 방침이라는 이유로 내부적으로 스스럼없이 내세웠다는 게 드러난 것입니다. 법 위에 군림해 헌법의 권리를 짓밟는 행위에 아무런 거리낌이 없었던 것이죠. 운동본부는 그 폭로 작업을 같이 하면서 다음 단계로 고소·고발하는 일을 맡았어요. 우리는 법률적인 조정이나 직접 고발하는 활동을 했지만, 삼성전자서비스지회가 파업을 진행하는 과정에서 모두 서울에 집결하면 같이 결합했어요. 노숙 농성을 같이 한 기억이 꽤 납니다. 농성하는 동안 삼성 본관 앞에서 경찰의 직권남용에 대해서도 항의했죠. 또 삼성이 여러 형태로 위장폐업을 하고 조합원들에게 부당노동행위를 자행하는 것을 알리기 위해 기자회견과 집회를 꾸준히 조직했어요. 그리고 삼성전자서비스지회 노동자들을 옆에서 지원했죠.

**윤**   그와 같은 항의가 실질적인 결과로 나온 게 있나요? 근로자 지위확인 소송도 했을 테고.

**권**   결국 파업 노숙 농성을 통해 처음으로 단체협약을 타결시킵니다. 물론 형식은 협력 업체 사장단 대표와의 합의이지만, 사실 그것은 누구나 다 상식적으로 알 수 있듯이 삼성전자서비스 사 측이 결정한 것이죠. 왜냐하면 기사들의 수수료 등 모든 것을 원청이 조정하는데 이를 중간에서 전달하는 협력 업체 사장 스스로가 조정한다는 건 불가능하거든요. 그래서 삼성전자서비스 사 측은 사용자가 아니라고 끝까지 고집하면서 장막 뒤에 숨기는 했지만, 결국 협력 업체 사장단 대표를 내세워 단체협약을 체결하게 해야 했죠. 우리로선 상당한 성과를 낸 것입니다. 삼성 내부에서 자주적으로 싸워 단체협약을 쟁취한 첫 사례였습니다. 그러면서 사 측은 폐업을 전부 철회시켰어요. 노동조합을 깨려고 센터를 폐업시켰다는 게 확인되는 순간이었죠. 센터가 폐업하면서 직장을 잃은 노동자들도 다시 복직했어요. 물론 약간 형태는 변형되기는 했지만.

**이**　　지금도 삼성전자 본관 앞에서 '반올림'(반도체 노동자의 건강과 인권 지킴이)이 농성을 진행하고 있어요. 이것도 어떻게 보면 그 공간을 연 삼성전자서비스지회의 투쟁과 삼성바로잡기 운동본부의 사회적 연대가 이룬 성과의 연장선이라고 볼 수 있겠죠. 최근 간접고용 비정규직 부문에서 가장 조직력이 강한 희망연대노조의 방송·통신 노동자들의 투쟁도 사실 삼성전자서비스지회 활동의 영향을 받은 부분이 있거든요.

**권**　　맞습니다. 삼성전자서비스 기사들은 제조업이 아니라 서비스업 분야의 종사자죠. 간접고용 형태의 노동자들이고요. 서비스업 간접고용 노동자들이 노동조합을 만들어 단체협약을 체결함으로써, 어쨌든 원청이 뒤에 숨긴 했지만 노사 합의라는 성과를 이끌어낸 것이죠. 엘지유플러스, 에스케이브로드밴드에서 설치·수리 서비스를 하는 노동자들도 같은 맥락에서 노동조합을 통해 성과를 냈어요. 그런 점에서 삼성전자서비스지회의 투쟁은 비정규 노동 분야에서 귀중한 하나의 사례로 자리매김되어 많은 영향을 미쳤습니다.

**윤**　그럼에도 어쨌든 투쟁 과정에서 출혈이 많았던 편이고, 그에 비해 결과는 한계가 있다는 생각이 들어요. 관할하는 행정기관의 집행도 엉망이고요. 노동자들이 정말 열심히 싸워 값진 성과를 냈다는 것은 부인할 수 없지만, 사회의 다른 영역에 미치는 파장에는 한계가 있다는 생각이 들더라고요.

**권**　그렇죠. 이명박, 박근혜 정부가 들어서면서 워낙 천편일률적으로 사용자 친화 정책을 주도해왔어요. 거의 사용자와 한몸이 되어 노사정책을 펼쳐왔어요. 한쪽으로 기울어도 너무 기울었죠. 완전히 수직적인 관계로 기울어진 지금의 현실에서 노동조합이 재벌을 상대로 싸우는 것 자체부터가 이미 너무나 힘겨워 보입니다. 결과는 힘들고 고통스러운 현실을 그대로 반영하고 있어요. 엄청난 출혈과 40일 넘는 상경 노숙 농성에 비해 실제 근로조건이 개선된 정도를 보면 분명 그렇게 괄목할 만한 것은 못 됩니다. 미미한 수준이에요. 하지만 협력 업체 노동자들이 자신의 존재를 각성하기 시작했다는 점에서는 상당한 진보를 이루었어요. 그전에는 자기 회사가 무엇이고, 사장이 누구인지도 모른 채 아무 생각 없이 지시에 따라 일만 했다면, 지금은 어쨌든 자신의 권리를 주장할 수 있는 주체의식이 상당히 생겨난 상태이거든요. 이러한 것들이 변화라고 하면 변화라고 할 수 있죠.

**이**　　권변호사의 말씀을 들으면서 떠오르는 한 사람이 노무현인 데요. 사실 두 사람은 닮은 구석이 있어요. 노동 현장에 적극 투신해 노동자와 함께하면서 구속도 불사한 점은 비슷해요. 물론 권변호사는 직접 활동가로서 노동조합을 이끈 경험이 있으니 그 점에서는 노무현 보다 노동 현장에 훨씬 더 밀착했다고 보입니다. 어쨌든 변호사로서 여러 사건을 대하는 태도나 결기 있게 정면 돌파하는 방식은 닮아 보 여요. 두 사람의 차이는 자본에 대한 입장이 아닌가 싶어요. 노무현 대 통령은 임기를 마치며 권력이 시장으로 넘어갔다고 장탄식을 했죠. 또 인권변호사로서 가장 뼈아픈 게 사회 양극화, 비정규직 양산이라고 토 로를 했잖아요. 그 점에서 노무현 대통령은 최선을 다했지만 주저앉았 다고도 볼 수 있어요. 내가 보기에 권변호사는 한국 사회에서 청와대 위에 군림하는 슈퍼갑인 삼성 재벌과 맞서 싸운 지점에서 노무현과 갈 라집니다. 변호사라는 기득권을 가진 위상이었음에도 그 지위를 버리 고 싸운 것이죠. 노무현을 넘어서는 지점은 분명합니다. 앞으로는 뭔 가 새로운 모색이 노동운동뿐만 아니라 정치운동에서도 이뤄져야 하 겠죠. 그리고 사법 개혁도 하나의 축이 될 수 있겠습니다만, 이러한 지 점들이 자연스럽게 귀결되는 곳이 정치운동이기는 합니다.

**권**　　자본권력에 대해 어떻게 제대로 대응하느냐의 문제는 이제 우리 사회의 사활이 걸린 문제입니다. 맞습니다. 권력이 시장으로 넘어 갔다는 표현도 맞는 얘기인데, 삼성은 굉장히 무서운 조직입니다. 내가 삼성바로잡기 운동본부를 만들었을 때 흘러나온 얘기가 있었어요. 운동본부의 주요 인물을 면밀히 살펴보고 있다는 얘기가 있었어요.

**윤**　안 그래도 그게 궁금했어요. 권변호사는 활동하는 동안 불이익을 받지나 않았는지 되게 궁금했어요.

**이**　일거수일투족이 스크린 되고 있을 수 있어요.

**권**　굉장히 무서운 얘기죠. 삼성전자서비스지회와 노숙 농성을 할 때 삼성 본관 앞에서 거의 살다시피 한 나도 포함되었겠죠. 노동자들을 지원하면서 정면으로 삼성에 대해 문제 제기를 했으니까요. 삼성이 실제로 대응하는 방식을 보면 자신들의 잘못을 시정하는 쪽으로 가는 게 아니라 기존에 취했던 방식을 여전히 고수하고 있다는 판단이 듭니다. 그들은 자신들의 행위에 대해 한 번도 잘못되었다고 인정한 적이 없거든요. 이러한 습성을 전혀 버리지 못하고 있어요. 앞으로 우리 사회를 바꾸려면 시민사회는 정말 삼성을 넘어서는 견제 대응 방식을 고민하지 않으면 안 되게 되었습니다.

**이**　오히려 정부보다 삼성 권력이 더 막강할 수 있겠다는 생각이 들어요.

# 헌법재판소에서
# 틀어막힌 입

**권**　이제 헌법재판소 얘기로 넘어가보죠. 통합진보당 해산 심판
의 선고가 있던 날입니다. 사실 나는 당시 통합진보당의 여러 내부적
인 분란이나 정파적 갈등을 보며 그 정당을 좋아하지는 않았어요. 근
데 볼테르가 그런 말을 했죠. 나는 당신의 생각에 동의하지 않지만 그
생각 때문에 당신이 탄압을 받는다면 같이 싸우겠다고. 사람들은 얼마
든지 생각이 다르고 이념이 다를 수 있잖아요. 그런데 민주주의국가에
서 생각의 자유 자체를 국가가 통제한다는 건 있을 수 없는 일이죠. 그
리고 통합진보당에 대한 해산 결정은 정권이 기획한 측면이 있습니다.
그 기획된 의도대로 헌법재판소의 재판이 진행되고 있었어요. 2014년
12월 19일로 기억합니다. 그날은 박근혜 정부가 출범한 지 2주년 된
날이었어요. 양측이 제출한 서류만 해도 16만 7000여 쪽에 이르는 엄

청난 분량이고, 300쪽 책 기준으로는 556권이나 되는데 마지막 변론 후 이를 검토하는 데 채 한 달도 주지 않았다고 들었어요. 게다가 선고 기일을 이틀 전에야 공지하는 사태를 보면서 판결이 어떻게 결론 날 지 대충 예상이 되더라고요. 그때 정말 위험한 일이 벌어지고 있다는 생각이 들었어요. 헌법재판소가 헌법에 따른 판단이 아니라 정치적 판 단에 좌우되는 것보다 위험한 일은 없죠. 헌법의 가치를 지켜야 할 헌 법재판소가 정치적 판단을 갖고 헌법의 이름으로 정당을 해산시킨다 는 것은 정당 민주주의의 근간을 흔드는 것이잖아요. 과연 이런 짓을 해도 되는가 하는 생각에 그날 헌법재판소에 뛰어 들어가게 된 거죠.

사실 그것은 법리적인 결론 앞에서 돌아서서는 안 된다는 판단에서 비롯한 것이기도 해요. '정말 헌법적 가치를 지켜야 할 재판관들이 헌 법적 가치를 배반한다면, 스스로 부정한다면 우리는 어떻게 행동해야 할까. 그걸 늘 법리적으로만 주장해야 할까. 정면에 대놓고 당신이 잘 못한 것이요, 하고 얘기할 수 있어야 하지 않을까. 시민의 한 사람으로 서 말이다.' 이런 생각이 들었어요. 대법원이나 헌법재판소에 가보면 쥐 죽은 듯이 조용해요. 법정에 들어선 이들이 정말로 매우 점잖은 사 람들이기에 조용한 것인지, 아니면 강요된 침묵, 즉 형식이나 권위적 인 위세에 눌려 침묵하는 것인지 생각해봤어요. 나는 늘 보면 권위적 인 침묵을 강요당하고 있다는 생각이 들었어요. '숨소리 하나 내면 안 되고, 말소리 내면 안 되고. 어쩌다가 이렇게 되었을까.' 재판관들이 정 말로 역사적 잘못을 저질렀을 때 어떤 행동을 취해야 할지 생각해봤

250

습니다. 누군가는 정면에서 그들이 하는 행위가 어떤 의미인지를 정리해 지적해야 한다는 생각을 했던 거예요. '왜 우리는 사후적으로 뒤에서 구시렁거리는가. 그 사람의 잘못에 대해 뒤에서 구시렁거리는 것은 비겁한 짓이다. 그렇게 해서는 안 된다. 그 사람 앞에서 잘못을 지적해야 본인도 얘기를 듣고 생각해볼 수 있지 않겠는가. 뒤에 가서 구시렁거리면 그 사람에게 무엇이 잘못되었는지 제대로 전달될 수 있을까.' 그때 생각은 그랬죠. 그런데 침묵이 흐르는, 숨소리 하나도 내면 안 될 만큼 조용한 공간에서 헌법재판관들에게 정면으로 얘기하는 것은 상상을 초월할 정도로 힘든 일이었습니다.

**윤**　혹시 헌법재판소 역사상 처음 있는 일 아닌가요?

**이**　처음일 거예요.

**권**　사실 청년 시절에 천주교에서 영세를 받은 뒤로 상당히 오랫동안 냉담을 해왔는데 사람의 심리가 그런 것 같아요. 꼭 필요하면 하느님을 찾아요. 그날 헌법재판소장이 판결 결정문 요지를 읽을 때 이유가 나왔어요. 9명의 재판관 중 정당 해산에 대한 찬성 의견은 8, 반대는 1. 이유가 낭독이 되었을 때에요. 그때 이렇게 결론이 났구나 하는 생각에 벌떡 일어섰어요. 그런데 뭔가 얘기를 해야겠다고 마음은 먹었는데 입이 안 떨어지더라고요. 그 조용한 분위기에서 막상 뭔가 얘기하려니 엄두가 안 나더라고요. 그러자 뒤에 있던 방호원이 와서 내 어깨를 확 누르면서 앉으라고 했어요. 도리 없이 앉았다가 사실 주문이 거의 끝나갈 때쯤 '이제는 얘기를 꼭 해야겠다, 당신들이 지금 어떤 잘못을 하고 있는지를 정말 정면에서 꼭 누군가는 말해야 한다'라는 생각이 그렇게 간절할 수가 없었어요. '난 뒤에 가서 얘기하지 않겠다.' 그때 일어서지 못하고 있을 때 속으로 계속 기도했어요. 제발 내게 말할 수 있는 용기를 달라고 수없이 마음속으로 빌었어요. 그렇게 해서 다시 일어섰습니다.

다시 벌떡 일어서니까 그제야 입이 열리더군요. 원래는 '오늘로써 헌법재판소가 헌법의 이름으로 민주주의를 파괴한 날입니다'라고 가려 했는데 너무 길잖아요. 그래서 줄여 "오늘로써 헌법이 민주주의를 파괴한 날입니다" 이렇게 갔어요. 한 번 해서는 또 못 알아들을 수 있으니 한 번 더 외쳐야 했던 거죠. "오늘로써 헌법이 민주주의를 퇴행시킨 날입니다." 이렇게 외치니까 뒤에 있던 방호원들이 끌고 나간 거죠. 끌려 나가다가 너무 밋밋한 분위기에 재판관들을 향해 한 번 더 외쳤습니다. 그 사람들이 잘못했다는 건 남겨야 할 것 아니에요. "역사의 심판을 면치 못할 것입니다. 역사의 심판을 받게 될 것입니다." 그 말을 남기고 끌려나왔어요. 끌려 나오면서 속으로 '하나님, 고맙습니다. 이렇게 말할 수 있도록 용기를 주셔서 참 고맙습니다'라고 되뇌었어요. 그때서야 안도감이 들더군요.

모르겠어요. 그게 분란이라고 볼 수는 있는데, 사실 나는 그런 생각을 했어요. 강요된 침묵에 저항할 수 있어야 한다는 생각 말이에요. 왜 그들은 강요된 권위를 갖고 있어야 하고, 우리는 그 앞에서 아무 얘기도 하지 못하는가. 계속 의문을 던졌던 거죠. 문제가 있으니 문제가 있다고 말했는데 왜 처벌을 받아야 하는지 나는 이해할 수가 없어요. 우리 세상은 조금 더 분란이 생기고, 조금 더 소란스러워야 하는 것 아닌가요. 민주주의라는 건 사람들이 자신의 생각을 최소한이라도 표현할 수 있도록 공간을 내줘야 하는 게 아닌가요. 그것도 기본권의 최후의 보루라고 하는 곳에서 한마디도 못 하게 하다니요. 정말 억울한데도 불구하고 한마디도 못 하게 하고 입만 빵긋하면 법정소동죄로 몰아 처벌하는 게 옳은 처사입니까. 그와 같은 문제 제기를 정말 하고 싶었어요.

**윤**　끌려 나가던 순간을 찍은 사진을 보면, 방호원들이 일단 권 변호사의 입을 틀어막잖아요. 말을 못 하게 하려고.

**권**　앞에서 대학 1학년 시절을 말할 때 인생의 첫 수업이 '틀어막힌 입'이라고 했잖아요.

**윤**　아, 맞다!

**이**　당시 시위하다가 잡혀 끌려가는 선배의 모습이 그랬죠.

**권**　그런데 이번에는 내가, 내 입이 틀어막히게 된 거예요. 역사라는 게 이렇게 반복될 수 있구나 하는 생각이 번뜩 들었어요. '역사가 퇴보하면, 민주주의가 퇴보하면 그리고 우리가 정치적 선택을 잘못하면, 역사는 이렇게 또 다시 반복되는구나. 맞아. 내게 세상을 보는 눈을 뜨게 해준 것이 선배의 틀어막힌 입이었는데, 이제 내 입이 틀어막혀 버렸어. 참, 이런 운명의 장난이 다 있구나.' 그런 생각이 확 들었죠.

**이**　틀어막힌 입!

2014년 12월 19일 헌법재판소에서 진행된 통합진보당에 대한 정당 해산 심판에서 해산 결정이 나자, 권 변호사는 일어나 재판관들을 향해 "오늘로써 헌법이 민주주의를 파괴했다. 역사적 심판을 받을 것이다. 역 사적 심판을 면치 못할 것이다"라고 외치며 항의했다. 곧바로 방호원들에게 입이 틀어막힌 채 끌려 나갔 다. 이때 많은 언론들이 '입 틀어막힌 민주주의'라는 제목으로 기사를 올렸다.   사진 **연합뉴스**

**권**　헌법재판소의 정당 해산 심판은 법적으로는 더 이상 구제할 방법이나 절차가 없기 때문에 돌이킬 수는 없지만, 역사적으로 재조명이 되어 분명히 심판을 받으리라고 확신해요. 어쨌든 나는 재판관들이 있던 자리에서 꼭 문제 제기를 해둬야 하고, 그들이 그 문제 제기를 직접 들어야 한다고 생각했습니다. 언론을 통해서가 아니라 자신들이 심판하는 그 장소에 있던 누군가의 입에서 나온 말을 통해 꼭 들어봐야 한다고 생각했어요. 그게 정의가 아닐까요. 나중에 법정소동죄로 처벌 받는다고 해도 나는 후회는 없어요.

**윤**　지금 재판이 어떻게 진행되고 있죠?

**권**　1심이 진행 중인데 아직 판결은 안 났습니다.

**이**　그게 아직 판결이 안 났나요?

**권**　아마 내년(2016년) 초에 나겠죠. 그러고 보니 곧 내년이군요.

**이**　여기서 긴 대담을 마칠까 합니다. 긴 시간 동안 수고하셨습니다.

# 2부  생각의 단편들

짧은 글

# 갇힌 자의 시간

종로경찰서 유치장 일기

* 나는 2015년 9월 23일 '박근혜 정권의 노동개악을 저지하기 위한 민주노총 총파업 결의대회'에 참여했다가 공무집행방해, 일반교통방해, 집시법 위반죄로 종로경찰서 유치장에 구금되어 3박 4일을 보냈다. 광화문 광장 세종문화회관 앞에서 인도 위로 병력을 투입하고 무차별적으로 최루액을 난사하는 경찰에 맞서 문제를 제기하며 항의하던 중 해산명령 불응죄의 현행범인으로 체포되었다.

체포되기 직전 인도에서 손을 들고 서 있었는데, 약간 떨어져 있던 앞쪽의 경찰관이 나를 지목하고 옆의 경력(경찰 병력)들에게 눈짓을 하는가 싶더니 낚아채듯 내 목덜미를 잡아 경력 안으로 끌어당겼다. 표적 검거를 의심하게 되는 행동이었다. 이때가 18시 30분경이었는데 광장 한쪽에 격리되었다가 호송버스에 태워져 종로 경찰서로 이송되었다. 그때부터 9월 26일 20시경 검찰의 구속영장 청구가 기각되어 석방될 때까지 3박 4일 종로경찰서 유치장에 갇혀 지냈다.

유치장에서 마음을 다스리기 위해 이따금 작성한 일기를 그냥 묵히기가 아쉬워 소개한다.

## 9월 24일 목요일

### 00시 30분

다시 또 유치장(종로경찰서)에 입감되었다. 2실(장애인실)에 갇혔지만 홀로 쓰는 독방 같다. 캡사이신을 맞은 얼굴과 팔 그리고 머리를 세

2015년 9월 23일 '노동개악 저지를 위한 민주노총 총파업 결의대회'에 나선 민주노총 조합원들이 세종문화회관 앞에서 정리집회를 하는데, 경찰이 최루액을 수없이 쏘며 인도로 밀고 들어왔다. 시민들에게 캡사이신을 쏘는 것은 부당한 행위라며 경찰의 강제 해산에 항의하던 중 연행되었다. 언제나 그렇듯이 대열의 맨 앞에서 손을 들어 항의하는, 투쟁조끼를 입은 그를 볼 수 있다. **사진 오마이뉴스**

면대에서 씻어냈다. 팔과 얼굴 곳곳이 화끈거린다. 어제 세종문화회관 계단 앞 인도에서 경찰이 무차별적으로 쏘아대는 최루액을 많이 맞은 탓이다. 내가 경력들을 향해 두 손을 들고 인도 위 시민들에게 최루액을 쏘지 말라고 항의하던 중 인도 위로 밀고 올라온 기동대원들에게 낚아채이듯 목덜미를 잡힌 채 경력들 안으로 끌려 들어갔다. 그리고 해산명령 불응죄의 현행범인으로 체포한다는 소리를 들었다. 체포된 시각이 9월 23일 19시경 정도 되었을까? 경찰관들은 무슨 생각으로 나를 체포한 것일까? 많이 졸린다. 오늘은 그냥 자야겠다.

### 07시 30분

날은 바뀌지 않았지만 아침이다. 유치장은 사방이 벽으로 막혀 있기 때문에 낮과 밤의 구별이 없다. 다만 기상 시간(07시)이 되니 방 안에 높이 걸린 형광등에 불이 켜졌다. 어제 맞은 캡사이신이 여전히 묻어 있는 것 같아 세면대에 머리를 디밀고 비누 없이 머리를 감았다. 감았다기보다는 흐르는 수돗물에 머리카락을 헹구었다고 봐야겠지. 담요 1장을 개켜 자리를 잡고 벽 쪽으로 앉았다. 마음이 휑하니 느껴졌다. 다소 어이없이 연행되었다는 생각 때문이다. 인도로 밀고 올라와 캡사이신 최루액을 쏘아대는 경력들을 향해 손을 들고 쏘지 말라고 하던 중 낚아채이듯 경력들 안으로 잡혀 들어가 체포되었기 때문이다.

다시 복기를 해본다. 그러고 보니 경력들 중 둘째 줄에 있던 한 경찰이 나를 지목하며 옆의 경찰들과 입을 맞추는 듯한 장면이 떠오른다.

의도적인 체포가 아니었을까 의심이 간다. 지목해 체포한 것이라는 생각이 든다. 마음이 헛헛하다. 7시 25분께 아침밥이 들어왔다. 유치장 근무 경찰관이 식사하라고 권한다. 헛헛한 마음에 밥 생각이 없다가 도시락을 나눠주는 경찰관의 말 한마디에 도시락 뚜껑을 열었다. 요기를 하듯 몇 젓가락을 떠 밥을 밀어 넣고 시금치국으로 멘 목을 틔웠다. 밥그릇을 내주고 간이용 밥상을 남겼다. 책상 대용으로 쓰기 위해…. 하지만 여전히 헛헛한 마음은 가시지 않는다.

### 08시 00분

부채꼴 모양의 경찰서 유치장 구조, 이러한 유치장 구조는 파놉티콘의 사촌쯤 될 것이다. 근무자들이 부채꼴의 중심에 앉으면 유치장 내에 구획된 5개 방의 내부를 모두 들여다 볼 수 있다. 효율적인 감시가 가능하다. 일반적으로 경찰서 유치장은 2층 구조로 되어 있는데 1층과 2층의 방 구조는 동일하다. 다만 2층은 1층에서 올려다봐야 하기 때문에 되도록이면 2층에는 유치인을 두지 않는다. 사각지대가 생기고 근무자의 동선이 길어지기 때문이다.

(파놉티콘panopticon은 1791년 영국의 철학자 제러미 벤담이 죄수를 효과적으로 감시할 목적으로 고안한 원형 감옥을 말한다. 파놉티콘은 '모두'를 뜻하는 'pan'과 '본다'는 뜻의 'opticon'을 합성한 것이다. 번역하면 '모두 다 본다'는 뜻이다. 중앙의 원형 공간에 높은 감시탑을 세우고, 중앙 감시탑 바깥의 원 둘레를 따라 죄수들의 방을 만들도록

설계되었다.)

오늘로써 '노사정위 야합 원천 무효, 박근혜표 노동개악 저지, 노동자 살리기 비상시국농성' 8일차. 광화문 파이낸스빌딩 앞 시국농성장에서는 오늘 아침을 어떻게 맞이했을까?

어젯밤 체포된 나를 면회하러 왔다가 (종로)경찰서 정문 앞에서 저지되어 폭력적으로 끌려 나가는 바람에 예상에 없던 규탄 집회를 해야 했던 장그래살리기운동본부 동지들. 김소연, 이남신, 김혜진, 송경동, 박점규, 오진호, 조명지, 임용현, 안지중, 윤지영, 이단아, 명숙, 이현아 등등. 너무 고맙다. 누구보다도 열정적이고 전투적이다. 분노를 분노답게 쏟아낼 수 있는 그들이 아름답다. 이들이 나와 함께 정치적 행동까지 같이 해줄 수 있다면 얼마나 좋을까.

아이들 생각이 난다. 나와 너무 멀리 떨어져 있는 것처럼 느껴진다. 마치 외국 어딘가에 유학을 하러 간 것처럼…. 아내와는 어제 경찰서의 전화로 통화를 했다(유치장에 구금된 후부터는 휴대폰을 사용할 수 없다. 굳이 사용하려고 하면 가능하겠지만 일단 영치되어버리기 때문에 번거롭다). 횟수를 세는 것이 무의미해진 소환장, 잦은 연행과 기소, 그리고 재판을 반복하고 있는 남편을 아내는 어떻게 생각할까? 아내는 9월 23일 민주노총 결의대회에 참석하고 있던 내게 오늘은 별일 없기를 바란다며 조심하라는 문자까지 보냈었는데…. 그러겠다고 답문자를 해놓고 또 약속을 못 지켰다. 일전에 아내는 나를 하숙생 같다고 말한 적이 있다. 되돌아보니 맞는 말 같아 마음이 헛헛하다.

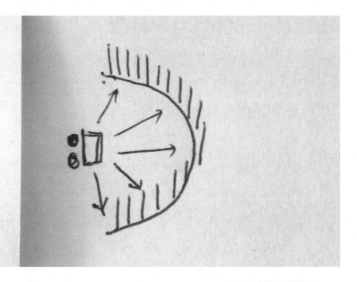

파놉티콘, 종로서 유치장

## 09시 15분

갇힌 자의 생활은 시간과의 싸움이다. 특히 유치장에서는 더욱 실감난다. 갇혀 있는 것 외에는 다른 무언가가 없기 때문에 독서를 하지 않으면 시간은 더디다. 정좌를 하고 앉아 있는 것도 시간이 지나면 흐트러진다. 수행을 하지 않은 범인凡人에게 장시간 가부좌를 틀고 앉아 있는 것은 고통이다. 다리가 아프고 허리도 쑤시고…. 유치장이지만 최소한의 절제는 필요하다. 눕고 싶지만, 감시의 눈이 있기에 흐트러진 모습을 보이지 않으려 눕지 않는다. 견딘다는 것은 동물적 본능이 아니라 인간의 의지다.

우리 사회의 불평등이 인내의 한계를 넘고 있다. 노동의 양극화가 심화되는 우리 사회를 보면서 신분제 사회로 변해가고 있다는 느낌을 받는다. 사람을 대접하지 않는 세상, 그저 싼값의 노동력으로 취급하는 세상, 1등 국민과 2등 국민으로 나뉘어 2등 국민의 삶은 최저임금 수준을 벗어나지 못하는 사회… 이러한 사회에 행복이 깃들 수 있을까? 이러한 사ㄹ회에 과연 평화가 깃들 수 있을까? 불평등은 인간의 존엄성을 파괴하는 주된 원인이다. 1등과 2등으로 구분되는 순간 1등은 2등을 존귀한 존재로 보지 않는다. 2등은 부림의 대상, 나와는 다른 존재로 인식하게 된다.

이와 성격이 다르기는 하지만 잊을 수 없는 기억이 있다. 풍산금속 온산공장을 다닐 때의 경험이다. 1985년 회사에 입사했을 당시 공장은 부장급 간부 사원 이상이 이용하는 식당과 그 이하 직원들이 이용하는 식당으로 구분되어 있었다. 식당이 다르니 나오는 밥과 반찬이 달랐다. 간부 사원이 먹는 밥은 정갈하고 기름기가 흘렀다. 반면 노동자가 먹는 밥은 스테인리스 식판에 그저 끼니를 때울 정도였다. 그런데 어느 순간 간부식당이 사라졌다. 노동조합이 생긴 이후부터였을까. 공장장 이하 모든 직원들이 구분되지 않은 채 같은 식당에서 점심밥을 먹게 되었다. 밥과 반찬이 달라졌다. 점심시간이 기다려질 정도였다. 공장의 최고 책임자인 공장장이 먹는 밥과 말단 직원이 먹는 밥의 구분을 없애자 밥과 반찬의 질이 향상되었다. 공장장도 먹는 밥이니 허투루 할 수가 없게 된 것이다.

다른 사안에서도 이 현상은 그대로 나타날 것이다. 고용 형태를 구분하면 그에 따라 처우를 달리하게 되어 차이가 발생한다. 그 차이가 반복되어 일상화되면 결국 차별로 굳어지게 된다. 노동의 구분, 즉 고용 형태의 구분은 결국 차별의 시작이자 원인이다. 노동의 세계에서 차별을 없애려면 궁극적으로 그 원인이 되는 고용 형태의 구분을 없애야 한다. 간부식당과 직원식당의 구분을 폐지한 것처럼 정규직과 비정규직이라는 고용 형태의 구분을 제거해야 한다.

가장 먼저 해야 할 일은 한 사업장 안에서 제삼자를 매개로 노동력을 사용하는 간접고용을 없애는 일이다. 한 사업장 안에서 하청 업체가 원청 업체로부터 정말 독립적일 수 있다고 믿는가. 결국 한 사장의 지배하에 있는 것을 마치 서로 독립된 층층 사장의 지배로 구분된 것처럼 위장하고 있을 뿐이다. 사업장 안 고용 형태의 구분(정규직, 사내

하청, 기간제 등)을 폐지하고 1고용 형태(상시업무 정규직) 체제를 복원해야 한다.

혹자는 왜 그렇게 해야 하냐고 물을지도 모른다. 그 이유는 인간은 존엄하기 때문이다. 인간의 평등이 파괴되면 인간의 존엄성은 설 자리를 잃게 된다. 우월한 인간이 열등한 인간을 존귀한 존재로 생각하는 것은 불가능하다. 따라서 차별은 인간의 존엄성을 파괴하는 원인이자 결과이다. 차별이 일상화된 사회에서 인간은 더 이상 목적으로 대우받지 못한다. 인간은 능력이라는 이름하에 서열화되고 통제의 수단으로 전락한다. 수단에게는 지배하는 자의 질서하에서 맡은 바 임무를 잘 수행하는 것이 최고의 미덕이다. 권리는 불순한 것이 되고, 의무에 대한 경쟁만이 남는다.

아, 그렇구나. 평등은 결국 인간의 존엄과 같은 말이었구나. 유치장에서 얻게 되는 소중한 깨달음이다. 같은 존재로, 동등한 존재로 보지 않으면 연민의 대상은 될 수 있으나 존엄한 존재로 인식되지는 않는다. 비정규직 제도를 없애야 하는 가장 큰 이유다.

## 9월 25일 금요일

### 07시 05분

날이 바뀌었다. 사흘째 되는 날이다. 기상은 했으나, 기분은 가라앉아 있다. 더 처지지 않으려고 윗몸일으키기 80회, 팔굽혀펴기 100회,

앉았다 일어서기 50회로 간단한 운동을 한 뒤 세면을 했다. 오늘 하루 가 시작된 것이다. 오늘은 장그래살리기운동본부에서 '박근혜표 노동 개악 저지, 노동자 살리기 비상시국농성'을 마무리하기로 한 날인데 어제 집행위 회의에서 어떤 결정을 했을까? 농성장을 정리할 것인가? 궁금하다(참고로 본부장인 내가 나올 때까지 농성장을 정리하지 않기 로 결정했다는 사실을 나와서 알게 되었다).

오늘 아침밥도 여느 날과 같이 약간의 검은콩이 섞인 흰밥 위에 계 란프라이를 덮었다(이건 유치장마다 다르니 오해 없으시길). 반찬은 북엇국에 김치, 가지조림, 양념 깻잎이다. 계란프라이를 덮은 밥은 그 자체로 추억을 떠올리게 한다. 하지만 빛바랜 플라스틱 밥그릇과 반 찬통은 시각을 자극해 밥맛을 반감시켰다. 좀 덜 위생적일 것 같은 기 분이 들어서 말이다. 약식으로 성호를 긋고 천천히 나무젓가락을 쪼갠 후 밥알을 떴다. 다행히 오늘은 북엇국의 간이 맞다. 유치장 생활에는 별도로 운동시간이 없으니 밥은 3분의 2만 먹고 남겼다. 소화될 만큼 먹는 것이 몸의 컨디션을 유지하는 비결이 될 터이니.

밥을 먹고 양치질을 두 번이나 했다. 한 번 칫솔로 이를 닦아도 개운 하지 않아 다시 치약을 묻혀 향긋한 느낌이 날 때까지 열심히 닦았다. 입안의 느낌이 한결 상쾌하다.


### 09시 15분

아침에 교대한 근무 경찰관이 믹스커피 한잔을 가져다주었다. 종로서는 다른 경찰서에 비해 건물이 낡고 민원 처리 과정도 다소 경직되어 좋은 평을 듣는 곳은 아니다. 그런데 믹스커피를 한잔 받아드니 마음 씀이 고맙다. 갇힌 자에게는 소소한 배려도 감동일 때가 있다. 그러고 보면 인간의 감정은 사소한 데서 영향을 받는다. 이상이 원대하든 현실적이든 인간은 감정의 존재이니 당연한 일이겠지만, 이러한 작은 감동이 이채롭다. 쇠창살 안에서 마시는 따뜻한 커피 한잔! 갇혀봐야 알 수 있는 맛이다.

(2015. 9. 25)

# 구두 소환

잊을 만하면 날아오는 게 있다. 출두 요구라고도 하고 소환이라고도 하는 것. 어제 '02-530'으로 시작하는 전화 한 통을 받았다. 좀 낯익은 앞 번호였다. 서울중앙지방검찰청 검사실로 조사받으러 와야 하는데 언제 올 수 있느냐는 것이었다. 이른바 '구두 소환'인 셈이다.

무얼 조사하느냐고 물었더니 "왜, 작년 12월에 헌법재판소 법정에서 소란을 피운 행위로 보수단체에서 고발한 것 있지 않습니까"라는 답이 돌아왔다. 2014년 12월 19일 헌법재판소의 통합진보당 해산 결정에 대해 재판관들 면전에서 "오늘은 헌법(재판소)이 민주주의를 살해한 날입니다. 역사적 심판을 면치 못할 것입니다"라고 항의하다가 곧바로 방호원들에게 입이 틀어막힌 채 끌려나왔던 기억이 확 되살아났다. 나의 항의는 검찰에 의해 법정에서 소란을 피운 행위로 규정되었다.

그래서 한 번 더 물었다. "그게 무슨 죄입니까?" 그랬더니 "법정모욕죄입니다"라고 했다. 음, 그렇구나. 내가 법정을 모욕한 것이구나…. 법전을 들쳐보았다. 형법 138조(법정 또는 국회회의장 모욕)에 "법원의 재판 또는 국회의 심의를 방해 또는 위협할 목적으로 법정이나 국회회의장 또는 그 부근에서 모욕 또는 선동한 자는 3년 이하의 징역 또는 700만 원 이하의 벌금에 처한다"고 적혀 있다.

내가 법정을 모욕한 건가? 높은 법대에 앉아 있는 재판관들을 향해 들을 수 있도록 소리친 것인데…. 그저 웃음이 나온다. 고음으로 항의하면 잡혀가거나 소환되는 세상이 아닌가. 헌법재판소의 결정을 다시 환기시켜주니 감사하다고 해야겠지.

(2015. 3. 13)

# 이창근

2014년 12월 12일 삼성전자서비스 협력 업체 노동자였던 고 최종범 열사가 남기고 간 딸의 두 돌을 축하해주는 자리가 서울의 한 식당에서 조촐하게 마련되었다. 공교롭게도 아이의 생일을 축하해주는 그 자리에서 나는 쌍용차 해고 노동자 둘이 다음날 새벽 쌍용차 평택 공장 안에 위치한 굴뚝에 오를 것이라는 청천벽력 같은 소식을 듣게 되었다. 한 달여 전인 11월 13일 대법원은 쌍용차의 정리해고가 무효라고 판단한 원심 판결을 깨고 서울고등법원으로 사건을 돌려보냄으로써 해고 노동자들의 복직에 대한 기대를 산산조각 내버렸다. 2009년 8월 6일부터 6년에 걸쳐 공장 앞에서, 거리에서, 대한문에서, 철탑에서 풍찬노숙을 감내하며 싸워온 쌍용차 해고 노동자들의 복직 투쟁이 한순간에 물거품이 되는 순간이었다. 그들이 고심 끝에 내린 결론은 동료들 곁으로 돌아가 다시 자본과 정면 대결을 하는 수밖에 없다는 것이었으리라. 쌍용차 정리해고 사건에서 노동자들을 대리한 나로서는 참으로 미안하고 참담하기 이를 데 없었던 터였다. 전화라도 해서 만류하고 싶은 마음은 굴뚝같았지만, 패소한 대리인이 무슨 말을 보탤 수 있었겠는가. 결국 아무 말도 하지 못했다. 두 사람은 예고한 바대로 다음날인 12월 13일 새벽 공기를 가르며 공장 안 굴뚝에 올랐다.

그 둘 중 한 사람이 바로 《이창근의 해고 일기》의 저자 이창근이다. 굴뚝 농성이 시작된 지 한참이 지난 올해 2월 하순경 〈프레시안〉으로부터 한 통의 전화를 받았다. 굴뚝에 올라간 해고 노동자 이창근 씨가 해고 기간 동안 쓴 글들을 모아 책으로 출판했는데 서평을 써줄 수 있느냐는 것이었다. 미안함이 컸던 터라 두말하지 않고 수락했다. 정작 글을 쓰려고 하니 여러 기억들이 주마등처럼 지나간다.

2009년 쌍용차 노동자들이 평택 공장에서 정리해고에 반대해 옥쇄 파업을 할 당시, 나는 민변 노동위원회 위원장을 맡고 있었던 관계로 노동 법률가들과 함께 평택 공장을 방문했고, 이때 금속노조 쌍용차지부와도 인연을 맺었다. 인연이 남달랐던지 나는 쌍용차 정리해고 반대 투쟁과 관련한 기자회견과 집회에서 두 번이나 경찰에 체포·연행되어 구금되었고, 결국 피고인으로 재판을 받게 되는 특별한 경험도 갖게 되었다. 그만큼 쌍용차 정리해고 사건과 그로 인해 쫓겨난 노동자와 가족들 26명의 죽음, 그 죽음의 행렬을 멈추기 위해 거리에 나선 해고 노동자들의 투쟁은, 단지 한 기업의 노사문제로만 치부할 수 없는 우리 사회의 노동과 그를 둘러싼 정치적 현실을 드러낸 사회적 재난이자 아픔이었다.

나는 저자 이창근을 개인적으로 잘 알지는 못했다. 그가 깡촌 출신이었는지, 그의 아들 이름이 '주강'인지, 아들을 얼마나 어여삐 여기는

지도 알지 못했다. 이 책을 읽고서야 알게 되었다. 나는 그를 주로 농성장이나 거리, 아니면 사무실에서 공적인 관계로 보았기 때문이다. 내가 그에 대해 알고 있었던 것은 금속노조 쌍용차지부 정책기획실장으로 언론 브리핑을 도맡아 하는 해고 노동자이고, 다른 사업장의 정리해고·비정규직 투쟁에도 기획 단계부터 함께 참여하며,〈한겨레〉등 언론 매체에 쌍용차 문제를 비롯한 노동문제에 대해 주기적으로 기고를 한다는 사실이었다. 그런데 어쩌다 마주친 그의 글은 읽을 때마다 내게 상당한 공감과 울림을 가져다주었다. 나는 서평을 쓰기 위해《이창근의 해고 일기》를 찬찬히 읽어 내려가면서 그 이유를 알게 되었다.

(2015. 3. 13)

# 사법 정의에 대한 미련을 버리며

졌다.

쌍용차 정리해고 사건, 대법원에서….

노동자들이 이기고 올라간 사안은 파기환송 판결, 노동자들이 지고 올라간 사안은 상고 기각 판결. 어떤 말도 할 수가 없다. 패장은 말이 없다고 하지 않던가.

대법원에 일말의 기대를 했다는 것 자체가 너무 부끄럽고 참담하다. 그들은 법정을 열기 전에 서초서에 경비 병력을 요청했고, 그 바람에 우리는 법정 출입문 앞에서 마치 공항 수속처럼 검문을 받고 출입을 허용받아야 했다. 게다가 법정에서 법정 경리는 캠코더를 노동자들을 향해 겨누고 있었다. 이미 주변 상황과 징후는 노동자 패소를 말해주고 있었다. 그런데도 미련하게 법정에 앉아 선고를 기다렸다.

쌍용차 해고 노동자들 패소… 그 결말은 단 몇 초의 낭독으로 끝이 났다.

출입문에서 기다리고 있는 엄청난 수의 기자와 카메라들… 우리 사회에 혹은 사법부에 무언가 기대를 걸고 있다는 증표였을까. 여기저기서 흐느끼는 소리가 터져 나왔다. 6년간의 고난에 찬 투쟁의 기억들이 한꺼번에 되살아났다.

오늘로써 나는, 천민자본과 이를 옹호하는 권력의 카르텔이 너무도 강고한 이 땅에서 노동자들이 법원의 판결을 통해 자신들의 권리를 보장받을 수 있다는 망상을 버리기로 한다. 쌍용차 정리해고 사건에서 보여준 대법원의 판결은, 이 땅의 사법부란 국민의 자유와 권리를 위한 최후의 보루가 아니라 권력과 자본, 그들이 주도하는 기득권 질서를 비호하고 정당화하는 제도적 폭력임을 깨닫게 한다.

판결을 통해 세상을 변화시켜보겠다는 미련 같은 것이 남아 있다면 이제 털어버리자. 합리적인 주장과 비판마저 종북과 반사회 행위로 몰리고, 공권력의 횡포에 항의하는 행위마저 징벌의 대상이 되어버리는, 궤변과 같은 현실은 진실로 우리에게 절절한 대오각성을 요구하고 있는지 모른다.

고상하기 이를 데 없는, 그러나 강요된 침묵으로 고요한 법정에서 벌어지는 환상은 오늘로써 충분하다. 세 치 혀로, 서면 공방으로 뭔가 하고 있다는 마약 같은 위로와 환상에서 벗어나야겠다.

생각한다. 이 땅을 우리 후손들에게 그래도 살맛나는 세상으로 만들기 위해서는 민중이 진정으로 자신의 권력을 행사할 수 있는 정치적 모색을 새로이 시작해야 한다. 기존의 서푼도 안 되는 입지와 정파적 이해를 모두 던져버리고, 반생명, 반문명 세력에 대항하기 위한 정치적 결단이 요구된다.

세상을 바꾸지 않는 한, 정리 해고된 노동자들과 그 가족의 고통을 멈출 수 없다. 세상을 바꾸지 않는 한, 차별받는 비정규직 노동자들의 한숨을 멈출 수 없다. 세상을 바꾸지 않는 한, 세월호 참사로 희생된 유가족들의 진실에 대한 갈망을 풀 수 없다.

우리는 다시 시작해야 한다. 나뉘어 자신의 발등만을 들여다볼 것이 아니라 전체 숲을 보며 가장 낮은 곳에서부터 새로운 정치적 모색을 해야 한다. 그러지 않으면 권력 교체기를 맞이한다고 해도 우리는 아무것도 바꿀 수 없다.

쌍용차 해고 노동자들의 소송대리인으로서 동지들께 진심으로 사과드린다. 인권 옹호와 사회 정의 실현이라는 사명을 다하지 못한 부족함에 그저 죄스러울 뿐이다.

오늘로서 나는 사법 정의에 대한 환상을 버린다.

(2014. 11. 13)

# 피고인 모두 진술

* 2014년 6월 검찰은 2012년과 2013년 쌍용차 정리해고 문제를 해결하기 위해 시위에 참여하고, 대통령 면담을 요구하고, 대한문 화단 앞에서 민변 노동위원회 이름으로 집회를 개최한 것과 관련해 나를 특수공무집행방해치상죄와 일반교통방해죄, 집시법 위반, 모욕죄 등으로 기소했다. 그 첫 공판이 2014년 10월 서울중앙 지방법원에서 열렸다. 다음은 법정에서 내가 한 '피고인 모두 진술'이다.

재판에 임하는 내 마음은 매우 착잡합니다. 변호사가 변호인이 아니라 피고인으로 법정에 선다는 것은 흔치 않은 일일뿐만 아니라 본인의 직업적인 신뢰와도 관련되어 있기 때문입니다.

내가 변호사가 된 이후 피고인으로 법정에 서는 것은 지난 2009년 쌍용차 평택공장 앞에서 조합원들에 대한 접견권을 행사하려다가 공무집행방해죄와 상해죄 혐의로 체포된 후 두 번째입니다. 수사 당국에 의한 잦은 소환과 기소는 한 개인의 직업적 신념과 가치관을 심각하게 위협한다는 점에서 결코 가볍게 넘길 일은 아닐 것입니다.

본격적인 공판에 앞서 오늘 나를 변론하기 위해 참석한 선후배, 동료 변호사들에게 진심으로 감사드립니다. 동료의 곤궁한 처지를 외면하지 않는 따뜻한 마음과 사익이 아닌 공동의 선을 추구했을 것이라는 동료에 대한 믿음을 보여주었기 때문입니다. 고맙습니다.

내가 법정에 서게 된 사건의 핵심은 그 표면적인 이유와는 달리 공권력에 도전했다는 것 때문이라고 생각됩니다. 나는 노동 현안에 대한 검토와 해결을 주된 임무로 삼는 민변 노동위원회 위원장으로서, 회계 조작 의혹을 받고 있는 쌍용차 정리해고 사태에 대한 정부의 책임과 해결을 촉구하기 위해 거리 시위에 참여했고, 청와대 앞으로 찾아가 대통령 면담을 요구했으며, 대한문 앞 농성을 벌이던 해고자들을 화단을 보호한다는 명분으로 내쫓으려던 공권력의 법 집행에 맞섰다는 이유로 집회와시위에관한법률 위반죄, 일반교통방해죄, 특수공무집행방해치상죄 등으로 기소되었습니다.

이 사건은 회계 조작을 통한 정리해고라는 의심을 받고 있는 쌍용차 사태를 둘러싸고 전개되었던, 노동자·시민들의 집회·시위의 자유와 공공복리 및 질서유지를 내세운 공권력이 맞부딪친 사건입니다.

쌍용차 정리해고 사태의 해결을 촉구하는 집회와 시위가 서울 도심에서 장기화되자 경찰은 집회 제한과 금지 통고를 남발하기 시작했습니다. 또 한편으로 대한문 앞 인도에 화단을 설치한 다음 그것을 보호한다는 명분으로 화단 앞쪽을 법적 근거도 없이 사실상 집회 금지 구역으로 만들어버렸습니다. 그것은 정리해고 투쟁의 상징이 된 쌍용차 문제에 대해 공권력의 이름으로 사실상 재갈을 물리겠다는 의도와 다름이 없었습니다. 사회적 약자가 우리 사회와 정부에 호소할 수 있는 마지막 수단을 봉쇄하겠다는 것이었습니다.

국민은 사회적 현안에 대한 해결을 회피하는 정부를 비판하고 그 정부의 책임을 촉구했습니다. 하지만 국민의 목소리를 억압하는 권력은 언제나 표현의 자유에 대한 억압이라는 갑옷을 입고 등장합니다. 대한문 앞에서 쌍용차 해고자들이 진행한 장기간의 농성과 시위는 자본과 정부에게는 눈엣가시 같은 존재로 여겨졌을 것입니다. 그리하여 대한문 화단 앞 구역은 경찰서장과 경비과장의 지시로 집회 금지 구역이 되어버리는 비극이 발생했습니다. 정부와 경찰은 함께 살자는 사회적 약자의 요구는 외면한 채 집회와 시위를 통제하며 급조된 화단에 대항한다는 이유로 해고자와 시민들을 체포·구속했습니다.

나는 변호사입니다. 변호사는 국민의 인권 옹호와 사회 정의 실현을 자신의 임무로 삼습니다. 국민의 인권 옹호를 제일의 임무로 해야 하는 변호사로서, 법적 근거도 없이 경찰서장과 경비과장의 말 한마디로 집회 금지 구역으로 변해버린 대한문 앞 장소에서 집회의 자유를 되찾아야만 했습니다. 그래서 내가 주최자가 되어 신고한 이 사건 집회의 일차적인 목적은 바로 "경찰력의 남용으로 인해 집회 금지 장소가 되어버린 화단 옆과 앞의 장소도 집회의 자유가 살아 숨 쉬는 민주주의의 자유로운 공간임을 확인하고, 이를 시민들과 공유"하는 것이었습니다. 더 나아가 화단을 보호한다는 이유로 사회적 약자의 목소리를 짓밟는 우리의 현실을 고발하고 싶었던 것입니다.

그러나 경찰은 '집회 제한 통보' 처분을 통해 집회 장소를 자의적으로 지정했고 화단 앞 집회를 금지했습니다. 피고인은 이에 대항해 경찰의 자의적인 집회 제한을 다투었고, 법원으로부터 집회 제한 통보가 위법하다는 사실과 효력정지 결정을 받아냈습니다. 그런데 정부와 경찰은 자신의 위법성을 시정하기는커녕 또다시 '질서유지선'이라는 이름으로 집회 장소 안에 '넘어서는 안 되는' 통제선을 설치하고 그 바로 뒤에 경찰 병력을 배치해, 집회 장소를 무단으로 침범했습니다. 겹겹이 둘러친 경찰 병력이 노려보는 가운데, 그것도 질서유지선이라는 플라스틱 설치물로 앞뒤가 갇힌 상태에서 '자유'를 외쳐야 하는 굴욕적인 현실을 마주해야 했습니다.

경찰은 질서유지선이 '주요도로의 교통 소통'을 위해 필요하다는 명분을 내세웠습니다. 하지만 정작 질서유지선은 차량이 다니거나 일반인들이 통행하는 피고인의 앞이 아니라 피고인이 서 있던 등 뒤에 설치되었습니다. 집회 참가자들의 등 뒤에 도열해 서서 집회를 관리하고 통제하는 경찰국가의 모습을 상상해보기 바랍니다.

궤변과 거짓을 동원해 국민의 자유와 권리를 가두어버리는 공권력의 횡포 앞에 선다면, 여러분은 어떻게 하겠습니까? 내가 이 재판에 임하면서 던지고 싶은 질문이었습니다. 국민의 자유와 권리가 공권력에게 짓밟히고 있는 현실과 마주했을 때, 인권 옹호를 사명으로 하는 변호사는 무엇을 해야 할까요? 불의한 현실에 맞서야 할까요, 아니면 공권력의 폭력 앞에 침묵해야 할까요? 변호사가 된 이후 줄곧 자신에게 던져온 질문이었습니다.

나는 이 재판에 임하면서 다음과 같은 바람을 가지고 있습니다. 공권력이 남용되는 우리 사회의 단면을 볼 수 있는 재판이 되었으면 합니다. 경찰과의 물리적 충돌 여부를 따지는 협소한 송사가 아니라 국가가 공공복리와 질서유지라는 이름으로 국민의 자유와 권리를 침해했을 때, 우리 사회는 어떻게 판단하고 행동해야 하는지 기준을 세우는 재판이 되기를 바랍니다. 인권을 옹호할 책무를 지닌 변호사를 공권력에 대항했다는 이유로 집회의 현장에서 끌어다 법정에 세웠다면 그 정도는 되어야 하지 않겠습니까? 이 재판을 통해 우리 사회가 직면한, 민주주의와 기본권의 위기 상황을 볼 수 있기를 진정으로 희망합니다.

(2014. 10. 20)

## 어항의 안쪽

오늘 광화문에서는 교황의 주도로 너무도 평화롭게 시복식 미사가 진행되었습니다. 광화문에서 시청까지 그 주변을 경찰통제선으로 에워싸고 말이죠. 누군가 이렇게 말했습니다.

"한국 사회는 거대한 어항에 불과하다. 보이는 것과는 사실 다른 어항 밖은 철저히 통제되는 경찰국가! 교종도 결국 그 어항의 안쪽만 보실 수 있을 뿐."

그 말에 너무도 공감이 갔습니다.

자국민을 향해서는 무장한 경찰 병력을 일상적으로 동원하고, 일개 경찰서의 경비과장이 고성능 방송 차량에 올라앉아 국민을 향해 함부로 해산을 명령하고, 거부하면 차벽으로 가두고, 최루액과 물대포로 공격을 일삼고, 정당한 항의라도 할라치면 공무집행방해죄로 체포·연행해 유치장에 감금하기를 밥 먹 듯하는 나라. 경찰관의 명령이 법을 조롱하는 나라. 인도와 집회 장소를 자기들이 봉쇄해놓고, 불법을 중단하라는 항의에 해산을 명하고 협박하는 적반하장의 나라. 경찰이 없

286

으면 하루도 버티기 어려울, 허약하기 이를 데 없는 나라. 상식적인 비판조차 종북 좌파로 몰아 마녀사냥을 하고, 국가보안법으로, 명예훼손으로, 국가원수 모독으로 탄압하는 나라.

자기 나라 바로 앞 바다에서 배가 침몰했음에도 한 명의 생명조차 구조하지 못해놓고, 진실 규명을 희망하는 유가족을 노숙자와 닭으로 비하하거나, 특혜를 요구하는 이기적 집단으로 공격하는 데에는 너무도 유능한, 무례하기 짝이 없는 나라. 제대로 된 세월호 특별법을 만들라는 국민의 요구를 사법 체계를 흔드는 행위로 호도하고, 피해자가 가해자를 조사하는 게 말이 되느냐며 조롱하는, 집권자들의 만용이 전혀 거리낄 것이 없는 나라.

낮은 데로 임하고자 하는 교황에게 보여준 것은 고통으로 얼룩진 어항 바깥쪽이 아니라 경찰통제선에 갇힌 어항 안쪽일 뿐…. 정권은 어제 종각사거리를 점거한 1만의 시민들에게 해산 명령과 물포 경고만 했을 뿐, 연행도 하지 않고 물포도 쏘지 않았습니다. 갑자기 자비로워진 경찰국가의 공권력을 어떻게 해석해야 할까요? 연행을 하려 했다면 수백 명은 가능했을 겁니다. 교황과 외신을 기망하려고 집회와 시위를 보장하는 나라인 것처럼 위장하는 것이죠. 그게 더 걱정입니다. 교황의 혜안을 소망하는 만큼 우리 스스로 혜안을 키워야겠습니다.

(2014. 8. 16)

# 그대, 사라지지 마시라

정동진이다. 염호석 조합원이 노조가 승리하면 자신의 유골을 뿌려 달라던 바로 그곳. 해가 뜨는 곳이다. 드디어 그의 동료들이 영정을 들고 그 자리에 섰다. 삼성과 싸워 쟁취한 단체협약과 만장을 들고 먼 길을 달려왔다. 호석아, 이겼다. 호석아, 사랑한다. 이제 편히 눈을 감아도 된다고 울먹였다.

얼마나 외치고 싶었던 말일까. 마침내 최종범과 염호석은 삼성전자서비스지회와 동료들을 지켜주는 수호신이 되었다. 두 열사님, 외롭지 않겠습니다.

"그대, 사라지지 마시라."

(2014. 6. 30)

정동진 바다

# 국민이 아닌 궁민

아침 8시 36분 대한문 화단 앞에 여지없이 경찰 병력은 폴리스라인을 둘러친 채 화단을 지키고 서 있다. 도로 용도나 토지 형질 변경도 없이 사람이 통행하는 인도 위에 토석을 쏟아부어 만든, 배수구도 없는 화단을 신줏단지 모시듯 한다. 사람은 간데없고 화단만이 2013년 대한민국 경찰, 그들의 주인이다. 주객이 전도된 이 기막힌 모습이 집권 7개월차를 맞는 정권의 실체를 말해주고 있는 것이다.

'국민행복시대'를 열겠다고 게거품을 물었던 그는 부정선거 의혹에 메스를 들이대던 검찰총장에게 입증되지도 않은 혼외자를 기정사실화해 모욕을 주어 내쫓았다. 또 '어르신들'의 표를 얻으려고 기초연금 20만 원이라는 뻥을 치더니, 그 책임에 대한 방패막이로 사퇴 의사를 밝힌 복지부장관의 바짓가랑이를 잡고 사퇴를 만류하는 형국이다. 국민행복시대의 '국민'은 황국 신민의 느낌으로 읽힌다. 일본 제국주의에 충성하는 사람을 애초 국민이라 했듯 대통령에게 충성하는 사람과 각료들만이 국민행복시대의 국민일 뿐이다. 사회에서 소외되어 거리로 내쫓긴 절박한 '궁민窮民'은 그가 말하는 '국민'이 아니다.

오늘 21차 쌍용차 문제 해결 촉구 집단 단식을 중단하는 기자회견을 기다리며 느끼는 소회다. '궁민'을 외면하는 정치는 정치가 아니다. 그건 화를 부르는 고통이요, 정치를 가장한 폭력일 뿐이다.

(2013. 9. 30)

# 신년 인사

지금 우리의 현실은 절망적이다.

서울시청 앞 광장 집회가 사실상 금지된 나라. 릴레이 1인 시위와 기자회견마저 미신고 집회로 규정하고 연행하고 처벌하는 나라. 국민의 생명과 건강을 위해 미국 쇠고기의 광우병 위험성을 알린 언론인들을 명예훼손으로 기소하는 나라. 권력이 방송을 장악하려고 죄 없는 방송사 사장을 기획 감사하고, 기소하고, 해고하는 나라. 정부의 경제 정책을 비판했다는 이유로 국민을 구속하는 나라. 강압 통치를 중단하고 국정 기조를 수정하라는 시국선언을 했다는 이유로 교사들을 대거 처벌하고 징계하는 나라. '정권이 아닌 국민의 공무원이 되고 싶습니다'라는 신문 광고를 냈다는 이유로 공무원을 기소하고 징계하는 나라. 군대의 자의적인 불온서적 지정과 반입 금지에 맞서 군법무관들이 헌법소원을 청구했다는 이유로 파면하는 나라. 정리해고에 반대해 농성 중이던 노동자들에게 물과 의약품조차 반입을 차단하는 나라. 노동자들의 폭력에 대해서는 가차 없는 형벌로 대응하면서도 공권력이 백주 대낮에 자행한 폭력에 대해서는 한없이 너그러운 나라. 정부가 앞장서서 비정규직을 해고하고, 비정규직 법안의 개악을 주도하는 나라. 아무리 합법적으로 파업을 진행해도, 대통령이 나서서 적당히 타협한 척하다가 뒤돌아서 '안 된다' 한마디하자 곧이어 노조 위원장이 구속되는 나라. 상급 단체에의 가입을 불법행위로 몰고 설립신고서 반려라는 제도를 악용해 공무원의 단결권을 사실상 불허하는 나라. 공무원 복무규정을 개정해 공무원노조가 정권에 대해 일체의 정치적 반대 의사를 표현하지 못하도록 봉쇄하는 나라. 국민의 70퍼센트가량이 반대해도 온 국토를 파헤치는 4대강 사업을 강행하는 나라. 4대강 사업을 강행하려고 예비타당성조사마저 회피하고, 서민들을 위한 각종 복지 예산을 줄여버리는 나라. 재벌들에게는 온갖 특혜를 주면서도 가난한 아이들에 대한 무상급식은 축소하는 나라. 국가 균형 발전이라는 대의하에 행정 중심 복합도시의 건설을 여야 합의에 따라 법률로 제정하고, 대통령 후보 공약을 통해 수없이 추진을 약속해놓고도 대통령의 번의에 따라 곧바로 약속을 뒤집어버리는 나라.

대통령의 말 한마디와 청와대의 의중이 곧 법과 원칙으로 작용하는 시대로 되돌아와 있다.

(2010. 1. 8)

# 변호사를 현행범으로, 그 만용에 경의를!

체포 · 수사 체험기

　　민변 노동위원회 위원장으로 2009년 6월 26일 쌍용자동차 평택공장 정문 앞에서 개최하기로 예정된 '쌍용자동차 정리해고 사태의 올바른 해결을 위한 노동법률전문가 공동기자회견'에 참여하려고 바리케이드가 설치된 평택공장 앞을 찾았다. 공장 주변으로 보이는 건 방패를 들고 대기하고 있는 경찰과 전경대원들뿐이었다.

　　예정된 시간이 남아 회견 참가자들을 기다리던 중이었다. 공장에서 나와 인도로 이동하던 쌍용자동차지부 조합원들 몇 명이 아무런 체포 이유도 고지받지 못한 채 전경대원들에게 둘러싸여 억류되었다. 나는 현장 지휘자로 보이는 한 경찰에게 이들을 체포하는 이유가 무엇인지 고지해줄 것을 변호사로서 요구했다. 그는 '수배자인지 체포영장 발부자인지 확인하기 위한 것'이라고 답할 뿐 체포 이유를 설명하지 못했다.

　　검사 또는 사법경찰관이 피의자를 체포하는 경우에는 체포에 앞서 피의 사실의 요지와 체포 이유, 변호인을 선임할 수 있다는 사실을 고지하고 변명할 기회를 주어야 한다(형사소송법 제200조의5). 이를 '미란다원칙'이라고 한다. 그런데 경찰 지휘자는 한참 시간이 지나 상부와의 무전 교신 끝에 억류된 조합원들에게 "퇴거불응죄의 현행범인으로 체포합니다. 변호사를 선임할 권리가 있습니다"라고 고지했다. 그리고 조합원들을 연행하기 시작했다. 나는 경찰의 고지 내용(변호사를 선임할 수 있음)에 따라 경찰 호송 차량 앞에 서서 변호사로서 연행자들 접견을 요청했다. 그런데 경찰은 변호사의 자격으로 변호인 접견을 요청하는 나를 공무집행방해죄의 현행범인으로 체포했다. 또 한참을 지체한 뒤에야 먼저 연행된 7명의 조합원들이 타고 있는 경찰 호송버스에 밀어 넣었다.

나와 동료 변호사들이 경찰 지휘자와 경찰관에게 체포에 대해 거세게 항의했으나 물리적으로 역부족이었다. 이명박 정권이 들어선 이후 일상적으로 자행되는 경찰의 자의적인 법 집행, 그 현주소를 보여주는 한 단면이다. 변호사의 정당한 접견 요청마저 공무집행방해죄의 현행범인으로 체포해버리는 경찰의 만행, 그 만용에 경의(?)를 표한다. 그러나 불법 체포·감금에 대한 형사책임은 결코 소멸되지 않는다.


### 미란다원칙에 사인하라는 경찰

한 경찰관이 버스 안에서 내게 '경찰로부터 미란다원칙을 고지받았다'는 사실에 대해 서명해줄 것을 요구했다. 나는 체포될 당시 범죄 사실만 고지받은 기억이 날 뿐이라 확인서에 서명하는 것을 거부했다.

경찰이 요구하는 확인서에 함부로 서명해서는 안 된다. 나중에 경찰의 체포를 적법한 것으로 둔갑시키는 주요 증거가 될 수 있기 때문이다.

나는 경찰 호송 차량에 오르자마자 민변 송상교 변호사에게 전화해 체포, 연행된 사실을 알렸다. 그리고 함께 연행된 조합원들에게는 변호사가 접견을 올 때까지 진술을 거부할 것을 말해주었다. 변호사의 조력을 받기 전에 입을 여는 것은 너무도 위험하기 때문이다. 모든 국민은 자신에게 불리한 진술을 강요당하지 아니하며(헌법 제12조 2항), 검사 또는 사법경찰관은 피의자를 신문하기 전에 반드시 진술을 거부할 수 있음을 알려주어야 하기 때문에(형사소송법 제244조의3) 진술을 거부하는 것은 피의자의 헌법적 권리다. 그러므로 변호인의 조력을 받을 때까지 진술하지 않을 것임을 분명히 말해야 한다.

### 진술거부권과 변호인 조력권

우리는 수원서부경찰서 지능범죄1팀 사무실로 호송되었다. 잠시 뒤 서보열 변호사가 접견을 와주었고, 조합원들에게도 다른 변호사들이 접견을 해주었다. 수사관의 조사를 받기 전에 변호인의 조언을 듣는 것은 절대적으로 필요하다. 수사를 어떻게 받을지 알고 임해야 한다. 그렇지 않으면 피의자는 자신을 방어하는 것이 사실상 불가능할 수도 있다.

한참이 지나 사건 발생 관할서인 평택경찰서가 보내온 범죄 사실과 피해자 진술을 근거로 나와 조합원들에 대한 조사가 시작되었다. 담당 수사관은 수원서부경찰서 지능범죄1팀의 경사였다. 먼저 인적 사항에 대해 묻기에, 나는 신분증을 주어 인적 사항을 확인해주었다. 그는 조사(피의자 신문)에 앞서 내게 "일체의 진술을 하지 아니하거나 개개의 질문에 대해 진술하지 아니할 수 있으며, 진술을 하지 아니하더라도 불이익을 받지 아니하며, 변호인의 조사 참여 등 변호인의 조력을 받을 수 있음"을 고지했다. 검사 또는 사법경찰관은 피의자 신문에 앞서 진술거부권과 변호인 조력권에 대해 고지한 뒤 그 권리를 행사할지 말지를 질문하고, 이에 대한 피의자의 답변을 조서에 기재해야 하기 때문이다(형사소송법 제244조의3 2항). 만일 수사관이 진술거부권과 변호인 조력권에 대해 고지하지 않고 조사를 한 경우에는 조서에 그 사실을 반드시 기재해두어야 한다. 이는 재판할 때 진술의 임의성(강요에 의한 진술인지 아닌지)을 다툴 수 있는 유력한 증거가 된다.

그런데 수사관은 느닷없이 영상녹화실에서 조사를 할 것이라고 했다. 조사 과정에서의 절차적 시비를 차단하려는 것 같았다. 나는 접견권을 침해받은 피해자로서 범죄자 취급을 받는 것이 몹시 불쾌해 영상 녹화를 거부했다. 당황한 수사관은 수사과장에게 보고한 뒤 영상 녹화 없이 조사하는 것으로 정리했다. 참고로 피의자 신문 때 영상 녹화는 반드시 해야 할 의무 사항은 아니다. 영상 녹화 실시 여부에 대해 피의자가 동의권을 갖지는 못해도 영상 녹화를 할 경우에는 미리 그 사실을 알려주어야 하며, 조사 개시부터 종료까지 전 과정을 녹화해야 한다(부분적으로 녹화하면 법적 효력이 없다). 그리고 완료되면 피의자 또는 변호인 앞에서 지체 없이 봉인하고 피의자로 하여금 서명하게 해야 한다. 피의자 또는 변호인이 요구하면 반드시 영상 녹화물 시청을 허락해야 하고, 그 내용에 대해 이의를 진술하면 그 취지를 적은 서면을 녹화물에 첨부해야 한다. 피의자가 아닌 참고인은 영상 녹화를 거부할 수 있다.

### 피의자 신문조서

어찌됐든 영상 녹화 없이 조사가 진행되었다. 서보열 변호사가 조사에 참여하기로 해, 조사받는 그 자리에서 변호인 선임서를 작성해 제출하고 내 옆자리에 앉았다. 산전수전 다 겪은 변호사인 나조차도 변호인이 옆에 있으니 불안감이 가시고 마음이 든든해졌다. 일반인들이야 오죽하겠는가. 중요한 사건이나 경찰과의 이해관계가 걸린 사건의 조사에서는 변호인 참여가 절실해 보인다. 수사 과정에서 변호인의 참여만으로도 경찰에 의한 강박과 유도성 질문을 견제할 수 있고, 피의자의 혐의에 대한 실질적인 방어를 준비할 수 있게 해준다는 점에서 필수적이다. 피의자로 조사받는 단계에서부터 국선변호인을 두는 제도가 반드시 도입되어야 하는 이유이기도 하다.

나는 재산이나 가족관계, 병력 등 사건과 관계없는 부분에 대해서는 모두 묵비권을 행사하고, 사건 관련 질문에 대해서만 정확히 진술하려고 노력했다. 3시간에 걸친 조사가 끝이 났다. 그리고 나는 피의자 신문조서를 꼼꼼히 읽었다. 수사관에게 연필을 달라고 해 내 진술과 다르거나 누락된 부분을 일일이 수정하고 추가했다. 피의자 신문조서는 재판에서 유력한 증거로 사용될 수 있기 때문에 반드시 빠짐없이 정독하고, 필요한 경우 본인이 직접 수정하거나 조사관에게 수정이나 보완을 요구해야 한다. 만일 수사관이 수정이나 보완 요구를 거부하면 피의자는 피의자 신문조서에 날인하는 것을 거부해야 한다. 나중에 조서의 진정성을 다툴 수 있기 때문이다.

밤 10시 35분 조합원들에 대한 조사도 마무리되어 유치장에 입감되었다. 소지품과 혁대를 맡기고 금속탐지기로 신체를 수색하는 절차를 거쳤다. 20여 년 전 경주교도소에서 알몸으로 신체 수색을 받던 치욕이 떠올랐다. 만일 지금도 경찰관이 인권 침해적인 신체 수색을 시도한다면 마땅히 항의해야 한다. 통상 용인할 수 있는 범위를 벗어난 신체 수색을 강제하려 한다면 압수수색 영장을 받아오라고 요구할 수 있다.

신체 수색을 마친 뒤 '종교1실'이라고 기재된 방으로 들어갔다. 영락없이 죄수가 된 느낌이다. 이미 먼저 들어와 있던 다른 일반 피의자 3명은 어두운 표정으로 잠들어 있다. 방 안의 화장실 칸막이는 옛날보다 많이 높아져 있으나 침침한 조명, 차가운 마룻바닥은 20년 전과 별반 달라 보이지 않는다. 경찰관에게 칫솔을 요구해 간단히 세면과 양치를 한 뒤 얇은 이불을 펴고 자리에 누웠다. 경찰의 불법 체포에 항의

하는 마음으로 밥을 먹지 않았더니 몹시 배가 고프다. 겨우 잠이 들었
는데 세상은 거꾸로 돌아 1980년대 거리에서 다급하게 경찰에게 쫓기
는 꿈을 꾸었다.

## 체포적부심사

다음날 아침 7시에 일어나 책상다리를 하고서 온종일 시골 의사
박경철이 쓴 《아름다운 동행》을 읽었다. 책을 읽을 여유(?)를 가지다
니…. 오후 3시께 서변호사가 접견을 왔고 체포적부심사를 청구해볼
생각이라며 청구서를 준비해왔다. 나도 동의를 했다. 체포적부심사란
체포된 피의자에 대해 검사가 구속영장을 청구하기 전에 법원에 체포
의 적법성과 체포의 계속 필요성 여부에 대한 심사를 요청하고 석방
을 구하는 제도다.

오후 4시께 사건 관할인 수원지방법원 평택지원에 체포적부심사청
구서가 접수되었고, 밤 9시께 나는 사복형사 2명에게 이끌려 창살 있
는 봉고차를 타고 법원으로 내달렸다. 밤 10시 평택지원에서 심리가
열렸다. 서보열, 이재호, 강문대 변호사가 참여해주었다. 젊은 판사의
심문에 나는 체포된 경위에 대해 상세히 진술했다. 변호인의 변론을
끝으로 30여 분 동안의 심문 절차는 종료되었고, 판사는 결정이 날 때
까지 건물 안에서 기다리라고 했다.

결국 날을 넘겨 6월 28일 새벽 12시 20분께 '피의자의 석방을 명한

다'는 내용의 체포적부심사 결정문이 전달되었고, 나는 비로소 경찰로부터 풀려났다. 구속에서 풀려난다는 것은 역시 기쁜 일이다. 그러나 석방의 기쁨을 뒤로하고 서둘러 체포 경위를 정리한다. 불법 체포에 가담한 경찰관들에 대해 법적 책임을 묻기 위해서다. 경찰의 자의적인 체포와 감금을 막기 위한 최소한의 조처일 것이다.

(2009. 7. 15)

칼럼 · 강연록

# 법이 눈감은
# 거리의 법치

변호사가 왜 연행을 당하느냐고요?

변호사란 무엇일까? 나는 부당하고 억울한 일을 보고 듣고, 그것을 이해하고 대변하는 일을 하는 사람이라고 생각했습니다. 한참 나중에 알게 되었지만 변호사법 제1조에 이미 변호사의 임무를 정해두고 있더군요.

"변호사는 기본적 인권을 옹호하고 사회 정의를 실현함을 사명으로 한다."

변호사의 일차적인 사명은 돈벌이가 아니라 인권을 옹호하고 사회 정의를 실현하는 것이라고, 변호사의 임무는 처음부터 불의와 부당성에 맞서는 것이라고 법은 정의를 내리고 있었습니다. 그런데 부당하고 억울한 일이 발생하는 곳, 다시 말해 인권 침해가 일어나고 민주주의가 파괴되고 있는 곳은 법정만이 아닙니다. 사용자가 노동권을 침해하는 일이 일어나는 곳은 사업장이고, 공권력에 의한 물리적 폭력과 위법한 체포가 이루어지는 곳은 거리였습니다. 표현의 자유가 침탈되는 곳은 공공의 장소였고, 부정한 대선 개입이 일어나는 곳은 국정원 직원이 임시로 거주하던 숨겨진 아지트였습니다. 변호사법에 규정된 변호사의 의무, 다시 말해 사회 정의 실현을 위해서는 법정 밖에서 오히려 할 일이 더 많은 셈이죠.

물론 인권을 옹호하려면 인권 침해에 대한 사후적인 구제도 필요하고 중요합니다. 하지만 인권 침해가 일어난 뒤의 사후 구제는 말 그대로 사후 약방문인 경우가 많습니다. 왜냐하면 인권 침해로 인한 상처는 잘 회복되지 않기 때문입니다. 인권 침해를 사전에 예방하는 것만이 최선입니다. 인권 침해를 예방하고 현실적으로 방어하려면 변호사는 인권 침해가 일어나는 바로 그곳으로 가야 합니다. 그 현장에서 어떻게 맞설 수 있을지 함께 고민해야 합니다. 그러지 않으면 '주먹은 가깝고 법은 멀다'는 속담이 계속될 수밖에 없을 겁니다.


법은 무엇일까요? 법은 두 가지 성격을 갖습니다. 법은 '기존의 지배 질서를 유지하기 위한 강제 규범'으로서의 성격을 갖습니다. 법이 이러한 기능만 가지고 있으면 국민은 살기 괴롭겠지요. 법의 또 다른 성격은 '소수에 의한 자의적이고 일방적인 지배를 견제하기 위한 규범'으로서의 성격입니다. '법치'의 반대말이 무언지 아십니까? '인치人治'입니다. 사람은 변덕스럽잖아요. 군주의 자의적인 통치와 횡포를 제어하

"변호사란 무엇일까? 나는 부당하고 억울한
일을 보고 듣고, 그것을 이해하고 대변하는
일을 하는 사람이라고 생각했습니다."

기 위한 권리장전이 바로 근대법의 효시입니다. 우리가 말하는 '법의 정신'이란 이러한 근대법의 정신을 의미하는 것인데, 이는 자유와 평등을 핵심 축으로 국가권력을 통제하고 국민의 기본권을 확장시킨다는 명분으로 시작된 것입니다. 법의 두 성격 중 전자는 지배계급이 만들어 온 질서이자 피지배계급에 대한 통제 수단인 반면, 후자는 피지배계급이 지배계급에 대항해 투쟁으로 쟁취한 역사적 산물이지요.

내가 생각하기에 법이란 사회적 약자와 소수자가 자신의 억울함을 호소할 수 있는 최소한의 장치이자, 권력자들의 전횡을 제어할 수 있는 정의의 규범이어야 합니다. 법이란 사회적 강자와 국가권력의 전횡과 폭력을 막는 데 초점이 맞추어져야 한다는 것입니다. 법의 방향이 사회적 약자를 향하는 순간 그것은 법을 빙자한 제도적 폭력일 뿐입니다.

법치란 주권자인 민중의 의사를 반영한 법의 내용과 절차에 따라 이뤄지는 정치를 말합니다. 다른 표현으로 '법의 지배'라고 하는데, 그 진정한 의미는 '통치 권력은 법에 따라 행사되어야 하며 법의 구속을 받아야 한다는 것'입니다. 법치라는 건 국가권력을 대상으로 하는 표현입니다. 국민에게 법을 지키라고 말하는 것을 '준법'이라고 하는데요, 법치는 국민을 대상으로 하지 않습니다. 우리는 지금 법치를 가장한 제도적 폭력이 난무하는 시대에 살고 있는 겁니다.

권위주의적인 통치 권력은 국민에게 '법과 원칙'을 앞세워 불법행위를 엄단하겠다며 협박하는 경우가 다반사입니다. 통치 권력이 자신의 자의적 통치를 정당화하고 관철하려 할 때 동원하는 논리가 법치주의인데, 이것은 위장된 법치, 다른 말로 '법에 의한 지배'입니다. 권력자가 법을 따르는 것이 아니라 법을 통치의 수단이나 도구로 동원하는 것이지요. 법에 의한 지배는 그 법을 사용하는 권력자 또는 통치 권력 자체를 제한하는 데는 무관심하거나 소홀합니다. 그 핵심은 법을 이용해 피지배자들을 다스리는 것이기 때문입니다.

1987년 노동자 대투쟁이 한창이던 당시 노무현 변호사가 울산에 강연을 온다는 소식을 들었습니다. 그분은 당시 부산에서 국민운동본부를 이끌던 주역 5명 중 한 분이었어요. 이 양반이 울산성당에 와 강연하는 도중 현대중공업의 한 노동자가 질문을 했습니다. "우리는 노동법을 지켜야 합니까, 말아야 합니까?" 그 당시 노동조합법에는 복수노조 금지, 제삼자 개입 금지라는 악명 높은 조항이 있었습니다. 노무현 변호사가 뭐라고 답했을까요.

"여러분, 여러분은 노동자이지요? 악법은 지켜서 준수하는 게 아니라 어겨서 깨뜨리는 겁니다. 노동자들은 합법과 불법의 경계선에 서야 합니다. 노동법은 악법이기 때문에 그 경계를 넘어야 합니다."

나는 당시에는 법조인이 아니었지만 그때부터 '악법은 깨뜨리는 거구나' 하는 생각을 하게 되었습니다. 법을 국민의 권리를 보호하기 위해서가 아니라 자신들의 통치를 위해 동원하는 것은 '법률적 불법'입니다. 이러한 불법적 법률, 다시 말해 법에 의한 지배에 맞서는 것은 법률가의 매우 중요한 사명인 것입니다.

사법 정의 또한 사회 정의의 일부에 포함되므로 사법 정의 실현을 통해 사회 정의에 기여할 수 있지 않느냐고 누군가가 내게 질문을 했습니다. 법정에서 피고인을 변호하는 일도 물론 중요합니다. 하지만 국정원 대선 개입에 대한 '지록위마' 판결이나 헌법재판소의 통합진보당 해산 결정에서 보듯이 현실의 법정은 '정의를 세우는 곳'이 아닙니다. 사법이라는 이름으로 도리어 불의한 힘과 권력을 정당화하거나 성공한 자본과 권력에게 면죄부를 주는 일이 여럿 발생하는 것이 현실입니다. 유전무죄 무전유죄라는 말도 있지 않습니까.

쌍용차 정리해고 사건에 대한 대법원 판결은 원심 판결의 사실관계를 뒤집어엎어 정리해고가 적법하다고 판단함으로써 사회 정의와는 거리가 멀어졌습니다. 권위주의 정권 아래에서 대법관의 구성은 더욱 획일화되고, 심지어 고문 치사 사건을 축소하고 은폐하는 데 가담한 검사가 대법관 후보로 추천되는 지경입니다. 사회 정의를 오히려 조롱하고 있다고 말할 수 있겠습니다. 법원에 대한 민주적 통제가 이루어지지 않는다면 사법 정의 또한 담보되지 않는다는 것을 확인하게 됩니다. 사법 정의를 실현하려면 법원에 대한 민주적 통제가 전제가 되어야 합니다. 법원이 먼저 사법 정의를 실현할 수 있는 공간이 되어야 하는 것이지요. 법정 안의 공정한 재판은 법원의 구성부터 공정하게 구성될 수 있도록 제도적 투쟁을 벌여야지만 가능해지는 것입니다.

기존 지배 질서를 옹호하는 국가권력을 통제하고 국민의 기본권을 신장하려면 실정법적 질서를 깨뜨려야 합니다. 법정은 기본적으로 실정법을 해석하고 적용하는 곳입니다. 따라서 실정법적 해석 범위를 뛰어넘을 수는 없습니다. 현재의 실정법적 질서의 한계를 넘어서려면 법정에서의 공격적인 변론 활동만으로는 불가능합니다. 다수의 여론 형성과 실천 활동을 통해 실정법과 제도를 바꿔야 합니다. 이를 위해서는 실정법이라는 실체를 거리의 광장에 내걸어야 합니다.

앞에서 말했듯 사회 정의를 실현하는 것은 법이 정한 변호사의 역할입니다. 내가 변호사로서 다양한 활동을 하는 것은 나 자신이 유별나거나 비정상적이기 때문이 아닙니다. 그것은 시민의식을 키우고 더 나은 사회를 만들어야 한다는 시대적 요청에 따른 것이고, 변호사의 기본적인 역할을 충실하게 이행하고 있는 것일 뿐입니다.

(2015. 3. 17)

# 무너져버린
# 사법 정의

　박근혜 당선자는 대통령 취임사에서 "힘이 아닌 공정한 법이 실현되는 사회, 사회적 약자에게 법이 정의로운 방패가 되어주는 사회를 만들겠"다고 공언하고, 양승태 대법원장 또한 자신의 취임사에서 "다수결의 원칙이 지배하는 사회에서 소수자나 사회적 약자의 권리가 다수의 그늘에 묻혀 부당하게 침해되지 않도록 보호하는 것은 사법부에 맡겨진 또 하나의 중요한 사명입니다. (…) 국민과 끊임없이 소통하면서 국민의 다양한 목소리에 귀를 기울입시다. 우리가 최선의 노력을 기울인다면, 사법부에 대한 믿음과 애정이 국민의 마음속에 튼튼히 자리 잡게 될 것"이라고 강조했다. 그런데 오늘날 우리 사법의 현실을 반추해볼 때, 행정과 사법의 수장이 취임사에서 강조한 사법 정의에 대한 약속은 실소를 금치 못하게 만든다. 3년차를 맞는 박근혜 정부하에서 사법 정의는 도대체 어디를 향하고 있는가? 법원이 국민의 기본권 보호를 위한 최후의 보루가 아니라 자본, 권력의 정당화 기제로 전락해버렸다. 다시 말해 사법의 정치화와 사법의 기득권 옹호가 도를 넘어버린 형국이다.

## 대법원과 헌법재판소의 정체를 상징하는 두 판결 — 반노동, 반민주

2014년 11월 13일 오후 2시 대법원은 2009년 대규모 정리해고를 당한 쌍용자동차 해고 노동자 153명에 대한 해고무효 소송 상고심 사건에서 "원심을 파기하고 사건을 서울고등법원으로 돌려보낸다"고 판결했다. 원고들에 대한 정리해고가 부당하다고 판결한 원심을 깨고 정리해고가 정당하다는 취지로 사건을 돌려보낸 것이다. 5년간의 힘겨운 복직 투쟁이 이제 끝날 수도 있으리라고 기대에 차 있던 쌍용차 해고 노동자들의 가슴에 찬바람이 휑하고 지나갔다. 함께 기름밥을 먹던 동료와 가족 26명을 저세상으로 떠나보내면서도 끝내 이기리라고 기대했던 이들은 한동안 넋을 잃은 듯 입을 열지 못했다. 그러다 현실을 깨달은 덩치 큰 사내들은 하나둘씩 흐느끼기 시작했다. 어떤 이는 아예 손으로 얼굴을 가린 채 울고, 다른 이는 탄식했다. "뭐, 이런 판결이 다 있어"라며 누군가 허공에 대고 외쳤다.

쌍용자동차 정리해고 필요성의 주요 원인으로 주장된 재무 건전성 위기와 관련해, 회사가 향후 차량 매출 수량 추정에서 신차의 매출 수

량을 누락함으로써 3분의 1가량으로 현저하게 축소해(65만 대 수준에서 23만 대 수준으로) '계속 기업 가정'이라는 회계 원칙을 위배했음이 분명했다. 그럼에도(이로 인해 회사의 부채 비율이 187퍼센트에서 561퍼센트로 증가했다) 대법원은 이렇다 할 근거도 없이 "회사의 예상 매출 수량 추정이 합리적이고 객관적인 가정을 기초로 한 것이라면 추정이 다소 보수적으로 이루어졌다 해도 합리성을 인정해야 한다"며 원심의 인정 사실을 뒤집어버렸다. 회사의 예상 매출 수량 추정이 합리적이지도, 객관적이지도 않다는 것이 입증되었는데도 그 추정이 합리적이라면 합리성을 인정해야 한다는 이 궤변을 어떻게 받아들여야 할지 막막하기 이를 데 없다.

더 나아가 대법원은 정리해고 규모의 타당성과 관련해, "기업 운영에 필요한 인력의 규모가 어느 정도인지, 잉여 인력은 몇 명인지 등은 상당한 합리성이 인정되는 한 경영 판단의 문제에 속하는 것이므로 특별한 사정이 없다면 경영자의 판단을 존중해야 할 것"이라고 판시했다. 다시 말해 500명을 잘라낼지, 1000명을 잘라낼지는 경영 판단의 문제에 속하는 것이므로 특별한 사정이 없으면 경영자의 판단을 존중해야 한다는 것이다. 정리해고는 근로자의 귀책사유가 아닌 경영상의 과오에 따른 해고라는 점에서 정리해고의 필요성만큼이나 정리해고의 규모 또한 합리성과 객관성을 가져야 함은 두말할 나위가 없다. 그럼에도 대법원이 정리해고 규모를 사용자의 재량에 맡겨버리는 태도는 사용자에게 자유로운 해고권을 부여하는 것과 크게 다르지 않다. 이는 정당한 이유 없는 해고를 금지하고 있는 근로기준법 제23조에 정면으로 반하는 위법한 판단이다.

2014년 12월 19일 헌법재판소는 다수의 예상을 뒤엎고 통합진보당 해산 심판청구에 대한 판결 선고를 강행했다. 기본권 보장과 관련한 중요 사건도 3, 4년씩 묵혀두기 일쑤였던 헌법재판소가 3815건의 서면 증거와 16만 7000여 쪽(300쪽 책자 기준 556권 분량)에 이르는 어마어마한 서면 자료가 있었음에도 심판이 청구된 지 단 1년 1개월 만에, 그것도 마지막 변론(11월 25일)으로부터 채 한 달도 되지 않은 시점에서 선고한 것이다. 선고 기일은 이틀 전에야 잡혀 당사자들에게 통보되었다. 한 국가의 민주주의와 국민의 정치적 자유에 심대한 제약을 가져올 정당 해산 심판 사건이라 참으로 납득하기 어려운, 너무도 급작스러운 판결 선고가 아닐 수 없었다. 국정원 등 국가 정보기관의 대선 개입 위기 국면에서 정권의 위기 탈출용으로 시작된 정당 해산 심판청구는 끝내 그 선고마저도 정윤회와 문고리 3인방 등 비선 실세 국정 농단 사건으로 대통령의 지지율이 폭락하는 상황에서 서둘러 이루어졌다. 보다 못한 누군가 법정에서 정당 해산을 선고하던 재판관을 향해 "오늘은 헌법(재판소)이 민주주의를 파괴한 날입니다. 헌법이 민주주의를 살해한 날입니다. 역사의 심판을 면치 못할 것입니다"라고 외치다 법정 방호원들에게 입이 틀어막힌 채 끌려 나갔다.

우리 헌법에 위헌정당해산심판제도가 처음으로 도입된 것은

4·19혁명으로 이승만 정권이 막을 내리고 들어선 제2공화국 헌법에 서였다. 1958년 이승만 정권은 '남북통일 총선거 실시', '노동자, 농민 등 근로 대중이 주체가 되어 자본주의를 지양하고 착취 없는 복지사회를 건설', '자유민주주의 폐기·지양 및 주요 산업과 대기업의 국유·국영, 생산물의 공정 분배를 위한 계획경제 체제 확립' 등의 강령과 주장을 펼친 진보당을 공보실에 의한 등록 취소로 해체시켰다. 행정 조치로 정당이 해산된 이후 진보당 당수였던 조봉암은 사형에 처해졌다. 이처럼 재판 이외의 방법으로 정당이 해산되는 것을 금지함으로써 정당 활동을 보호할 필요성이 제기되었고, 1960년 6월 헌법에 처음으로 제도화된 것이다. (물론 1961년 5·16쿠데타 직후 설치된 군사혁명위원회의 포고에 의해 기성 정당이 해산된 사례도 있었다.)

정당의 활동이 억압되지 않도록 해 정당의 자유를 보장하는 것이 이 제도의 본질이라는 점에서, 또 50여 년 전의 진보당의 강령과 목적이 통합진보당의 그것에 비해 자본주의 체제의 모순을 더욱 적극적으로, 근본적으로 시정하려고 했다는 점에서(2011년 대법원은 조봉암에 대한 재심 사건에서 이러한 당 강령과 목적이 자유민주주의를 부정하거나 대한민국 헌법에 위배된다고 할 수 없으므로 '불법 결사'에 해당하지 않는다고 판결했다. 대법원 2011.01.20. 선고 2008재도11), 통합진보당 해산 결정은 역사의 방향을 거꾸로 되돌린 반동적 결정이다. 1987년 민주화투쟁의 산물로 탄생한 헌법재판소가 그 투쟁 대상이었던 권력의 의도에 부역해 도리어 투쟁 주체인 국민의 정치적 자유와 민주주의를 부정해버린 셈이다.

이처럼 박근혜 정권이 들어선 이후 법원의 판결은 매우 노골적으로 국가 이익과 정권을 옹호하고 사용자의 이익을 보호하는 편향성을 보이고 있다. 이러한 편향성은 유신 후계 세력의 집권으로 대법원의 구성이 보수화된 이후 매우 심각한 수준으로 치닫고 있다. 위 두 판결에 추가해 몇 가지 대표적인 판결례를 소개한다.

### 헌법을 유린한 '유신 긴급조치'에 면죄부를 준 판결

2014년 10월 27일 대법원은 매우 의아한 판결을 선고했다. 긴급조치 9호 피해자가 제기한 국가배상청구 사건(대법원 2013다21962 판결)에서 "긴급조치 위반의 유죄판결에 대한 재심 절차에서 피고인에게 적용된 형벌에 관한 법률인 긴급조치 9호가 위헌·무효라는 이유로 무죄판결이 확정된 경우에는, 다른 특별한 사정이 없는 한 수사 과정에서 있었던 위법행위로 인해 재심 대상 판결에서 유죄가 선고된 경우라 볼 수 없기 때문에, 그와 같은 내용의 재심 무죄판결이 확정되었다는 사정만으로는 유죄판결에 의한 복역 등이 곧바로 국가의 불법행위에 해당한다고 볼 수 없고, 그러한 복역 등으로 인해 손해를 수사 과정에서 있었던 국가기관의 위법행위로 인한 손해라고 볼 수 없으므로, 국가의 손해배상 책임을 인정할 수 없다"고 판시했다. 위헌인 법률에 근거하여 유죄판결을 받고 억울한 옥살이를 했다고 해도 수사 과정에서 별 도의 고문이나 구타와 같은 불법행위가 없었다면, 국가는 아무런 책임 을 지지 않는다는 것이다. 뭐, 이런 판결이 다 있나. 시행 당시부터 위 헌인 '법'을 이유로 무고한 시민들을 감옥에 가두어놓고도 수사 과정 에서 고문이 없었다면 위헌인 '법'을 집행한 공무원의 행위는 정당하 다는 히틀러식의 기막힌 강변이 아닐 수 없다. 이 판결은 법관들이 유 신 정권에 굴종해 국가의 불법행위에 가담한 자신들의 행위에 면책을 준 것일 뿐만 아니라 권력의 도구 역할을 한 공무원의 불법행위를 정 당화한 반역사적 판결이다.

## 전원합의체 판결과 파업권을 부정한, 대법원의 쿠데타 판결

2014년 8월 20일 대법원은 전국철도노조 위원장과 중앙 간부 그리 고 서울지방본부장이던 피고인들이 2009년경 일련의 쟁의 행위를 주 도해 한국철도공사의 업무를 방해했다는 혐의로 기소된 사건(대법원 2011도468 판결)에서, 무죄를 선고한 1, 2심 판결을 뒤집고, 업무방해 죄의 변경된 전원합의체 판결마저 무시한 채 목적이 정당하지 아니한 파업은 그것이 평화적이더라도 사실상 업무방해죄가 성립한다는 내 용의 퇴행적 판결을 선고했다.

업무방해죄에 대한 전원합의체 판결(대법원 2011.03.17. 선고, 2007도 482 판결)은 "근로자는 원칙적으로는 헌법상 보장된 기본권으로서 근로조건 향상을 위한 자주적인 단결권·단체교섭권 및 단체행동권을 가지므로, 쟁의 행위로서의 파업이 언제나 업무방해죄에 해당하는 것으로 볼 것은 아니"라고 하면서 "전후 사정과 경위 등에 비추어 사용자가 예측할 수 없는 시기에 전격적으로 이루어져 사용자의 사업 운영에 심대한 혼란 내지 막대한 손해를 초래하는 등으로 사용자의 사업 계속에 관한 자유의사가 심대한 혼란 내지 막대한 손해를 초래하는 등으로 사용자의 사업 계속에 관한 자유의사가 제압·혼란될 수 있다고 평가되는 경우에 한해 예외적으로만 집단적 노무 제공의 거부가 위력에 해당해 업무방해죄가 성립한다"고 판시했다. 즉 전원합의체 판결은 파업이 사용자가 예측할 수 없는 시기에 전격적으로 이루어진 것이 아니라면 업무방해죄로 처벌할 수 없다는 것이다. 이는 파업에 대한 형사처벌을 제한해야 한다는 반성적 고려에서 나온 판결이었다.

그런데 이 판결은 전원합의체 판결의 '전격성' 요건, 즉 '사용자가 예측할 수 없는 시기에 전격적으로 이루어진 것인지 아닌지'를 노동조합의 파업 예고 등과 같은 객관적인 사정보다 사용자의 주관적인 의사를 우선적으로 고려해 "한국철도공사로서는 철도노조가 부당한 목적을 위해 실제로 파업을 강행하리라고는 예측할 수 없었다"고 평가했다. 이러한 판단은 철도노조가 파업에 돌입하기 위해 파업 찬반투표, 파업 예고, 필수 유지 인원 통보 등과 같은 절차를 거치고 이를 공지해 사용자인 한국철도공사가 파업을 예측하고 수송 대책을 마련했다고 해도, 파업의 목적이 부당하다면 언제나 업무방해죄가 성립한다는 것과 별반 다르지 않다. 사용자가 파업을 예측했다고 하더라도 법정에 나와 노동조합이 목적이 부당한 파업에 들어가리라고는 생각하지 못했다고 답변하게 되면, 사용자의 파업에 대한 예측 가능성이 부정되고, 그 파업은 전격적인 파업이 되고, 결국 업무방해죄가 적용된다는 결론에 이르는 것이다. 이는 전원합의체 판결을 사실상 무위로 돌리고, 노동조합법상 파업의 정당성 요건이 결여되면 무조건 업무방해죄로 처벌하던 과거로 회귀한 것과 다르지 않다. 대법원은 객관적인 예측 가능성이 아니라 사용자의 주관적인 예측 가능성을 범죄의 구성요건에 포함시킴으로써 사용자의 의사에 따라 처벌이 좌우되는 고무줄 형법을 만들어버린 것이다.

결국 이 대법원 판결은 노동자가 사용자와의 대립으로 일을 멈추고 싶어도 업무방해죄로 처벌받지 않으려면 노동을 제공해야 한다는 것으로, 집단적인 강제 노역을 강요하는 판결이라고 아니할 수 없다. '파업은 언제나 위력이 될 수 없고, 업무방해죄가 적용될 수 없다'는 국제 사회의 보편적 인식과도 너무나도 동떨어진 판결이다. 또 헌법상 보장된 노동삼권의 본질적 내용을 침해하는 인권 침해적 판결이다. 더 나아가 대법원의 소부가 판례에 대한 변경도 없이 자신들의 임의적인 해석으로 전원합의체 판결을 뒤엎어버리는 쿠데타를 자행한 것이다.

## 정권의 정통성 시비에 면죄부를 준 '지록위마' 판결

법원은 김용판 전 서울지방경찰청장과 원세훈 전 국정원장의 대선 개입과 관련한 공직선거법 위반 사건에서 국민의 법 감정과 상식에 반하는 '궤변'을 통해 연거푸 무죄를 선고함으로써 박근혜 정권의 정통성 시비에 면죄부를 주는 방패막이를 자처했다. 이쯤 되면 법은 사회적 약자를 위한 정의로운 방패가 아니라 권력을 부당하게 합리화하고, 권력을 비판하는 자에게 재갈을 물리는 도구에 불과하다.

2014년 사법부의 권력 눈치 보기를 가장 적나라하게 드러낸 원세훈 전 국정원장의 공직선거법 위반 사건에 대한 판결을 살펴보자. 2014년 9월 11일 서울중앙지방법원 형사21부(재판장 이범균)는 국정원법 위반 및 공직선거법 위반죄로 기소된 원세훈 전 국정원장, 이종명 전 국정원 3차장, 민병주 전 국정원 심리전단장에게 각각 국정원법 위반 혐의는 유죄, 공직선거법 혐의는 무죄로 판단하고, 원세훈에게 징역 2년 6월에 집행유예 4년, 이종명과 민병주에게 징역 1년에 집행유예 2년 형을 선고했다.

재판부가 원세훈 전 국정원장의 공직선거법 위반 혐의에 대해 무죄를 선고한 주요 이유는 이렇다. 첫째, 그는 국정원 직원들에게 북한의 지령에 따르는 국내 종북 좌파 세력을 척결하라는 지시를 했을 뿐 특정 후보자를 지지 또는 반대하라고 명시적으로 지시하지 않았다는 것이다. 둘째, 범행의 시기인 2012년 1월경은 제18대 대선일인 2012년

12월 19일까지 11개월가량 상당한 시간이 남아 있던 때이므로, 대선 후보자가 누구인지조차 전혀 확정되지 아니한 상태인 그때부터 심리전단 직원들이 한 행위를 공직선거법상의 선거운동에 해당한다고 평가할 수 없다는 것이다. 셋째, 선거 시기 이전부터 국정원 직원들이 계속해온 사이버 활동에 불과하고, 트위터상 사이버 활동은 대선 직전인 2012년 11월경에 더욱 감소하는 양상을 보이고 있으므로 심리전단 직원들의 활동을 선거운동으로 단정하기 어렵다는 것이다.

그러나 이 판결의 논리는 다음 같은 이유로 심히 부당하다.

첫째, 재판부는 국정원법 위반에 대해 유죄로 판단하면서 원세훈은 심리전단 사이버팀 팀장 및 직원들과 순차 공모해 특정 정당과 정치인들을 지지·찬양하거나 반대·비방하는 게시글에 대해 찬성, 추천, 반대 클릭을 함으로써 의견을 표시하고, 다수의 인터넷 사이트에서 특정 정당이나 정치인들을 지지·찬양하거나 반대·비방하는 글을 작성해 게시한 사실, 그 글의 내용에 대선 후보인 안철수, 문재인, 박근혜에 관한 것이 존재한다는 사실, 이러한 사이버 활동은 대선 때까지 존재한 사실을 인정했다. 재판부가 인정한 사실관계에 의하면 비록 원세훈이 국정원 직원에게 특정 트위터 게재 내용을 구체적으로 특정해 지시하지 않았다 하더라도, 선거 기간에 특정 정당과 정치인에 대한 지지·찬양, 반대·비방 의견을 유포하도록 지시하고, 직원이 그에 따라 행동한 점이 인정된다. 이에 그동안 확립된 공범 이론에 비추어보면 공직선

322

거법 위반의 공모 관계는 넉넉히 인정된다. 재판부는 원세훈이 특정한 내용을 지정해 게시글에 의사 표시를 하거나 트위터 글을 게시하라고 지시하지 않았기 때문에 공모 관계를 인정할 수 없다고 한다. 황당한 논리 조작이 아닐 수 없다. 범죄 수괴가 조직원들에게 행동 하나하나에 대해 시시콜콜한 내용까지 지시하는 경우가 있는가? 살인을 지시할 때 '그놈 없애버려'라고 조직원이 알아들을 수 있도록 지시하면 교사가 성립한다는 것은 법 상식이다. 사이버팀장과 직원들이 원장의 지시가 구체적으로 무엇을 의미하는지 인식하고 그 지시에 따라 선거운동 기간에 특정 후보를 지지하거나 반대하는 활동을 했음에도 공모 관계가 성립하지 않는다는 재판부의 논리는 궤변일 따름이다. 국정원이 유치원인가.

둘째, 재판부는 2012년 1월경에는 대선 후보가 확정되지 않았기에 국정원 직원들의 행위를 선거운동이라고 보기 어렵다고 판단했다. 공직선거법상의 후보자는 법률상 확정된 후보자뿐만 아니라 후보자가 되려는 자도 포함하고, 당시 이미 박근혜의 경우 사실상 새누리당의 대선 후보로 확정된 상태였고, 문재인과 안철수도 대선에 출마할 것을 표방한 상태임은 대한민국의 국민이라면 누구나 아는 공지의 사실이었다. 이러한 재판부의 판단은 대법원 판례에도 부합하지 않고 국민의 법 감정과도 괴리된 어이없는 판단이 아닐 수 없다.

셋째, 재판부는 국정원 직원들의 사이버 활동은 대선 전부터 시작했기에 선거운동이라고 볼 수 없다고 판단했으나, 문제는 그 활동이 언제부터 시작되었는가가 아니라 선거운동 기간에 어떤 목적으로 가지고 전개되었는지다. 선거운동 기간에 특정 후보자에 대한 낙선 또는 당선 활동을 하면 그 자체로 선거운동이 되는 것이라는 점에서 이 판단은 설득력을 가질 수 없다. 또 재판부는 선거일 직전에 사이버 활동이 감소했기 때문에 선거운동으로 볼 수 없다고 판단했다. 절도범이 하루에 100번 남의 물건을 훔치다가 어느 날부터 하루에 10번으로 횟수를 줄이면 그 후에 훔친 행위는 절도가 아니라는 주장과 같다. 재판부가 대선에 임박할 무렵에 사이버 활동이 줄었다고 인정한 것도 '눈 가리고 아웅'이 아닐 수 없다. 국정원 직원들이 검찰 수사에 앞서 광범위하게 대선 개입과 관련된 증거를 인멸하고 검찰의 압수수색을 방해했다는 사실을 고려할 때, 검찰이 확보한 선거운동 관련 증거물이 적다고 하여 실제로 이 무렵 심리전단 직원들의 사이버 활동이 줄었다고 판단한 것은 지나가는 소도 웃을 일이다.

이처럼 재판부가 내세운 무죄 판단의 근거는 억지스럽기 그지없다. 앞서 살펴본 바와 같이 '국정원장의 정치 개입(국정원법 위반죄)은 인정되나 선거 개입(공직선거법 위반죄)은 아니다'라는 재판부의 논리에 '술을 마시고 운전했으나 음주운전은 아니라고 우기는 격'이라는 비난이 쏟아졌다. 마침내 동료 법관마저 이 판결을 두고 '지록위마'라는 표현으로 공개적으로 비판해 세간에 화제가 되었다. 재판부가 원세훈 국정원장의 공직선거법 위반에 대해 억지 판결을 한 이유는 이 혐의에 대해 유죄로 인정할 경우 살아 있는 권력인 박근혜 당선자의 정통성에 흠집이 날 수 있음을 고려한 것으로 보인다. 이 판결은 최고 권력자인 대통령의 정통성 시비에 면죄부를 주기 위해 법관의 양심을 버리고 궤변을 동원한 최고(?)의 정치적 판결 중 하나로 평가될 것임이 분명하다.

## 사법의 정치화를 우리는 어떻게 할 것인가

민주주의란 국민이 권력을 가지며 그 권력을 스스로 행사하는 제도다. 민주주의는 기본적 인권, 자유권, 평등권, 다수결의 원리, 법치주의 등을 그 기본 원리로 삼는다. 다시 말해 민주국가란 국민이 자신의 운명을 결정하도록 권력을 행사하는 것이고, 국민의 기본적 인권 보장과 법치주의 실현을 자신의 책무로 한다. 여기서 법치주의는 통치자의 주관적인 판단에 따른 전횡을 막고 주권자인 국민의 의견을 수렴한 법과 정의에 따라 국민의 생명과 재산, 그리고 권리를 보호하기 위한 개념으로 등장한 것이다. 법치주의란 국가권력이 법 위에 군림하는 것이 아니라 법에 따라 행사되어야 하며 법에 의해 지배되어야 함(법의 지배, rule of law)을 의미한다. 그런데 만일 법이 국민의 권리를 보호하기 위한 장치가 아니라 집권 세력을 합리화하고 통치의 도구로 전락한다면, 이는 법의 지배, 즉 법치가 아니라 법에 의한 지배(rule by law), 법을 가장한 지배, 법을 동원하는 지배 체제가 가동하고 있음을 의미한다. 법에 구속되지 아니하고 자의적으로 법을 해석해 통치의 도구로 삼는 체제를 독재라 하고, 그 정권을 독재 정권이라 부른다.

사법의 정치화, 즉 사법의 정치 도구화는 집권 세력이 법을 통치의 도구로 동원하는 독재 체제에서 나타나는 대표적인 현상이다. 따라서 사법 정의의 실종은 민주주의의 실종을 의미한다. 사법 수뇌부를 국민이 아닌 지배 권력이 임명할 수 있는 제도하에서는 사법의 성격은 지배 권력의 성격에 따라 좌우될 수밖에 없다.

사법 정의의 실종을 끝내려면 핵심적으로 두 가지가 필요하다. 하나는, 법을 통치의 도구로 동원하는 비민주적인 권력을 법치와 인권을 존중하는 민주적인 권력으로 교체하는 일이다. 다른 하나는, 사법 수뇌부를 지배 권력이 임명하는 현재의 구조를 바꿔내는 것이다. 대법관과 법원장(검찰총장과 검사장 포함)을 국민이 직접 선출하는 제도를 고민해봐야 할 때다. 추가로 하나 더 보태면, 엘리트 법관 위주로 획일화·보수화된 소수 인원(14명)의 대법관 구성을 혁파해야 한다. 다양한 가치관과 세계관을 반영하기 위해 대법관을 증원하고, 판검사 출신 대법관의 수를 제한하기 위한 법제도적 개선책을 서둘러야 한다.

(2015. 2. 15)

# 삼성전자서비스
# 노조 출범의 의미

  2013년 7월 14일 서울 대방동의 여성플라자 건물에 400여 명의 삼성전자서비스 협력 업체 노동자들이 모여 '금속노조 삼성전자서비스지회' 창립총회를 가졌다. 전날 삼성전자서비스는 총회 참석을 방해하려고 '휴일 근무 이벤트'(노조 창립총회에 참가하는 대신 당일 근무하면 20~30만 원 상당의 수당을 지급하겠다는 행사)를 벌이고 총회에 참석하는 이에게는 불이익을 준다고 공공연히 위협했다. 그럼에도 노동자들은 이에 아랑곳하지 않고 총회 장소로 모여들었다. 그리고 지회 규약을 통과시키고 지회장 등 지도부를 선출했다. 삼성의 공격에 맞서 민주노조를 사수할 것을 내용으로 하는 결의문을 채택하기도 했다. 이로써 '무노조 경영' 이념을 자랑하던 삼성에 수백 명이 참가하는 노동조합이 출범했다. 그동안 국내 제일의 기업이라는 경제적 지위를 이용해 헌법과 법 위에 군림하며 헌법이 보장한 노동기본권을 철저하게 부정해온 삼성 재벌이었다. 이제 그 무노조 역사에 파열음을 낼 수 있는 노동조합이 등장한 것이다.

물론 이전에도 삼성그룹의 계열사들에서 노동조합을 설립하려는 노력이 이어졌다. 하지만 대부분 소수 노동자들의 움직임으로 그쳤고, 그조차 복수노조 금지 조항과 이를 악용한 삼성의 조직적 감시와 탄압 앞에 실패로 끝났다. 그러던 중 2011년 7월 12일 삼성 에버랜드 식음료 부서에서 근무하던 정규직 노동자 4명이 3여 년의 준비 끝에 최초로 자주적인 법내 노조인 '삼성노동조합'을 설립하는 데 성공했다. 곧이어 노동조합을 설립한 대가로 4명의 조합원 전원은 해고 1명, 정직 3명으로 보복 징계를 당하고, 노조 홍보물을 나누어주는 것조차 제지되고, 주거 침입으로 고소되는 등 온갖 탄압이 이어졌다. 그럼에도 삼성노동조합은 금속노조 경기지부 삼성지회로 조직 형태를 바꾸면서 조금씩 조합원을 늘려나갔고, 2년 넘게 자주적 노동조합을 사수해오고 있다. 하지만 여전히 적은 수의 노동자들만이 조합에 가입했고, 그로 인해 단체교섭권 역시 확보하지 못한 상태다.

그 와중에 삼성의 정규직 노동자가 아니면서도 삼성으로부터 교육을 받고, 동일한 유니폼을 입고, '삼성맨'처럼 근무해온 삼성전자서비스 협력 업체 노동자들, 삼성의 가장 말단에 놓인 간접고용(근로계약을 체결하는 고용주와 실제 그 노동력을 이용하는 사업주가 다른 고용 형태) 노동자들 수백 명이 모여 삼성그룹 내에 또 하나의 자주적인 법내 노조를 설립한 것이다. 현재 조합원이 1000명을 넘어섰다고 한다. 노동조합으로서의 명맥을 유지하는 수준을 넘어 사용자와 대등한 교섭 주체로 나설 수 있는 대규모 노동조합으로 발전하고 있는 것이다. '무노조 삼성'에 유의미한 노동조합이 설립되었다는 것 자체가 바로 역사적 사건이다.

한편 삼성은 삼성전자서비스지회에 가입한 노동자들이 협력 업체소속이기 때문에 삼성전자서비스지회는 삼성과 무관한 조직이라고주장한다. 그러나 삼성이 삼성전자서비스지회의 설립과 관련해 사장단 회의를 소집하고, 협력사 사장들을 수원 본사로 불러 모은 후 그들로 하여금 위장도급이 아니라는 기자회견을 개최하도록 하는 것을 보면 전형적인 도둑 제 발 저린 모양새다. 삼성전자서비스가 각 센터별로 협력 업체를 두고 있으나 협력 업체 노동자들은 삼성전자서비스가정한 공수단가표에 따라 임금을 지급받아왔고, 삼성전자서비스의 지시와 감독에 따라 배정해주는 업무를 수행해온 것은 변할 수 없는 진실이다. 근로 제공의 상대방이 삼성전자서비스이고, 그 대가를 실질적으로 지급하는 자도 삼성전자서비스인 이상 법적으로나 사회적으로나협력 업체 노동자들의 사용자는 '핫바지'에 불과한 협력 업체가 아니라 삼성전자서비스임이 분명해 보인다. 그러므로 삼성전자서비스지회는 삼성과 무관한 조직이 아니라 삼성전자서비스를 실질적 사용자로하는 '삼성의 노동조합'인 것이다.

그럼에도 삼성은 위장도급을 통해 사용자성을 세탁함으로써 형식
상의 고용주가 아니라는 이유로 협력 업체 노동자들에 대한 모든 법
적 책임을 회피해왔다. 위장도급이란 원청회사가 협력 업체 노동자들
의 노동력을 모두 사용하면서도 명목상의 고용주를 중간에 끼워 넣음
으로써 자신들은 정작 사용자로서의 모든 법적 책임을 회피하는 탈법
적인 인력 운영 방식이다. 위장도급은 권한과 책임의 일치라는 노동법
적 원칙과 중간착취를 금지하고 있는 근로기준법 제9조, 허가받은 노
동조합 이외에는 국내 근로자 공급 사업을 금지하고 있는 직업안정법
제33조를 정면으로 위반하는 범죄 행위다.

실질적 사용자가 법적 책임을 지지 않도록 위장한 결과, 협력 업체
노동자들은 아침 8시에 출근해 밤 10시 퇴근하는 것이 기본이 되어버
렸다. 건당수수료라는 임금 체계로 인해 비수기에는 최저임금조차 하
회하는 저임금의 문제가 발생하고, 연차휴가 사용은 남의 일처럼 되
어버렸다. 연장·야간·휴일근로에 대한 법정 수당 또한 근로시간과 임
금 수준을 고려해볼 때 제대로 지급된 적이 없는 것으로 보인다. 근로
기준법의 제한을 훨씬 초과한 장시간 노동과 최저임금마저 위협받는
저임금의 현실이 21세기 세계적 기업임을 자랑하는 국내 제일의 재벌
기업 안에서 벌어지고 있는 숨겨진 풍경이다.

2013년 7월 24일 오전, 금속노조는 삼성전자 본사 앞에서 기자회견
을 갖고 삼성전자서비스에 대해 단체협약 체결을 위한 단체교섭을 요

구했다. 앞서 살펴본 바와 같이 삼성전자서비스 협력 업체 노동자들의 실질적인 사용자는 삼성이기 때문이다. 하지만 협력 업체 노동자들에 대한 사용자성을 부인해온 태도와 그날 본사 건물 앞을 가로막은 삼성의 대형버스 차벽을 미루어볼 때, 삼성은 근로계약 체결의 당사자가 아니라는 형식적 이유를 들어 금속노조의 단체교섭 요구를 거부할 가능성이 높다. 그러나 이러한 태도는 손바닥으로 하늘을 가리는, 덩치 값도 못하는 부끄러운 일이 아닐 수 없다.

이제 삼성은 삼성전자서비스지회의 출범을 계기로 종전처럼 노조를 부정하고 불법 고용을 선도하는 불법 경영의 대명사로 남을지, 아니면 노조를 인정하고 불법 고용을 척결하는 준법 경영의 이행자로 거듭날지 고민할 할 때가 왔다. 헌법과 법 위에 군림하는 기업은 결코 사회로부터 존경을 받을 수 없다. 그러한 기업은 추구해야 할 모델이 아니라 시정의 대상일 뿐이다. 노동법의 사각지대를 만들어내는 위장도급 불법 고용의 해결책은 그 위장을 벗겨내는 것이다. 실질 사용자를 법적 사용자로 복원하는 일이다. 그것은 위장도급의 법률 효과에 따라 삼성전자서비스 협력 업체 노동자들을 삼성전자서비스의 정규직 노동자로 전환하는 일이다. 그리해야 권한(사용)과 책임의 일치로 근로기준법 등 노동관계법 위반과 부당노동행위 같은 범법 행위에 대해 그 책임 소재를 분명히 하고, 나아가 노동의 대가를 중간인이 떼어가는 중간착취를 근절할 수 있다. 다 같이 큰소리로 외쳐보자. "삼성과 현대를 비롯한 재벌 기업부터 법망을 벗어난 위장도급 불법 고용을 중단하고 준법 경영을 이행하라!"

(2013. 7. 25)

# 용산 참사 선고,
# 이것은 형사재판이 아니다

참담하기 이를 데 없다.

재판부는 2009년 1월 20일 서울 용산 남일당 빌딩에서 발생한 용산 철거민들의 망루 농성 및 화재 참사 사건과 관련해, 철거민들의 화염병 투척으로 인한 화재 참사로서 특수공무집행방해치사상죄 등이 성립한다는 검찰의 공소사실을 모두 받아들여 철거민들에게 유죄를 인정하고 2~6년의 중형을 선고했다. 형사재판은 자고로 객관적 진실을 발견해 사안의 진상을 명백히 하고 그 실체적 진실을 전제로 국가형벌권을 행사하도록 하는 것이다. 그런데 용산 참사 사건의 재판부는 절차적으로나 실체적으로나 형사재판의 본질을 정면으로 훼손하는 판결을 하고 말았다.

먼저, 재판부는 판결문에서 검찰의 수사 기록 3000여 쪽 분량 은닉이 가지는 법적인 문제점에 대해 한마디도 언급하지 않았다. 다만 판결 선고 전의 모두 발언에서 "검찰이 수사 자료 3000여 쪽을 제출하지 않은 아쉬움이 있지만 진실을 발견하기 위해 최선을 다했다"고 변명했다. 수사 기록 3000여 쪽 비공개 문제는 단순히 아쉬움으로 달래고 지나칠 수 있는 그런 성질의 것이 아니다. 비공개된 수사 기록에는 진압 작전의 수립 및 결정에 관여한 김석기 당시 서울지방경찰청장을 비롯한 경찰 수뇌부들 전부의 진술이 기재된 서류, 그리고 철거업체나 도시환경정비사업조합 간의 유착 관계를 밝힐 수 있을 것으로 보이는 압수 서류나 물건 등이 대거 포함되어 있으리라 예상된다. 이 기록은 경찰 진압 과정의 위법성 여부를 다룰 수 있는 유력한 자료들임이 명백하다.

이 사건의 핵심적인 공소 내용이었던 특수공무집행방해치사상죄 (단체 또는 다중의 위력을 보이거나 위험한 물건을 휴대해 공무 집행을 방해하고, 공무를 집행하던 공무원을 상해 또는 사망에 이르게 한 죄)의 성립 여부는 경찰의 적법한 공무 집행을 전제로 한다. 그런데 공무 집행의 적법 여부를 밝혀줄 수 있는 핵심적인 기록이 대거 비공개된 상태에서 재판부는 경찰의 공무 집행이 적법했다고 판단했다. 경찰의 진압 결정과 전개 사실을 밝혀줄 수 있는 핵심적인 자료가 은닉된 상태에서 섣부르게도 법적인 판단부터 내린 것이다.

법적인 판단은 객관적 사실에 대한 규명을 근거로 하는 것임에도 경찰의 진압 과정에 대한 단서를 대거 포함한 수사 기록 3000여 쪽을 검토해보려는 노력을 포기한 채 진실 발견이 가능한 것처럼 강변했다. 또 부실한 사실 구성을 바탕으로 경찰의 공무 집행이 적법하다는 논리를 편 것이다. 다시 말해 재판부는 사실과 관련된 기록을 보지 않고도 사실을 확정했고 법적인 판단을 내렸다. 재판부는 보지 않고도 사물을 직관할 수 있는 예지 능력을 가지고 있다는 말인가. 정녕 신의 경지에 이른 것인가. 재판부 스스로 실체적 진실을 전제로 국가형벌권을 행사해야 한다는 형사재판의 가장 기본적인 이념을 내팽개쳐버린 것이다.

둘째, 재판부는 "철거민들이 약 1톤이 넘는 세녹스 등 인화 물질과 새총 등 위험한 시위 용품을 보유한 채 1월 19일부터 인근 건물과 한강대로변에 벽돌, 화염병, 염산병을 투척했고, 한강대로를 지나는 차량 등 일반인의 통행에 위협을 주고 있었으며, 경찰은 1월 19일부터 전철연 간부를 접촉해 농성자들과 대화를 시도했지만 농성자들은 경찰의 선先철수를 대화의 전제 조건으로 삼아 결국 대화가 무산되는 상황에서, 경찰로서는 경찰력을 투입해 농성을 진압할 필요가 있었고, 진압 경험이 많고 고도로 훈련된 경찰특공대를 투입하는 것이 필요했으며, 경찰 지휘부가 경찰특공대를 조기에 투입하기로 한 것은 위법하다고 볼 수 없으며, 경찰특공대는 방패, 진압봉, 소화기 등 최소한의 장비만을 소지한 채 진압 작전을 벌였고, 진압하는 과정에서 체포에 필요한 것 이상의 물리력을 행사한 것이 아니므로 공무 집행 또한 적법하다"

고 판단했다.

경찰권 행사는 그 필요성이 존재한다고 하더라도 비례의 원칙(경찰권 행사가 도를 넘지 않게 행사되어야 한다는 원칙)에 맞게 행사되어야 한다. 경찰 진압이 필요하다고 해서 적을 토벌하듯이 경찰권을 행사해서는 안 된다는 것이며, 농성자들의 안전과 생명, 그리고 진압하는 경찰관의 안전도 함께 고려해야 한다. 이것이 농성 진압시 반드시 준수해야 할 안전 수칙이다. 그런데 경찰특공대 진압 작전이 결정된 1월 19일 오후 시점부터 진압 작전이 전개될 시점까지 경찰과 농성자들 사이에는 충돌이 없었으며, 농성자들이 대로변으로 화염병을 투척하거나 새총을 쏘지도 않는 매우 평화로운 상태였다. 철거민들은 자신들의 농성이 공격을 받을 때 방어적으로 새총을 쏘고 화염병을 투척한 것으로 입증되고 있다. 주민들을 고의적으로 공격하거나 행인을 향해 무차별적으로 공격을 한 사실이 없음도 밝혀졌다.

이러한 상태에서 경찰은 1월 20일 새벽을 틈타 인화 물질이 다량 쌓여 있는 건물 옥상 위에서 사방으로 물대포를 쏘며 철거민들을 토끼몰이 하듯이 매우 공격적으로 진압을 시도한 것이다. 화재 전문가 역시 망루 내의 인화 물질을 고려할 때 불이 나는 경우 대형 화재를 막을 방법이 없다고 증언했다. 경찰특공대의 1차 진압 과정에서 망루 내에 1차 화재가 발생해 대형 화재의 가능성이 감지되고 있음에도 이에 대한 어떠한 안전 대책도 없이, 심지어 이미 바닥난 소화기도 충전하지 않은 채 망루 안으로 진압을 밀어붙인 것이다. 대형 화재가 예견되

있음에도 불구하고 진압을 독려하고 강행한 행위가 과연 안전 수칙을 준수한 적법한 경찰권 행사인가?

판결문에는 경찰권을 행사하더라도 안전과 생명을 중시하고 그 침해를 최소화하기 위한 비례의 원칙을 준수했는지에 대한 어떠한 판단도 보이지 않는다. 위험 요소를 방치한 채 수행하는 진압 작전은 그 자체로 이미 상당한 인명 손상이 예견되는 과도한 진압 형태였다. 그럼에도 재판부는 이에 대해 아무런 구체적인 판단도 하지 않은 채 도리어 면죄부를 씌어준 것이다. 또 경찰은 그 추운 겨울 최루액을 섞은 물대포로 사방을 공격하고, 소화가스를 망루 내로 살포하고, 컨테이너와 쇠갈퀴로 망루를 해체하려 했다. 이렇게 망루의 위아래로 동시에 공격을 시도함으로써 극도로 공포 상태로 몰아갔음에도, 재판부는 경찰이 최소한의 장비만을 소지한 채 얌전한 진압 작전을 벌인 것처럼 사실판단에서 심각한 오류를 범하고 있다.

셋째, 재판부는 "피고인들을 비롯한 농성자들이 망루 내부로 진입한 경찰특공대원들에게 불이 붙은 화염병을 투척해 망루 내부 3층 계단 부근에 불을 내, 망루 안에 있던 세녹스의 유증기에 불이 옮겨 붙어 망루 전체에 화재가 발생한 것이고, 누가 던졌는지 알 수 없다고 해도 이 사건 화재 당시 망루 4층에 남아 있었던 이상 책임을 져야 한다"고 판단했다.

그런데 과연 '화염병을 투척해' 망루 내부 3층 계단 부근에 불이 났다고 단언할 수 있는가? 농성자들이 4층에서 던진 화염병 불에 의해 3층 계단 부근에 불이 붙고 유증기에 옮겨 붙었다면, 철거민들이 4층에서 화염병에 불을 붙일 때는 왜 아무렇지도 않았을까? 화재 전문가의 증언에 따르면 유증기는 정전기에 의해서도 발화될 수 있을 만큼 매우 민감한 것임에도 화염병에 불을 붙일 당시에는 어떻게 온전할 수 있었을까? 더욱이 2차 진입 당시 화염병을 직접 목격한 경찰특공대의 증언은 없었던 것으로 보인다. 화염병으로 인한 화재로 단정 짓기에는 너무나 의문이 많은 것이다.

또 화염병을 누가 던졌는지도 알 수 없고, 피고인들이 화염병을 던지면 대형 화재가 발생할 것이라고 예견했는지도 알 수 없는 상태에서 화재 당시 망루 4층에 있었다는 사실만으로 모두 중형의 책임을 지울 수 있는가? 피고인들은 절규하고 있다. "망루 안으로 불붙은 화염병을 던지는 것은 곧 자신들의 죽음을 의미하는 것인데 왜 그렇게 하겠는가"라며. 피고인들은 대형 화재가 발생하리라고는 예견하지 못했다고 주장한다. 그럼에도 목격된 바 없는 화염병으로, 누가 던졌는지도 알 수 없는 화염병으로 인한 대형 화재 사고에 대해 단지 화재 현장에 있었다는 이유만으로 중형의 책임을 져야 하는가? 조직범죄의 수괴를 처벌하기 위해 개발된 공모공동정범의 법리를 자신의 생존을 위해 저항했던 사람들에게 무차별적으로 적용함으로써 형벌권의 남용을 자초하고 있는 것이다.

넷째, 재판부는 재개발 지역의 세입자들이 자신의 생계 대책을 세워줄 것을 요구하기 위해 시작한 망루 농성을 두고 국가 법질서의 근본을 유린하는 행동으로 단죄했다. 이 얼마나 가혹한 가치판단인가. 세입자들은 재개발로 인해 자신의 생존 수단을 잃게 될 절박한 상황에 놓인 피해자였다. 그들은 부실한 법제도와 건설 재벌 및 재개발조합, 그리고 철거 용역업체들의 일방적 폭력 앞에 단지 3개월간의 영업 손실과 적은 금액의 보상금을 받고 거리로 나 앉아야 할 형편에 있던 음식점, 옷가게, 금은방 점포 사장님 등 평범한 우리 이웃이었다.

반면 사건의 발단이 된 재개발 과정의 폭력성과 비인간성, 세입자들의 피해 상황 등은 철저히 외면하는 매우 편파적인 태도를 보였다. 그렇다면 사회적 약자는 모두 강자의 논리에 따라 주면 주는 대로, 내쫓으면 내쫓는 대로 추종해야 한다는 것인지 반문하지 않을 수 없다. 자신의 아버지가 또는 남편이 테러리스트가 아님을 밝혀달라고 절규하는 가족들의 호소에 결코 귀를 기울이지 않았다.


다섯째, 재판부는 "피고인들은 수사기관 이래 이 법정에 이르기까지 경찰과 조합, 철거 용역들에게 이 사건의 책임을 전가하려만 하고 있고, 엄숙한 법정에서 계획적으로 재판 진행을 방해하고, 법정을 자신들의 정치적인 의사 표현의 장으로 변질시키려 하는 등 범죄 후의 정황도 매우 좋지 않다"고 판시했다.

그런데 피고인들이 자신들의 방어권을 행사하고 공정한 재판을 받을 수 있도록 검찰이 비공개한 수사 기록 3000여 쪽을 공개하라고 요구하고, 이를 위해 재판부에 적극적으로 소송 지휘권을 행사해달라고 한 것이 '계획적으로 재판 진행을 방해한 행위'인가. 경찰과 조합, 철거 용역들의 유착 관계에 대한 의혹을 제기한 것이 '책임을 전가하려는 행위'인가. 사건의 본질을 보기 위해서 그리고 객관적 진실을 규명하기 위해서는 반드시 필요한 절차들이 아니었는가.

수사기록 3000여 쪽을 은닉한 검찰이야말로 재판 진행을 방해한 근본적인 원인이 아니었던가. 그런데 재판부는 수사 기록을 제출하지 않는 검찰에게 왜 한마디도 하지 못하는가. 왜 그들에게 당당하게 수사 기록을 제출하라고 한마디도 하지 못하는가. 검찰은 권력자이고 피고인들은 힘없고 '빽' 없는 사회적 약자이기 때문인가. 아니면 수사 기록 공개는 정권에 부담을 주는 행위임을 감지했기 때문인가. 피고인들과 변호인이 공정한 재판을 받기 위해 수사 기록 공개를 요구한 것을 두고 사건의 책임을 전가하는 것으로, 정치적 투쟁으로 매도해버렸다. 참으로 비겁한 행위가 아닐 수 없다.

자고로 형사재판은 객관적 진실을 발견해 사안의 진상을 명백히 하고 그 실체적 진실을 전제로 국가형벌권을 행사하도록 하는 것이다. 그런데 용산 참사 사건의 재판부는 실제적 진실을 규명하기 위해 반드시 필요했을 수사 기록 3000여 쪽에 대해 눈을 감은 채 사실을 확정하고, 그를 근거로 법적 판단을 강행했다. 피고인들의, 공정한 재판을 받을 헌법적 권리를 재판부 스스로 부정해버린 것이다. 따라서 검찰과 재판부의 국가 법질서 유린 정도는 피고인들에 비할 바가 아니다.

훗날 수사 기록 3000여 쪽이 공개되어 자신들이 확정한 사실과 실체적 진실이 다른 경우 재판부는 그때 가 뭐라고 발뺌하려는가. 참으로 궁금하다.

(2009. 11. 2)

**사진 출처**

시사인
오마이뉴스
연합뉴스
허태구
점좀빼
최용
선대식

# 정의를 버리며
: 용산 망루에서 대한문 화단까지 거리의 변호사

**발행일** 초판 1쇄 2016년 3월 2일

**지은이** 권영국
**펴낸이** 임후성 **펴낸곳** 북콤마
**디자인** *sangsoo* **편집** 홍진
**등록** 제406-2012-000090호
**주소** (413-756) 경기도 파주시 문발동 파주출판단지 534-2 201호
**전화** 031-955-1650 **팩스** 0505-300-2750
**이메일** bookcomma@naver.com **페이스북** facebook.com/bookcomma
**블로그** bookcomma.tistory.com **트위터** @bookcomma
**ISBN** 979-11-950383-0-5  03300

**˒ BOOKCOMMA**

이 도서의 국립중앙도서관 출판예정도서목록(CIP)은 서지정보유통지원시스템 홈페이지(http://seoji.nl.go.kr)와 국가자료
공동목록시스템(http://www.nl.go.kr/kolisnet)에서 이용하실 수 있습니다.(CIP제어번호: CIP2016004308)